Schriften zum europäischen Management

Herausgegeben von/edited by
Roland Berger Strategy Consultants – Academic Network, München, Deutschland

Die Reihe wendet sich an Studenten sowie Praktiker und leistet wissenschaftliche Beiträge zur ökonomischen Forschung im europäischen Kontext.

This series is aimed at students and practitioners. It represents our academic contributions to economic research in a European context.

Kaveh Rouhi

Dualer Kundenwert und Kundenwertsteuerung auf Massenmärkten

Mit einem Geleitwort von Prof. Dr. Ingmar Geiger

Springer Gabler

RESEARCH

Kaveh Rouhi,
Frankfurt/Main, Deutschland

Dissertation Freie Universität Berlin, 2012

D 188

ISBN 978-3-8349-4323-1 ISBN 978-3-8349-4324-8 (eBook)
DOI 10.1007/978-3-8349-4324-8

Die Deutsche Nationalbibliothek verzeichnet diese Publikation in der Deutschen Nationalbibliografie; detaillierte bibliografische Daten sind im Internet über http://dnb.d-nb.de abrufbar.

Springer Gabler

Einbandentwurf: KünkelLopka GmbH, Heidelberg

Gedruckt auf säurefreiem und chlorfrei gebleichtem Papier

Springer Gabler ist eine Marke von Springer DE. Springer DE ist Teil der Fachverlagsgruppe Springer Science+Business Media.
www.springer-gabler.de

Geleitwort

Speziell in den letzten zwei Dekaden hat sich die Betriebswirtschaftslehre verstärkt mit Konzepten des Wertmanagements in Unternehmen auseinandergesetzt. Paradigmatisch findet dies Niederschlag in der Forderung, Management-Aktivitäten in erster Linie am Shareholder Value auszurichten. In den Zentralen der Konzerne führte dies zu einer Bedeutungszunahme der Finanzvorstände, wohingegen die auf den Absatzmarkt ausgerichteten Aktivitäten und damit insbesondere das Marketing einen schleichenden Bedeutungsverlust hinnehmen mussten. Dies ist teilweise darauf zurückzuführen, dass der Beitrag des Marketings und seiner Aktivitäten zum Unternehmenswert in der Praxis häufig nicht quantifiziert werden konnte und somit weder eine im Sinne der Steigerung des Unternehmenswerts valide Effektivitäts- noch eine Effizienzsteuerung und -kontrolle möglich waren.

Da jedoch insbesondere in stagnierenden Märkten, wie viele Konsumgütermärkte es sind, das Marketing eine Schlüsselstellung für den Unternehmenserfolg hat, haben sich in der Marketingwissenschaft und -praxis verschiedene Strömungen entwickelt, die sich einerseits sehr intensiv mit dem Wert eines Angebots für den Kunden sowie andererseits mit dem Wert eines Kunden oder eines Kundensegments für einen Anbieter auseinander setzen. Insbesondere in Bezug auf den Wert des Kunden für ein Unternehmen hat sich die Erkenntnis durchgesetzt, dass es für einen Anbieter günstiger ist, eine Beziehung zu bestehenden Kunden auf- und auszubauen, anstelle immer wieder Neukunden gewinnen zu müssen. Diese Erkenntnis hat sich vor allem in einem Wandel von transaktionalen zu relationalen Marketingansätzen niedergeschlagen, bei denen die Kundenbeziehung im Mittelpunkt der Marketingaktivitäten steht und nicht mehr ein Produkt oder eine Dienstleistung. Als marktbezogenes Ziel in solchen Ansätzen gilt gemeinhin die Erreichung von Kundenloyalität, also die Bindung eines Kunden an das Anbieterunternehmen, idealerweise verknüpft mit einem hohen Einkaufsanteil des Kunden beim Anbieter (Share of Wallet). Wie neuere Forschungsarbeiten zeigen, ist Kundenloyalität vor allem dadurch zu erreichen, dass der Wert des Angebots bzw. der gesamten Beziehung zum Anbieter für den Kunden gesteigert wird.

Während bisherige Forschungsarbeiten sowohl den Wert eines Angebots für den Kunden (Customer Perceived Value – CPV) als auch den Wert des Kunden für einen Anbieter (Customer Lifetime Value – CLV) extensiv analysiert haben, ist die Anzahl der Forschungsarbeiten, die dies in einem dualen Modell tut, sehr überschaubar. Darüber hinaus sind diese wenigen Arbeiten reine Prognose- und Vergleichsmodelle, die einen Entscheidungsbezug vermissen lassen und damit auch nicht in der Lage sind, die Effizienz von darauf basierenden Marketingentscheidungen zu beurteilen. Arbeiten, die wiederum die Effizienz von Marketingentscheidungen in Bezug auf den CLV modellieren, lassen bislang eine begründete Auswahl von Maßnahmen über den CPV vermissen. Eine weitere Forschungslücke besteht in Bezug auf die Anwendungsfelder der bisherigen Kundenwertmodellierungen: Diese sind im Endkundenbereich bislang vor allem auf Bereiche mit einer hohen Datenverfügbarkeit wie Banken, Versicherungen, Telekommunikation oder Kundenkartenprogramme beschränkt, und haben in Massenmärkten mit homogenen Gütern und einer großen Anzahl von Kunden trotz deren volkswirtschaftlicher Bedeutung noch keine Anwendung gefunden. Dies mag auch an den Bedingungen für Relationship Marketing liegen, die ein solches in einem Massenmarkt auf den ersten Blick als nicht geeignet erscheinen lassen.

In der vorliegenden Dissertationsschrift hat es sich der Autor daher zur Aufgabe gemacht, folgende Forschungsfragen zu beantworten:

1. Was sind die Bedingungen für die Anwendbarkeit des Relationship Marketing in Massenmärkten?

2. Welches Modell zur dualen Kundenwertsteuerung eignet sich im Massenmarkt?

3. Wie kann ein solches Modell anhand von realen Unternehmensdaten validiert werden?

Zur Bearbeitung dieser Fragen stellt der Autor die gängigen Ansätze zur CPV- und CLV-Bestimmung systematisch, übersichtlich und gut verständlich vor und kombiniert diese zu einer neuen Verfahrensweise, die den gesamten Planungs-, Steuerungs- und Kontrollprozess des Marketings abdeckt. Sie ist in der Lage, im Sinne der Steigerung des Unternehmenswerts geeignete kundenbezogene Marketingmaßnahmen zu identifizieren und deren tatsächlichen Wertbeitrag zu quantifizieren.

Die Anwendbarkeit seines so entwickelten Vorgehens weist der Autor anhand der empirischen Validierung an echten Unternehmensdaten in einem gemeinhin als Commodity-Markt betrachteten Umfeld eindrucksvoll nach. Da ein großer Teil der aktuellen Marketing-Forschung auf Befragungsdaten beruht und Herr Rouhi es geschafft hat, einen Kooperationspartner aus der Wirtschaft für sein Vorhaben zu gewinnen, ist die Verwendung von echten Transaktionsdaten und die Bewertung von tatsächlich durchgeführten Maßnahmen als besonders positiv zu bewerten. Er liefert so Marketing-Managern einen glaubwürdigen Werkzeugkasten an die Hand, der dazu dienen könnte, dem Marketing auch in den Vorstandetagen wieder mehr Gewicht zu verschaffen.

Ich wünsche der Arbeit die ihr zustehende weite Verbreitung in Wissenschaft und Praxis.

Prof. Dr. Ingmar Geiger

Vorwort

Der Wert der Beziehung zum Kunden aus Anbietersicht hat in den letzten Jahren enorm an Relevanz gewonnen. Nicht nur die hohe Anzahl an Veröffentlichungen zu diesem Thema, sondern auch die praktische Anwendung von Modellen zur Segmentierung und Bewertung von Kunden im B2B-Bereich, zeigen die Aktualität des Themas für das Marketing.

Diese Beziehung zum Kunden hat aber auch eine weitere Sichtweise - nämlich die Perspektive des Kunden im Hinblick auf die Beziehung zum Anbieter. Unternehmen muss es daher gelingen, diese beiden Sichtweisen zu integrieren. Denn erst dadurch agieren sie wahrhaft kundenorientiert und stellen den Mehrwert für Kunden in den Mittelpunkt ihrer Aktivitäten. Dies ist die Voraussetzung, um werthaltige Beziehungen herzustellen und auszubauen. Während diese Gedanken sich im B2B weitestgehend etabliert haben, stellt sich die Frage, ob sich die dargestellten Ansätze auch im B2C-Bereich und insbesondere in Commodity-Bereichen anwenden lassen.

Die vorliegende Arbeit befasst sich daher mit der integrierten Betrachtung des Wertes für Kunden und den Wert der Kunden für das Unternehmen im Commodity-Markt. Ziel dieser normativ geprägten Arbeit ist es, ein Framework zu entwickeln, anhand dessen sich das Marketing steuern lässt. Dazu werden sowohl Befragungsdaten als auch reale Transaktionsdaten eines Tankstellenbetreibers verwendet.

Diese Arbeit ist im Rahmen einer externen Promotion am Marketing Department der Freie Universität Berlin zwischen 2009 und 2012 entstanden. Der Erfolg eines solchen Unternehmens ist daher in großem Ausmaß durch die Flexibilität und Bereitschaft der Fachbereichsverantwortlichen determiniert.

Mein Dank gilt daher zunächst meinem betreuenden Professor Ingmar Geiger, der sich schon sehr früh auf dieses Unterfangen eingelassen und mir die Möglichkeit gegeben hat, meine Ideen zu verwirklichen - und mich auch in schwierigen Phasen mit konstruktiver Kritik auf den richtigen Weg gebracht hat. Ferner danke ich Prof. Michael Kleinaltenkamp, der als Zweitgutachter meine Arbeit von der ersten Vorstellung am Department bis zur Veröffentlichung begleitet und konstant wertvolle Hinweise geliefert hat. Zusätzlich möchte ich mich noch bei den Kollegen aus dem Doktorandenkolloquim für die vielen Hinweise und Ideen bedanken. Allen voran Prof. Alfred Kuß und Prof. Henning Kreis, die mich ermuntert haben meine Arbeit stärker am puristisch wissenschaftlichen Denken zu orientieren.

Ohne die Kooperation mit einem tatsächlichen Commodity-Anbieter hätte ich die Arbeit nicht in diesem Maße praxisrelevant gestalten können. Daher gilt mein Dank der unterstützenden Firma, insbesondere dem ehemaligen Geschäftsführer und dem Leiter des Shop-Geschäftes, die von Anfang an bereit waren, nicht nur unternehmenseigene Daten zur Verfügung zu stellen, sondern auch mit mir gemeinsam Ideen zu entwickeln und umzusetzen.

Mein Dank gilt auch meinem Mentor Dr. Alexander Keller, der mir nicht nur die Teilnahme am Roland Berger Promotionsprogramm ermöglicht hat, sondern sich ebenfalls zu einem frühen Zeitpunkt in die Arbeit eingebracht hat. Zudem bin ich den Kollegen aus dem Roland Berger Doktorandenkolloquium, unter Betretung von Dr. Christian Krys, dankbar für viele Anregungen im Laufe der Arbeit.

Abschließend möchte ich meiner Verlobten Kerstin danken, die mich nicht nur in guten sondern vor allem auch in schlechten Tagen unterstützt hat und die Stimmungsschwankungen in der Endphase mit Geduld und Liebe aufgefangen hat. Mein letzter Dank gilt meiner Mutter Farideh, die mir durch ihren einzigartigen und mutigen Lebensweg ein Leben in Deutschland und damit letztlich auch diese Promotion überhaupt ermöglicht hat.

Kaveh Rouhi

Inhaltsübersicht

Inhaltsverzeichnis

Abbildungsverzeichnis

Tabellenverzeichnis

Abkürzungsverzeichnis

AMOS	Analysis of Moment Structures
B2B	Business-to-Business
B2C	Business-to-Consumer
ca.	circa
CE	Customer Equity
CPV	Customer Perceived Value
CLV	Customer Lifetime Value
CLVRoI	Customer Lifetime Value Return on Investment
CRM	Customer Relationship Management
DB	Deckungsbeitrag
DCF	Discounted Cashflow
DEA	Data Envelopment Analysis
DFA	Deterministic Frontier Approach
EID	Energie Informationsdienst
EU	Europäische Union
e. V.	eingetragener Verein
FDH	Free Disposable Hull
FMCG	Fast Moving Consumer Goods
ggü.	gegenüber
i. d. R.	in der Regel
inkl.	inklusive
insb.	insbesondere
KFA	Konfirmatorische Faktorenanalyse
LISREL	Linear Structural Relationships
POS	Point of Sale
PLS	Partial Lease Squares
RFM	Recency Frequency Monetary Value
ROE	Return on Equity
ROI	Return on Invest
ROM	Return on Marketing

S-R	Stimuli-Response
S-O-R	Stimuli-Organism-Response
SFA	Stochastic Frontier Approach
SHV	Shareholder Value
SPSS	Superior Performance Software System
u. a.	unter anderem
VIF	Variance Inflation Factor
vs.	versus
WOM	Word-of-Mouth
z. B.	zum Beispiel

Symbolverzeichnis

$<$	kleiner als
$>$	größer als
$=$	gleich
Σ	Summenzeichen
R^2	Bestimmtheitsmaß
λ	Ladung der latenten Variablen auf eine Indikatorvariable
δ	Messfehler auf der Indikatorebene
σ	Varianz
E_t	Rohertrag zum Zeitpunkt t
P_t	Einkaufswahrscheinlichkeit zum Zeitpunkt t
ε	Fehlerterm
e^x	Exponentialfunktion
MSE	Mean Squared Error
RMSE	*Root* Mean Squared Error
U_2	Theilscher Ungleichungskoeffizient neuer Ordnung

1 Wertorientierung und dualer Kundenwert im Marketing

1.1 Kundenwertmodellierung und Effizienzmessung in Forschung und Praxis

Seit Beginn der 1990er Jahre steht die Wertorientierung im Sinne des Shareholder Values im Zentrum der Unternehmenssteuerung. Diese Entwicklung wurde wissenschaftlich vor allem durch Arbeiten von Rappaport gefördert und im angloamerikanischem Raum zur obersten Prämisse der Unternehmensführung erhoben.[1] Das Management muss und will demnach immer stärker den Anforderungen des Kapitalmarktes genügen.

Zusätzlich zu den Anforderungen des Kapitalmarktes muss in Zeiten des Kostendrucks auch das Marketing seine Ausgaben rechtfertigen – nicht selten wird dort zuerst gespart. So wird schon seit Anfang dieses Jahrhunderts vom Marketing Science Institute gefordert, dass die Marketingverantwortlichen stärker ihren finanziellen Beitrag bewerten und so die Wirksamkeit der Maßnahmen im Sinne eines Return on Invest nachweisen.[2] Diese Forderung wird auch als die **Accountability des Marketings** bezeichnet.[3]

Parallel dazu stagnieren viele Konsummärkte. Dadurch kommt es zu einer Abkehr vom reinen Absatz- und Produktdenken hin zur Gestaltung von Kundenbeziehungen. Dies wurde vor allem durch Arbeiten von Reichheld gefördert, der feststellt, dass es für Unternehmen wesentlich ertragreicher ist, bestehende Kunden voll auszuschöpfen als neue Kunden zu gewinnen.[4] Der Wert einer Beziehung über die Gesamtdauer der Kundenbeziehung wird als **Customer**

---

[1] Vgl. Rappaport (1998). Ferner gewinnen aber auch Ansätze der Corporate Social Responsibility zunehmend an Bedeutung Crane (2008), S. 3 ff.

[2] Vgl. Marketing Science Institute (2008), Marketing Science Institute (2006), Marketing Science Institute (2010).

[3] Vgl. O'Sullivan et al. (2009).

[4] Vgl. Reichheld und Teal (1996).

Lifetime Value (CLV) bezeichnet und ist die entscheidende Größe zur Bewertung des Wertbeitrages einzelner Kunden.

Daher wird das Marketing vor allem in der Forschung aber auch teilweise in der Praxis konsequent dahin weiterentwickelt, den Rohertrag aus der bestehenden Beziehung zum Kunden, also den CLV, zu maximieren. Dieser Marktbearbeitungsangang stammt überwiegend aus dem Business-to-Business(B2B)- und dem Dienstleistungsbereich, in denen der einzelne Kunde einen großen Teil zum Unternehmenserfolg beitragen kann. Dies können beispielsweise die Beziehung von Zulieferern zu einem OEM oder von Beratungsunternehmen zu großen Konzernen sein. Der CLV kann hierbei als die wesentliche Kennzahl zur Steuerung der Aktivitäten der Anbieter dienen, findet aber in der Praxis nur wenig Verwendung.[5] Dort wird überwiegend nach Umsatz- und Deckungsbeitragsrechnung pro Kunde gesteuert. Jedoch ist eine einseitige Betrachtung des Kundenwerts aus Unternehmenssicht durch den CLV oder Deckungsbeitrag zwar effizient, aber nicht notwendigerweise effektiv.[6]

Effektivität kann nur erreicht werden, wenn dem Kunden ein Wert geliefert wird. Dieser Kundenwert aus Kundensicht wird als **Customer Perceived Value (CPV)** bezeichnet und beschreibt den wahrgenommenen Nutzen des Kunden.[7] Erst durch die Leistung des Unternehmens, diesen Nutzen zu generieren, kann Wert für das Unternehmen in Form von Transaktionen und schließlich durch Wertbeiträge des CLV gehoben werden.

Als Ziel des Marketings wird dabei die Maximierung des Wertes des Kunden (Effizienz) anhand der Erhöhung des Wertes für Kunden (Effektivität) definiert. Dazu muss das Unternehmen die richtigen Prozesse und das nötige Know-

---

5 Vgl. Tomczak und Rudolf-Sipötz (2006), S. 149 und Mödritscher (2008), S. 265 ff.

6 Vgl. zu den Begriffen Effektivität und Effizienz Unterkapitel 2.2.1 und Geiger (2011), S. 147.

7 Vgl. ausführlich zur Begriffserklärung und Definitionen Kapitel 2.2.2.

how entwickeln und anwenden. Diese Steuerung des gesamten CLV aller Kunden wird auch als **Customer Equity Management** bezeichnet.[8]

Schließlich führt die duale Betrachtung dieses Kundenwerts zu einem neuen und erweiterten Ansatz zur Steuerung des Kundenwertes. Dieser Zusammenhang zwischen Customer Perceived Value und Customer Lifetime Value ist theoretisch und empirisch noch zu vertiefen.[9]

1.2 Forschungslücke in der dualen Modellierung und Effizienzmessung im Massenmarkt

Die Marketingforschung im Bereich des Kundenwerts hat schon einen hohen Sättigungsgrad erreicht. Es liegen bereits sehr viele Arbeiten vor, in denen der CPV modelliert wird.[10] Die Modellierung des CLV wurde ebenfalls vielfach untersucht.[11] Die Anzahl der Publikationen, die neue Algorithmen und Vorgehensweisen zur reinen Modellierung vorstellen und deren Leistungsfähigkeit nachweisen, ist immens.

Zusätzlich zur getrennten Betrachtung des CPV und CLV entstanden auch einige Arbeiten, die eine integrierte/**duale Betrachtung** propagieren.[12] Dabei werden anhand von Befragungsdaten, teilweise in Kombination mit realen Transaktionsdaten, Kundennutzentreiber und deren Wirkung auf die Kundenbindung und den CLV berechnet.

Diese Berechnungen sind aber reine Prognose- und Vergleichsmodelle, die darauf abzielen, den Erfolg der Quantifizierungsmethode und die Bestimmung der Treiber zu validieren. Es wird jedoch in keinem der Ansätze der Nachweis

---

8 Vgl. Berger et al. (2002), Hundacker (2005), S. 12.

9 Vgl. Eggert (2006).

10 Vgl. Fuchs (2010), S. 50 ff. als Treiber der Globalzufriedenheit; Wachter (2006), S. 29, sowie Graf und Maas (2008).

11 Für eine gute Übersicht siehe Steiner (2008), S. 11 ff.

12 Vgl. Breusch (2009), S. 28; Vogel et al. (2008), Hundacker (2005), S. 49, bezüglich Reagibilität und Kundenerfolgsbeitrag und S. 114 für hybride Modelle. Siehe auch Rust et al. (2004b).

erbracht, dass sich aus dem gewonnenen Wissen Entscheidungen für das Marketing ableiten lassen. Somit bleibt zu zeigen, dass aufgrund quantitativ nachgewiesener Zusammenhänge Entscheidungen vorbereitet und ex post auf ihre Effizienz hin bewertet werden können. Die erste Forschungslücke ist demnach, dass bisherige duale Modelle nicht explizit entscheidungs- und effizienzbezogen sind.

Eine Reihe von Arbeiten befasst sich mit der Modellierung von Veränderungen des Marketingmix und deren Effekt auf das Kundenverhalten. Diese Verfahren zielen darauf ab, die **Effizienz von Maßnahmen** zu messen.[13]

Dem Autor sind bislang nur wenige Arbeiten bekannt, die den Effekt von Maßnahmen auf den CLV messen.[14] Während in der Arbeit von Schneider der Effekt von Werbematerialien an Kunden im Automobilsektor gemessen wird, wird in der Arbeit von Kumar die Wirkung von Katalogversand auf die Anzahl der Bestellungen modelliert. Eine Übertragbarkeit der Ergebnisse für ein duales Modell zur Steuerung des Marketings kann aus diesen Arbeiten nicht abgeleitet werden. Diesen Arbeiten fehlt die Begründung in der Auswahl der Maßnahmen durch die CPV-Perspektive. Die zweite Forschungslücke ist demnach, dass bisherige Arbeiten keine begründete Auswahl von Maßnahmen definieren können.

Die Forschung bleibt zudem den Nachweis schuldig, dass sich die CPV-Modelle auch in Bereichen anwenden lassen, die sich eher durch eine hohe Anzahl von Routinekäufen und homogenen Produkten auszeichnen. Bisherige Arbeiten zu den Treibern des CPV finden vornehmlich empirische Validierung in servicenahen Bereichen, in Branchen mit niedrigeren Einkaufsfrequenzen, oder in Bereichen mit einem hohen Einkaufswert. Gängige Beispiele sind Automobilkäufe oder Flugreisen. Somit sind insbesondere **Massenmärkte** aus der bisherigen Betrachtung ausgeschlossen worden. Diese sind aber ein durchaus interessantes Forschungsfeld, weil Massenmärkte eine große

[13] Vgl. Hammerschmidt (2006), S. 14.

[14] Vgl. Schneider (2007), S. 83; Kumar et al. (2008a); Kumar et al. (2008b).

volkswirtschaftliche Bedeutung haben. Eine weitere entscheidende Eigenschaft von Massenmärkten ist der Mangel an ausgereiften Customer-Relationship-Management(CRM)-Systemen.[15] Somit liegen auf Einzelkundeebene nur wenige Informationen vor. Die dritte Forschungslücke ist somit, dass bisherige Arbeiten nicht die Anwendbarkeit des CPV-Modells in Massenmärkten validieren.

Im Gegensatz zu CPV-Modellen werden Arbeiten zum CLV überwiegend in Bereichen empirisch validiert, die sehr endkundennah sind und eine hohe Transaktionszahl aufweisen. Dies kann der Einzelhandel in Form von Katalogversand, Online-Handel oder Supermärkten sein, aber auch Banken und Telekommunikationsunternehmen standen schon mehrmals im Fokus der Analysen.[16] Zudem liegen in den Arbeiten oft zusätzliche Informationen vor, die über die reinen Transaktionen hinausgehen, wie z. B. Alter und Geschlecht. Daher müsste ein duales Modell, das beide Perspektiven vereint, vor allem die Wirksamkeit des CPV im Massenmarkt nachweisen und mit den wenigen Informationen aus dem Massenmarkt gute CLV-Prognosen liefern.

Zusammenfassend lässt sich die aktuelle Forschungslücke wie folgt beschreiben: Es existieren keine Arbeiten, die ein **duales Modell zur Steuerung des CPV/CLV** entwickeln und ein **Framework zur Effizienzmessung** daraus ableiten. Ferner bleiben alle Arbeiten im Bereich des CLV den Nachweis schuldig, dass Entscheidungen zur Kundenauswahl, die auf Basis des CLV durchgeführt wurden, langfristig zu einem höheren CLV der Kunden geführt haben. Die Modelle wurden bislang für sehr servicenahe oder hochwertige Leistungen entwickelt. Eine Übertragung und Adaption der Modelle auf den **Massenmarkt** ist bislang nicht erfolgt. Schließlich gibt es keine Frameworks, die sich in einem Bereich mit **minimaler Datentiefe** anwenden lassen.

---

15 Vgl. hierzu Abschnitt 2.1.2.3 Gestaltungsmöglichkeiten des Relationshipmarketing.

16 Vgl. Abschnitt 0zu Beispielen aus den Bereichen.

1.3 Erarbeitung eines Modells zur Steuerung des dualen Kundenwerts als Zielsetzung

Vor dem Hintergrund der identifizierten Forschungslücke hat die vorliegende Arbeit das Ziel, ein Framework zur Steuerung des dualen Kundenwertes im Massenmarkt zu entwickeln und empirisch zu validieren.

Dazu ist zunächst das Phänomen des Relationshipmarketing und seine Anwendbarkeit im Massenmarkt zu durchleuchten.

Basierend darauf gilt es, ein Framework zur dualen Kundenwertsteuerung zu entwickeln. Somit ist zunächst zu klären, welcher theoretische Bezugsrahmen sich für ein solches duales Kundenwertmodell eignet und welchen Erklärungsgehalt dieser Rahmen liefern kann. Dazu müssen für die Entstehung und Entwicklung des CPV und für die Wirkung des CPV relevante Theorien identifiziert und auf ihren Erklärungsgehalt hin untersucht werden. Ferner muss die Wirkung des CPV auf den CLV theoretisch fundiert werden. Als Nächstes gilt es zu prüfen, welche Methodiken zur Quantifizierung des CPV und des CLV vorliegen und wie diese im Massenmarkt angewendet werden können. Dabei gilt es die Frage zu beantworten, wie die Operationalisierung und Konzeptionalisierung des CPV und CLV durchgeführt werden können. Es bleibt zu zeigen, wie diese Modelle miteinander verknüpft und wie daraus Maßnahmen abgeleitet werden können. Die Berechnung der Effizienz dieser Maßnahmen muss ebenfalls methodisch untersucht und in das Framework integriert werden. Um die Effizienz der Maßnahmen zu zeigen, ist die Frage zu beantworten, wie die Nachhaltigkeit und Effizienz von Maßnahmen im Massenmarkt ex post auf den CLV quantifiziert werden kann.

Abschließend bleibt die Frage offen, ob und wie ein solches Modell in der Realität eines Massenmarktes anhand realer Unternehmensdaten validiert werden kann.

Somit ergeben sich die folgenden Forschungsfragen:

1. Was sind die Bedingungen für die Anwendbarkeit des Relationshipmarketing in Massenmärkten?

2. Wie sieht ein Framework zur dualen Kundenwertsteuerung im Massenmarkt aus?
    a. Welcher theoretische Bezugsrahmen eignet sich für ein solches duales Kundenwertmodell?
    b. Welche Methodiken zur Quantifizierung des CPV und des CLV liegen vor?
    c. Welche können Methodiken zur Quantifizierung des CPV und des CLV im Massenmarkt angewendet werden?
    d. Wie können diese Modelle miteinander verknüpft werden?
    e. Wie lassen sich aus dieser Verknüpfung Maßnahmen ableiten?
    f. Wie kann die Nachhaltigkeit und Effizienz von Maßnahmen im Massenmarkt ex post anhand des CLV quantifiziert werden?
3. Wie kann ein solches Vorgehen in der Realität eines Massenmarktes anhand realer Unternehmensdaten validiert werden?

1.4 Gang der Untersuchung

Der Gang der Untersuchung richtet sich nach den zentralen Forschungsfragen. Zunächst werden im **Kapitel 2** die begrifflichen Grundlagen des wertorientierten Marketings, des Relationshipmarketing und des Kundenwertes vorgestellt und definiert. Es wird gezeigt, dass das Relationshipmarketing einen wesentlich Beitrag zum CPV und CLV liefert. Dabei werden vorrangig die Wirkungskette des Relationshipmarketing und die wesentlichen Elemente des Kundenwertes sowohl aus Kundensicht als auch aus Unternehmenssicht beschrieben. Ferner werden darauf aufbauend Kriterien zur Anwendung des Relationshipmarketing im Massenmarkt diskutiert und festgelegt.

Nachdem die Begrifflichkeiten und grundlegenden Konzepte erörtert wurden, wird in **Kapitel 3** der notwendige theoretische Rahmen für die Entwicklung des dualen Kundenwertmodells, welches diese Konzepte umfasst, dargestellt. Es wird gezeigt, dass sich die betriebswirtschaftliche Forschung aus einem Theoriepluralismus speist und dass sich das Relationshipmarketing an dieser Tradition anlehnt. Diese Arbeit folgt dieser Tradition und entwickelt aus den vorgestellten Theorien einen Rahmen für das CPV/CLV-Modell.

Mit der Festlegung des Rahmens ist es notwendig, die Methodik zur Bearbeitung der Forschungsfragen aufzuzeigen und auszuwählen. In **Kapitel 4** werden diese methodischen Grundlagen der CPV- und CLV-Quantifizierung und der Effizienzmessung besprochen. Zunächst muss aber geklärt werden, welches die relevanten Kriterien für die Anwendbarkeit von Methoden im Massenmarkt zur Steuerung des Kundenwertes sind. Dies ist notwendig, um die große Zahl der Methoden richtig einzuordnen. Somit werden die vorgestellten Methoden auf ihre Anwendbarkeit hinsichtlich dieser Kriterien überprüft. Auf Basis dieser Kriterien werden in diesem Kapitel die relevanten Methoden für das duale CPV/CLV-Modell ausgewählt.

Die ausgewählten Modelle werden in **Kapitel 5** anhand der in Kapitel 3 entwickelten Theorie zu einem dualen CPV/CLV-Modell zur Steuerung und Effizienzmessung zusammengeführt. Die benötigten Datenanforderungen des Modells werden diskutiert und das Vorgehen zur Implementierung des Modells wird ausführlich dargestellt, um den Praxisbezug der Arbeit zu untermauern.

In **Kapitel 6** wird dieses Modell anhand realer Kassen- und Befragungsdaten eines Tankstellenbetreibers als Beispiel eines Massenmarktes angewendet und auf seine Wirksamkeit hin validiert. Dabei werden historische Maßnahmen auf ihre Wirkung hin überprüft und die Effizienz dieser Maßnahmen quantifiziert.

In **Kapitel 7** wird ein abschließendes Fazit gezogen und die Implikationen für Wissenschaft und Praxis werden abgeleitet.

Die nachfolgende Abbildung 1 stellt einen Überblick über den Gang der Untersuchung dar.

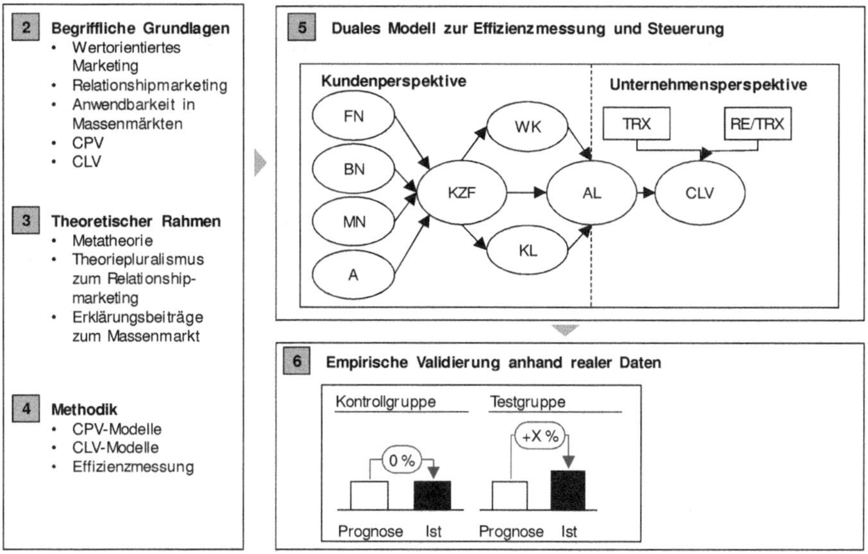

Abbildung 1: **Gang der Untersuchung**

Quelle: **eigene Darstellung.**

2 Wertorientierte Unternehmensführung und Kundenwert

2.1 Relationshipmarketing im Zuge der wertorientierten Unternehmensführung

In diesem Kapitel werden zunächst die Zielsetzung und Entwicklung des Marketings im Zuge der wertorientierten Unternehmensführung beschrieben und die Ausgestaltung des Relationshipmarketing im Sinne einer wertorientierten Unternehmensführung diskutiert. Abschließend werden die Grenzen der Anwendungsmöglichkeiten des Relationshipmarketing im Massenmarkt aufgezeigt und Implikationen für die Umsetzung abgeleitet.

2.1.1 Marketing im Zuge der wertorientierten Unternehmensführung

Seit der Einführung des Shareholder-Value-Konzeptes von Rappaport Mitte der 1980er Jahre hat ein Wandel in den Etagen der Unternehmensführungen stattgefunden.[17]

Zentrale Forderung dieses Ansatzes ist die strikte Orientierung der Unternehmensentscheidungen an den Zielsetzungen der Eigenkapitalgeber.[18] Diese erwarten die Zahlung einer konstanten und möglichst hohen Dividende. Wesentliches Konzept des Shareholder-Value-Ansatzes ist die Bewertung von künftigen Zahlungsströmen. Dies erfolgt durch Diskontierung sämtlicher erwarteter künkftiger Zahlungsströme auf den Bewertungsstichtag. Dadurch wird der Zeitwert der Zahlungsströme erfasst. Je nach zugrunde liegendem Risiko unterscheidet sich dann der Wert einer Zahlung im Zeitablauf. Bei einem höheren Risiko werden künkftige Zahlungen stärker diskontiert.[19] Dem Management bietet der Shareholder-Value-Ansatz die Möglichkeit, anhand verschiedener Konzepte und darauf aufbauender Steuerungskennzahlen zu erkennen, welche Betriebszweige rentabel wirtschaften und zudem einen Unterneh-

---

17 Vgl. Rappaport (1998), S. 1.

18 Vgl. Weißenberger (2009).

19 Vgl. Stiefl und von Westerholt (2007).

menswert schaffen. Ferner kann das Konzept dazu dienen, die Führungsleistung des Managements zu messen.[20]

Als Gründe für die große Verbreitung des Shareholder-Value-Ansatzes werden u. a. die große Anzahl von Unternehmensübernahmen aufgrund vernachlässigter Marktkapitalisierung, die aufkommende Prinzipal-Agent-Theorie und deren Anwendung auf das Verhältnis zwischen Unternehmenseigner und dem Management sowie die steigende Anzahl institutionelle Anleger mit hohem Unternehmensanteil genannt.[21]

Um dem Ziel einer stärkeren Wertsteigerung der Unternehmenseigner näher zu kommen, muss auch das Marketing seinen Beitrag zur Erfüllung finanzieller Ziele leisten.[22] Dabei wird verlangt, dass im Marketing taktische Maßnahmen aus der Strategie des Unternehmens abgeleitet werden und der finanzielle Erfolg im Sinne einer Investitionsrechnung ähnlich dem Shareholder-Value-Ansatz bewertet wird. In diesem Zusammenhang sprechen Rust et al. von der "*Chain of Marketing Productivity.*"[23]

Doyle definiert in diesem Zusammenhang das **wertorientierte Marketing** wie folgt: "*Marketing is the management process that seeks to maximise returns to shareholders by developing relationships with valued customers and creating a competitive advantage.*"[24]

Dieser Forderung kommen immer mehr Unternehmen nach und legen Wert auf die Berechnung und Durchsetzung des finanziellen Wertes von Marketingaktivitäten.[25] Die Propagierung der Überführung von finanziellen Zielen und der Bewertung von Maßnahmen durch ein systematisches Controlling hat so-

20 Vgl. Schmeisser et al. (2009).

21 Vgl. Stiefl und von Westerholt (2007) und Hoffmann (2008), S. 12.

22 Vgl. Rust et al. (2004a).

23 Rust et al. (2004a), S. 77.

24 Doyle (2000a), S. 29.

25 Vgl. Mödritscher (2008), S. 15.

wohl in der Forschung als auch in der Praxis in den letzten Jahren Einzug gehalten.[26]

Accountability umschreibt dabei das Konzept des Nachweises über den Erfolgsanteil von Maßnahmen. Eine Reihe von Arbeiten befasst sich damit, diesen Wertbeitrag herauszuarbeiten, wie die Tabelle 1 zeigt.

[26] Vgl. CFO Research Services und Deloitte (2007); Smidt (2001).

Autor	Inputgröße	Outputgröße	Branche	Methode[27]	Empirische Basis
Pauwels et al. (2004)	Neuprodukteinführung, Verkaufsförderung, Umsätze	Markt zu Buchwert	Automobil	Vektor-Autoregressive Verfahren	41 Marken, 5 Jahre
Hooley et al. (2005)	Customer Linking Capabilites, Market Innovation Capabilities, Human Resource Assets, Reputational Assets	Profit, Return on Invest, Profit Margin	Diverse, GB	Konfirmatorische Faktorenanalyse (LISREL)	n = 485 Marketing Manager
Izquierdo et al. (2005)	Marktposition, Customer Perception, Customer Loyalty	Selbsteinschätzung, wie stark Profit gestiegen ist	Autoreperatur, Spanien	Konfirmatorische Faktorenanalyse (LISREL)	n = 84
Ryals (2005)	Messung von CRM-Aktivitäten	CLV	Bank, Versicherung	Case study	n = 2
Palmatier et al. (2006b)	Social Relationship Marketing, Financial Relationship Marketing, Structural Relationship Marketing	Return on Invest	Diverse B2B, USA	Regression	n = 313 Geschäftskunden
Homburg et al. (2008)	Customer Prioritization, Customer Satisfaction, Customer Loyalty, Average Share-of-Wallet	Return on Sales	Diverse B2B und B2C	Konfirmatorische Faktorenanalyse (LISREL)	n = 310
Ramani und Kumar (2008)	Belief in Customer Concept, Interaction Response Capacity, Customer Empowerment, Customer Value Management	Profit, Return on Marketing Investment	Diverse, USA	Konfirmatorische Faktorenanalyse (AMOS)	n = 125
Rao und Bharadwaj (2008)	3 Initiativen mit unterschiedlichen Umsätzen und Erfolgswahrscheinlichkeiten	Net present value of profit, Cash flow to investors	-	Konzeptionell	-
Boyd et al. (2010)	Umsatzwachstum, Firmencharakteristika, Industriecharakteristika, Kundenmacht	Börsenkurs	Diverse, USA	Regression, Eventstudie zur Benennung des CMO	n = 88 US Firmen

Tabelle 1: Ausgewählte Arbeiten zur Accountability des Marketings

Quelle: eigene Darstellung..

Die Grundidee für die Verknüpfung von Shareholder Value mit den Erfolgen des Marketing ist, das sogenannte Marketing-Assets als Bausteine des Shareholder Value betrachtet werden können. Doyle definiert vier Arten von Marketing-Assets als Treiber des Shareholder Value: "Marketing Knowledge",

27 Vgl. zu den unterschiedlichen Methodiken Abschnitt 4.3.1.1.3

"Brands", "Customer Loyalty" und "Strategic Relationships".[28] Während die ersten beiden Aspekte bekannte Elemente des Marketingmix sind, stellen gerade die letzten beiden Punkte wichtige Bestandteile des Relationshipmarketing dar und sollen im nächsten Abschnitt näher beleuchtet werden.

2.1.2 Ausgestaltung des wertorientierten Marketings durch das Relationshipmarketing

Zusammen mit der stärkeren Wertorientierung ist in den letzten Jahrzehnten eine stärkere Marktorientierung einhergegangen. So wurde neben der Bedeutung des Marktes für den Unternehmensgewinn auch die Bedeutung des Kunden und die Beziehung zum Kunden als wesentliche Treiber des Unternehmenserfolges erkannt und zum Zentrum der Marketingaktivitäten.[29] Im Folgenden wird dieser Wandel genauer beschrieben.

2.1.2.1 Paradigmenwechsel vom transaktionsbezogenen Marketing zum Relationshipmarketing

In der klassischen Bearbeitung des Marktes des Industrialisierungszeitalters stand die einzelne Transaktion im Fokus der Unternehmung. In den stark wachsenden Märkten bearbeiteten Unternehmen den Markt daher vor allem anhand der klassischen 4 Ps des Marketingmix: Produkt, Preis, Place (Vertrieb/Distribution) und Promotion (Kommunikation).[30]

Im postindustriellen Zeitalter änderte sich die Rahmenbedingung jedoch so stark, dass ein Umdenken vom reinen Transaktionsfokus hin zum erweiterten Beziehungsansatz stattgefunden hat.[31]

---

[28] Vgl. Doyle (2000b).

[29] Vgl. Belz und Bieger (2004), S.50 ff.

[30] Vgl. Grönroos (1999).

[31] Vgl. Sheth und Parvatiyar (2000).

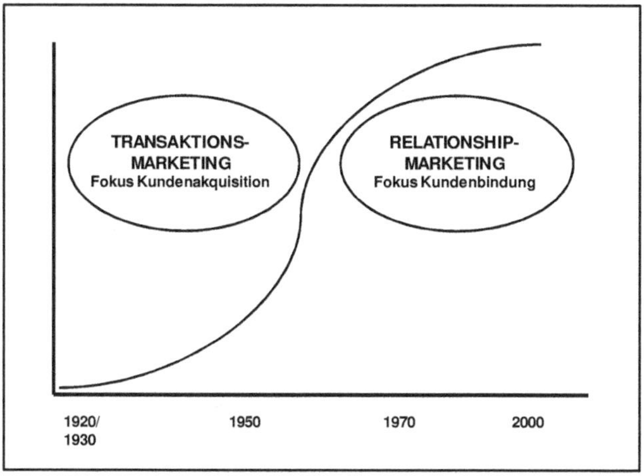

Abbildung 2: Wandel vom Transaktions- hin zum Relationshipmarketing
Quelle: Lindgreen et al. (2004), S. 674.

Dem globalisierten Wettbewerb ausgesetzt und einer immer stärkeren Fragmentierung der Kundengruppen gegenüberstehend, realisierten Unternehmen in stagnierenden Märkten, dass eine langfristige Beziehung wesentlich ertragsbringender ist als der reine Transaktionsfokus.[32] Verstärkt wird dieser Effekt durch die "[...]*zunehmende Fokussierung der Kunden auf den Preis, wenn die Leistungen austauschbar sind.*"[33] Durch Stagnation der Nachfrage in gesättigten Konsummärkten kommt es auch zu einem stärkeren Wandel von der Anbietermacht hin zur Nachfragermacht.

Diese Erkenntnisse werden durch die Arbeiten von Reichheld unterstützt, der aufzeigt, dass gebundene Kunden deutlich mehr Erträge erwirtschaften als ungebundene Kunden.[34] Ferner findet in den Industrienationen ein starker Wandel von Produktion hin zu Dienstleistungen statt, womit die Servicequalität

---

[32] Vgl. Grönroos (1999) und Bruhn (2009), S.14 ff.

[33] Mödritscher (2008) S. 23.

[34] Vgl. Reichheld und Teal (1996).

und damit die Beziehung zum Kunden eine höhere Bedeutung erhält.[35] Um sich stärker auf diese Kundenbeziehung auszurichten, wurde das Marketingmixkonzept um das **Relationshipmarketing** erweitert.[36]

Eine frühe Definition von Berry für den Begriff Relationshipmarketing lautet demnach: "[...] *attracting, maintaining and - in multi-service organizations-enhancing customer relationships*".[37] Die Neukundengewinnung ist im Gegensatz zu früheren Marketingdefinitionen hierbei nur ein erster Schritt in einem mehrstufigen Prozess.

Grönroos definiert das Marketing unter dem Paradigma des Relationshipmarketing als "[...] *the process of identifying and establishing, maintaining, and enhancing, and when necessary also terminating relationships with customers and other stakeholders, at a profit, so that the objectives of all parties involved are met; and this is done by a mutual exchange and fulfillment of promises.*"[38] Diese Definition unterstreicht deutlich den Gedanken, dass es um eine wechselseitige Beziehung zwischen Anbieter und Nachfrager geht.

Ähnlich sehen Coviello et al. vor allem eine Verschiebung der Zielsetzung von einer diskreten Transaktion hin zu einer langfristigen Beziehung als Unterschied zwischen Transaktionsmarketing und Relationshipmarketing.[39] Die Kommunikation, die lange geprägt war von einer reinen "Firma zu Kunde"-Perspektive, wird interaktiver und verliert nach und nach ihren formellen Charakter.

Sheth et al. definieren hingegen "*Relationship marketing is the ongoing process of engaging in cooperative and collaborative activities and programs with immediate and end-user customers to create or enhance mutual econom-*

---

35 Vgl. Godson (2009), S. 16.

36 Vgl. Grönroos (1994), Parvatiyar und Sheth (2000), Homburg (2009), S. 7.

37 Berry (1995), S. 236.

38 Grönroos (1999), S. 328.

39 Vgl. Coviello et al. (2002).

ic value, at reduced cost."[40] Diese Definition beinhaltet noch sehr stark die Perspektive des Anbieters und seine Motivation, eine Beziehung einzugehen.

Die Tabelle 2 zeigt die Extrempole zwischen Transaktions- und Relationshipmarketing. Wesentliche Unterschiede sind also neben der schon diskutierten Betrachtungsfristigkeit und der Zielsetzung auch ein höheres Interaktionsniveau sowie die Berücksichtigung der Kundenperspektive.

Schließlich steht mit steigender Individualisierung der Bedürfnisse eine stärkere Kundenorientierung im Mittelpunkt des Marketings.[41] Diese Kundenorientierung manifestiert sich in der Betrachtung und Entwicklung einer langfristigen Beziehung mit dem Kunden. Um dies quantitativ zu erfassen, wird propagiert, dass nicht nur der reine Deckungsbeitrag einer Transaktion zu messen sei, sondern zusätzlich der Kundenwert über die gesamte erwartete Beziehungsdauer.[42]

Das Relationshipmarketing kann somit gemäß der Definition von Hunt et al. zusammenfassend als das Marketing definiert werden, dass darauf ausgerichtet ist, Kundenbeziehungen aufzubauen: "*Relationship marketing refers to all marketing activities directed toward establishing, developing and maintaining successful relational exchanges.*"[43]

---

40 Parvatiyar und Sheth (2000), S. 9.

41 Vgl. Bruhn (2009), S. 1 ff.

42 Vgl. Bruhn (2009), S. 280.

43 Morgan und Hunt (1994), S. 22.

Unterscheidungskriterien	Transaktionsmarketing	Relationshipmarketing
Betrachtungsfristigkeit	Kurzfristigkeit	Langfristigkeit
Marketingobjekt	Produkt	Produkt und Interaktion
Marketingziel	Kundenakquisition durch Marketingmix	Kundenakquisition, Bindung und Rückgewinnung
Marketingstrategie	Leistungsdarstellung	Dialog
Ökonomische Erfolgs- und Steuerungsgrößen	Gewinn, Deckungsbeitrag, Umsatz, Kosten	Zusätzlich: Kundendeckungsbeitrag, Kundenwert
Orientierung	Produkteigenschaften (Leistung)	Kundennettonutzen (Leistung und Kunde)
Interaktionsniveau	Gering	Hoch
Internes Marketing	Unwichtig	Wichtig

Tabelle 2: Transaktions- vs. Relationshipmarketing

Quelle: Vogel (2006), S. 9; Bruhn (2009), S. 15.

2.1.2.2 Grundlegende Konzepte des Relationshipmarketing

Das Relationshipmarketing liefert unter der Annahme der Beziehungs- und Profitabilitätsorientierung Konzepte zur strategischen Ausrichtung und operativen Umsetzung.[44]

Unternehmen haben durch Anwendung des Relationshipmarketing die Möglichkeit eine psychologische Wirkung beim Kunden auszulösen, die sich in einer Verhaltenswirkung manifestiert.[45] Diese Verhaltenswirkung führt wiederum zu einem Output für das Unternehmen im Sinne höherer Umsätze und/oder Gewinne. Die, in der Forschung diskutierten wichtigsten Konstrukte der psychologischen Wirkung sind Leistungsqualität[46], wahrgenommener Wert[47], Kundenzufriedenheit[48], Vertrauen[49], Commitment[50] und Beziehungsqualität[51].

---

44 Vgl. Bruhn (2009), S. 94.

45 Vgl. im folgenden Bruhn (2009), S. 68.

46 Vgl. Babakus et al. (2004).

47 Vgl. Ravald und Grönroos (1996).

48 Vgl. Lam et al. (2004).

49 Vgl. Morgan und Hunt (1994).

50 Vgl. Morgan und Hunt (1994).

Die Verhaltenswirkung wird durch die Verhaltensabsicht und faktisches Verhalten wie Kundenbindung/Loyalität[52], Cross-Buying[53] und Weiterempfehlung[54] erfasst. Es greifen zudem unternehmensinterne und unternehmensexterne moderierende Faktoren, wie z. B. die Individualität der Leistung oder die Heterogenität der Kundenerwartungen, in diese Erfolgskette ein.

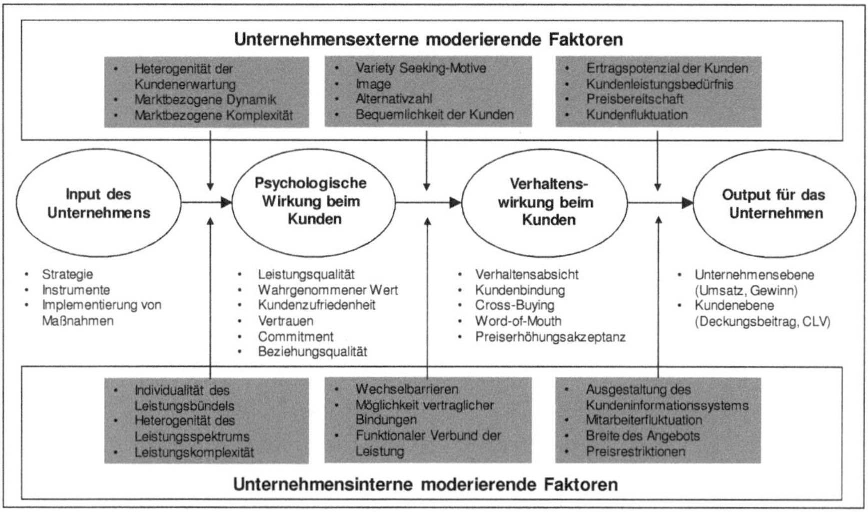

Abbildung 3: Grundstruktur einer Erfolgskette
Quelle: Bruhn (2009), S. 66.

Das bereits vorgestellte Konstrukt des CPV ist demnach ein Ergebnis des Inputs des Unternehmens und beschreibt eine Operationalisierung der psychologischen Wirkung beim Kunden. Der CLV ist das Ergebnis der Verhaltenswirkung und ist eine Operationalisierung des Outputs für das Unternehmen. Die

51 Vgl. Hennig-Thurau et al. (2002).

52 Vgl. Vogel (2006), S. 34 zur Gleichsetzung/Unterscheidung der Begriffe Loyalität und Kundenbindung.

53 Vgl. Tomczak und Rudolf-Sipötz (2006), S. 134.

54 Vgl. Vgl. Villanueva et al. (2008).

kausalen Zusammenhänge einzelner Teile der vorgestellten Konstrukte sind in einer Vielzahl von Arbeiten empirisch überprüft und belegt worden[55].

Letztlich gilt es noch anzumerken, dass die Umsetzung des Relationshipmarketing durch die zunehmenden Möglichkeiten der Informationstechnologie begünstigt wird. Unternehmen können in immer stärker werdendem Ausmaß mithilfe von Kundendaten Know-how über den Kunden und sein Verhalten aufbauen und kundengenaue Maßnahmen durchführen.[56] Gerade in stagnierenden Märkten werden diese unternehmensinternen Kompetenzen als ein wichtiger Treiber des Unternehmenserfolgs gesehen. Das Relationshipmarketing bietet die konzeptionelle Plattform zur Auswahl, Definition und Implementierung von Maßnahmen.

2.1.2.3 Gestaltungsmöglichkeiten des Relationshipmarketing

Nach der Vorstellung der grundlegenden Konzepte des Relationshipmarketing gilt es zu klären, was unter der Anwendung des Relationshipmarketing in Unternehmen zu verstehen ist. Dazu müssen die Gestaltungsmöglichkeiten des Relationshipmarketing durchleuchtet werden. Diese können sich auf verschiedene Ebenen der Unternehmensführung beziehen: Analyse der Ausgangssituation, strategische Ausrichtung, operative Maßnahmen oder Erfolgskontrolle.[57]

Zu der **Analyse der Ausgangssituation** gehören neben klassischen Stärken/Schwächen-, Wettbewerbs- und Marktanalysen beispielsweise die Untersuchung der Kundenbeziehung anhand der Akquisitions-, Bindungs- und Rückgewinnungsphase sowie darauf aufbauend die beziehungsorientierte

55 Vgl. für eine Übersicht Gupta und Zeithaml (2006), Bruhn (2010) und für einzelne Elemente: Beziehungsorientierung und Erfolg: Ramani und Kumar (2008); Serviceorientierung und Erfolg: Homburg et al. (2002); Marktorientierung und Erfolg: Kumar et al. (1998), Green et al. (2005); Zufriedenheit und Erfolg: Anderson et al. (2004), Bernhardt (2000); Zufriedenheit und Kundenbindung: Auh und Johnson (2005); Kundenbindung und Erfolg: Krafft (2002).

56 Vgl. Abschnitt 2.1.2.3

57 Vgl. Bruhn (2009), S. 94.

Kundensegmentierung.[58] Dabei werden insbesondere die Art der Beziehung und deren Determinanten in den Vordergrund der Betrachtung gestellt.

Die **strategische Ausrichtung** kann darauf aufbauend neben klassischen Strategien der Marktbearbeitung[59] um beziehungsphasenbezogene Strategien zur Kundenakquisition, -bindung und -rückgewinnung erweitert werden.[60] Für die Kundenakquisition werden Strategien zur Stimulierung und Überzeugung gewählt. Zu den Kundenbindungsstrategien gehören die Erzeugung von Gebundenheit durch Verträge und Wechselkosten sowie die Verbundenheit durch Preissetzung oder Leistungsindividualisierung. Letztlich stellen Strategien der Kundenrückgewinnung die Wiedergutmachung oder die Verbesserung der Leistung in den Vordergrund.

Auf der nächsten Ebene greifen **operative Maßnahmen** des Relationshipmarketing beziehungsorientierte Strategien auf und zielen darauf ab, die Bindung und Pflege der Kundenbeziehung zu begünstigen. Diese Maßnahmen können aus den unterschiedlichen Bereichen des Marketingmix stammen: Leistung (z. B. integrative Leistungserstellung[61]), Kommunikation (z. B. individualisierte Kommunikation[62] und Beschwerdemanagement[63]), Preis (z. B. Rabatt- und Bonussysteme[64]) und Distribution (z. B. kundenorientierte Standortwahl).[65] Erweitert werden diese Maßnahmen um Instrumente zur Beendigung unprofitabler Beziehungen.[66] Natürlich sind auch Mischformen wie beispielsweise Kundenbindungsprogramme mit Rabattfunktion möglich.[67] Nach Bruhn liegen

58 Vgl. Meffert und Bruhn (2006), S. 268 und Bruhn (2009), S. 104 ff und S. 111 ff.

59 Vgl. zu klassischen Strategien Welge und Al-Laham (2003), S. 317 ff.

60 Vgl. Bruhn (2009), S. 131.

61 Vgl. Kleinaltenkamp (2008), S. 434.

62 Vgl. Treiblmaier (2006), zu Charakteristika S. 59, und zur zunehmenden Bedeutung S. 290.

63 Vgl. Stauss (2008), S. 374.

64 Vgl. Diller (2008), S. 411.

65 Vgl. Geiger und Kleinaltenkamp (2011), S. 196, und Bruhn (2009), S. 175.

66 Vgl. Geiger (2011), S. 171 ff.

67 Zur allgemeinen Darstellung von Kundenbindungsprogrammen siehe Diller und Müller (2006), S. 136; zu strategischen Überlegungen Reinartz (2006); zur Wirkung auf die Zufriedenheit und Lo-

(Fortsetzung der Fußnote auf der nächsten Seite)

die effektivsten Anwendungsfelder von Relationshipmarketingmaßnahmen im Bereich von Individualleistungen.[68] Diese zeichnen sich durch intensiven Kundenkontakt, komplexe Leistungen und hohes Kundenengagement aus.

Zuletzt kann auch die **Erfolgskontrolle** beziehungsorientiert erfolgen. Dies kann zunächst auf Basis von vorökonomischen Größen wie beispielsweise dem CPV, der Kundenzufriedenheit und der Kundenbindung geschehen. Zudem sind auch ökonomische Größen, wie beispielsweise Deckungsbeiträge oder der CLV, entscheidend für die Erfolgskontrolle des Relationshipmarketing.[69]

Ein zentrales Instrument für Analyse, Strategieformulierung, operative Umsetzung und Erfolgskontrolle stellen Customer-Relationship-Management(CRM)-Systeme dar.[70] Diese IT-gestützten Systeme ermöglichen nicht nur die Speicherung kundenbezogener Daten. Mithilfe ausgefeilter Softwareprogramme kann auch die Planung und Durchführung operativer Prozesse gesteuert werden. Schließlich stellen diese Systeme analytische Tools zur Bewertung und Kontrolle der Ergebnisse zur Verfügung.[71]

2.1.3 Anwendungsfelder des Relationshipmarketing

Nachdem nun die grundlegenden Konzepte und Gestaltungsmöglichkeiten vorgestellt wurden, sollen als Nächstes die Anwendungsfelder für Relationshipmarketing in der Praxis betrachtet werden. Denn nach Jahren des Wachstums des Relationshipmarketing in der Forschung und Praxis ist bereits eine gewisse Reife eingetreten. In der Forschung liegt somit eine Modifikationspha-

---

yalität Bridson et al. (2008) und Lewis (2004); zur Langzeitwirkung Liu (2007) und Lal und Bell (2003).

68 Vgl. Bruhn (2009), S 15 ff.

69 Vgl. Bruhn (2009), S. 254.

70 Vgl. Hiestermann (2008), S .15; Mödritscher (2008), S. 30 ff zu konzeptionelle Aspekten und der Architektur von CRM-Systemen.

71 Vgl. Diller (2006), S. 101 und für einige Beispiele von Finanzdienstleistern und der Luftfahrtindustrie siehe Swift (2001), S. 36 ff. Weitere Beiträge auch in Gersch (2011), S. 312.

se vor, die sich durch eine strenge Selektion und Differenzierung der Relationshipmarketing-Theorie und der Umsetzung auszeichnet.[72]

2.1.3.1 Klassische Anwendungsbereiche des Relationshipmarketing

Wie in Abbildung 3 zu erkennen ist, führt der Input des Unternehmens nicht in jedem Markt notwendigerweise zum gleichen Erfolg. Neben den Aktivitäten des Unternehmens müssen eine Vielzahl von externen Faktoren als Einflussgrößen, wie z. B. die marktbezogene Dynamik und Komplexität, aber auch das kundenspezifische Verhalten berücksichtigt werden.

Eine Metastudie von Das untersucht Veröffentlichungen zum Relationshipmarketing aus den Jahren 1994 bis 2006 auf ihren Inhalt und Anwendungsfelder.[73] Demnach fokussieren sich die meisten Arbeiten entweder auf die Definition von latenten Konstrukten (30 %) oder auf besondere Themen (29 %) wie beispielsweise Datenschutz oder kulturelle Aspekte. Die anwendungsbezogene Seite wird eher nachgelagert beleuchtet. Denn der Einsatz von Instrumenten wie Direct Marketing oder Database-Marketing ist Inhalt von lediglich 20 % aller Studien. Ferner befassen sich nur ca. 12 % aller Studien mit industriespezifischen Anwendungen. Vor allem die Finanzdienstleistung mit einem Anteil von 37 % an allen empirischen Veröffentlichungen stellt dabei das zentrale Untersuchungsgebiet dar.

Coviello und Brodie haben zur Anwendung des Relationshipmarketing mehrere Studien veröffentlicht, die zu sehr ähnlichen Ergebnissen kommen.[74] Sie zeigen auf, dass die Übergänge zwischen der zunächst propagierte Dichotomie in Transaktions- und Relationshipmarketing fließend sind, und dass vielmehr ein Kontinuum von Transaktions- hin zu Relationshipmarketing vorliegt.[75]

---

[72] Vgl. Diller (2006), S. 117.

[73] Vgl. Das (2009). Es werden 209 Veröffentlichungen untersucht, davon sind 133 Arbeit empirisch. Die restlichen 9 % der Studien befassen sich mit der Zielsetzung des Relationshipmarketing.

[74] Vgl. Coviello und Brodie (1998); Coviello et al. (2000); Coviello und Brodie (2001); Coviello et al. (2002).

[75] Vgl. Coviello et al. (2002).

In ihrer Studie aus dem Jahr 2000 wird der Fokus auf die Firmengröße gelegt und die Autoren zeigen, dass insbesondere kleine Unternehmen dazu tendieren, Relationshipmarketing anzuwenden.[76] Dies wird vor allem durch den stärkeren persönlichen Kontakt zwischen den Kunden und dem Anbieter begründet.

Die Studien aus dem Jahr 1998 und 2002 kommen zu dem Schluss, dass vor allem Unternehmen im Industrie- und Dienstleistungsbereich früh bereit waren, Relationshipmarketingmaßnahmen anzuwenden, wie Abbildung 4 zeigt.[77]

In den Bereichen der Verbrauchsgüter und Konsumgüter/Fast Moving Consumer Goods (FMCG) hat das Konzept jedoch bislang weniger Verwendung gefunden.

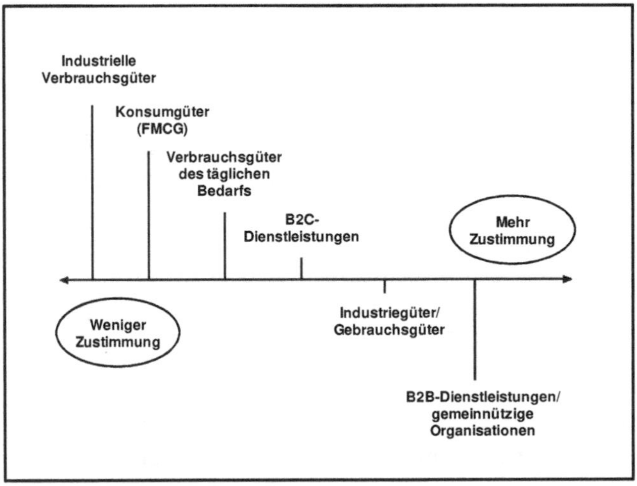

Abbildung 4: Kontinuum von Anwendungsfeldern des Relationshipmarketing
Quelle: Coviello und Brodie (1998), S. 179.

---

76 Vgl. Coviello et al. (2000).

77 Vgl. Coviello und Brodie (1998) und Coviello et al. (2002).

Eine Metastudie von Palmatier et. al zur Erfolgswirkung des Relationshipmarketing kommt zu dem Ergebnis, dass die Effektivität des Relationshipmarketing steigt[78], wenn es sich

- bei der Anbieter-Kunden-Beziehung um eine B2B-Beziehung anstatt einer B2C-Beziehung handelt,
- bei der Beziehung um eine persönliche Beziehung anstatt einer Firma-Kunden-Beziehung handelt,
- bei der angebotenen Leistung um eine Dienstleistung anstatt einem Produkt handelt.

Dies bestätigen die vorangegangenen Studien, es zeigt aber auch, dass Relationshipmarketing in den anderen Bereichen durchaus erfolgreich angewendet werden kann. Dies gilt insbesondere, wenn davon ausgegangen wird, dass es einen Teil der Kunden gibt, die grundsätzlich auch auf B2C-Märkten Interesse an einer Kunden-Anbieter-Beziehung haben.[79]

Während sich das Relationshipmarketing also auf Märkten mit erhöhter Leistungsindividualisierung und Kundeninteraktion etabliert hat, stellt sich die Frage, warum seine Prinzipien und Instrumente nicht auch stärker auf anonymen Massenmärkten zur Anwendung kommen. Dazu ist es erforderlich, diese Märkte zu charakterisieren. Anschließend können darauf aufbauend Kriterien hergeleitet werden, die die Bedingungen der Anwendbarkeit näher spezifizieren.

Einen Hinweis, wie Transaktions- und Relationshipmarketing-Aktivitäten ausbalanciert werden können, liefert die Arbeit von Lefaix-Durand.[80] Demnach sollten höherwertige Kunden eher beziehungsorientiert angegangen werden, um die Bindung zu ihnen zu stärken.

Neben der Wertigkeit der Kunden gilt es auch, ihre Affinität bzgl. Relationshipmarketingmaßnahmen zu prüfen. Denn unter Wettbewerbsgesichtspunk-

---

78 Vgl. Palmatier et al. (2006a). In dieser Metastudie werden insgesamt 94 empirische Untersuchungen ausgewertet.

79 Vgl. Pels (1999).

80 Vgl. Lefaix-Durand und Kozak (2009).

ten ist es nicht unbedingt immer ratsam, Kunden mit einer hohen Reaktionsfreudigkeit bzgl. Kundenbindungsmaßnahmen zu bearbeiten. Diese Kunden könnten aufgrund ihrer Reagibilität durch Maßnahmen des Wettbewerbs abgeworben werden, was zu Profitabilitätseinbußen führen kann.[81]

Anhand dieser Beispiele zeigt sich, dass also zunächst geprüft werden muss, ob in einem zu untersuchenden Markt die Voraussetzungen für ein funktionierendes Relationshipmarketing gegeben sind und wie die Kunden einer Beziehung mit dem Anbieter gegenüberstehen.

2.1.3.2 Der Massenmarkt als Grenzbereich des Relationshipmarketing

In der Marketingliteratur findet sich keine abgegrenzte Definition eines Massenmarktes. Vielmehr wird der Begriff synonym für Märkte mit einer großen Anzahl von Nachfragern verwendet.[82] Der Begriff bezieht sich daher oftmals auf B2C-Märkte. Die klassische Einteilung der B2C-Märkte erfolgt in Konsumgüter (engl. Fast Moving Consumer Goods oder Consumer Packaged Goods), Gebrauchsgüter (engl. Consumer Durables) und in Dienstleistungen.[83] Unter Konsumgüter werden häufig gekaufte Artikel, wie z. B. Nahrungsmittel, Getränke und Kosmetika verstanden. Bei Gebrauchsgütern handelt es sich überwiegend um Produkte, die aufgrund ihrer Langlebigkeit eher selten gekauft werden. Dazu gehören beispielsweise Elektro- oder Haushaltsgeräte. Die letzte Gruppe bezeichnet Dienstleistungen, wie beispielsweise den Personentransport, Versorger oder die Telekommunikation.

Eine besondere Form dieser B2C-Märkte sind sogenannte Commodities. Diese bezeichnen *"[...] Leistungen, d. h. Produkte und Dienstleistungen, die trotz mehr oder weniger vorhandener, objektiv differenzierender Leistungsmerkmale von der überwiegenden Mehrheit der Nachfrager als austauschbar wahrge-*

[81] Vgl. Musalem und Joshi (2009).

[82] Vgl. beispielsweise Walsh et al. (2009), S. 132; Bhattacharya und Bolton (2000), S. 327.

[83] Vgl. im Folgenden Brierley (2002), S. 13 ff.

nommen werden."[84] Dazu gehören im Konsumgüterbereich z. B. Früchte, Gemüse, Papiertücher und im Dienstleistungsbereich Transportdienstleistungen oder Versorgungsleistungen wie Gas und Wasser.

Um den Begriff des Massenmarktes noch stärker zu schärfen, werden im Folgenden Dienstleistungen als Kern der Leistungserbringung ausgeschlossen. Es konnte im vorigen Abschnitt bereits gezeigt werden, dass sich diese Märkte durchaus eignen, um Relationshipmarketing zu betreiben. Da aber explizit der Grenzbereich für die Anwendung des Relationshipmarketing untersucht werden soll, ergibt sich die folgende Definition des Massenmarktes:

Als **Massenmarkt** gilt ein Markt, der sich durch eine hohe Anzahl von Kunden kennzeichnet. Ferner werden in einem solchen Markt die angebotenen Produkte der verschiedenen Anbieter von den Kunden als weitestgehend homogen betrachtet. Leistungen in einem Massenmarkt können aber neben dem reinen Produkt auch Zusatzleistungen in Form von Dienstleistungen umfassen. In Massenmärkten werden Kunden entweder über direkte Vertriebswege, wie interne Verkaufseinheiten (insbesondere Internet-Shop, Außendienst, eigene Shops) oder über externe Verkaufseinheiten (insbesondere Franchise-Partner, Einzelhandel) angesprochen.[85] Typische Massenmärkte sind dieser Definition nach besagte Konsum- und Verbrauchsgüter des täglichen Bedarfs.

Die traditionelle Bearbeitung von Massenmärkten erfolgt anhand des Massenmarketings.[86] Demnach betreiben Anbieter **Massenmarketing,** wenn sie davon ausgehen, dass alle Käufer "*identische Bedürfnisse, Motive und Präferenzen*" haben.[87] Das heißt, die Anbieter betreiben "*[...] Massenproduktion, Massendistribution und Massenabsatzförderung für ein Produkt, das alle Käufer ansprechen soll.*"[88]

---

84 Enke et al. (2011), S. 8.

85 Vgl. Homburg (2009), S. 832.

86 Vgl. Diller (2002), S. 187 ff; Becker (1998), S. 241 ff.

87 Bagozzi und Oetjen (2000), S. 292.

88 Kotler und Bliemel (2001), S. 418.

Somit führen die Anbieter keine Segmentierung des Marktes oder der Kunden durch und die Leistung wird undifferenziert angeboten und erbracht. Dieses Vorgehen ermöglicht den Anbietern allerdings, "*[...] durch niedrige Kosten niedrige Preise zu realisieren und damit ein möglichst großes Marktpotenzial zu erschließen.*"[89] Folgen alle Anbieter im Markt diesem Marktbearbeitungsansatz, führt dies zu einer Commoditisierung des Marktes. Dies bezeichnet einen Prozess, "*[...] durch den eine Leistung, d. h. ein Produkt oder eine Dienstleistung, den Status eines Commodity erlangt und damit trotz mehr oder weniger vorhandener, objektiv differenzierender Leistungsmerkmale von der überwiegenden Mehrheit der Nachfrager als austauschbar wahrgenommen wird.*" [90]

Um sich in einem solchen Marktumfeld dennoch zu differenzieren, können drei grundsätzliche Strategien gewählt werden. Dazu gehört neben der Preisführerschaft und der Leistungsführerschaft auch die Differenzierung durch Beziehungsorientierung.[91]

2.1.3.3 Die Wirkungskette des Relationshipmarketing im Massenmarkt

Nachdem nun Massenmärkte charakterisiert sind, gilt es zu klären, ob und wie sich das Relationshipmarketing dort durchführen lässt. Als erstes wird die verkürzte Kette des Relationshipmarketing im Massenmarkt eingeführt, die eine Konkretisierung der Grundstruktur einer Erfolgskette im Massenmarkt darstellt.

In Abschnitt 2.1.2.2 wurde gezeigt, welches die wesentlichen Konstrukte für das Relationshipmarketing darstellen. Es gilt jedoch zu klären, ob die Erfolgskette vollumfänglich im Massenmarkt zum Tragen kommt. Das Grundprinzip vom Input des Unternehmens, der folgenden psychologischen Wirkung und der nachgelagerten Verhaltenswirkung beim Kunden wird dabei aufrechterhalten. Wie bereits definiert, stellt der CPV die kombinierte Kundenwahrnehmung des Aufwands und des Nutzens aus der Beziehung zum Anbieter im Vergleich

---

89 Bruhn (2001), S. 468.

90 Enke et al. (2011), S. 9.

91 Enke et al. (2011), S. 20 und Homburg et al. (2011), S. 39.

zu dessen Wettbewerb dar. Damit umschließt diese Definition bereits die wahrgenommene Leistungs- und Beziehungsqualität sowie den Wert der Leistung.

Lediglich das Vertrauen, Commitment und die Zufriedenheit werden damit nicht direkt durch den CPV erfasst. Vertrauen stellt aber eine wesentliche Determinante der Beziehungsqualität dar, so dass eine eigene Modellierung nicht notwendig erscheint.[92] Zufriedenheit spielt auch in Massenmärkten eine entscheidende Rolle und muss daher in einer Erfolgskette eine wichtige Rolle einnehmen. Lediglich das Commitment wird als ein ungeeignetes Konstrukt für den Massenmarkt identifiziert. Die von Morgan und Hunt verwendete Operationalisierung wie z. B. "*very commited to*", "*maximum effort to maintain*" oder "*intend to maintain indefinitely*"[93] würde wohl kaum jemand für einen Anbieter oder Produkte des Massenmarktes vollumfänglich zustimmen. Daher wird dieses Konstrukt als nicht geeignet für den Massenmarkt betrachtet.

Die Verhaltenswirkungen Kundenbindung, Cross-Buying und Weiterempfehlungsverhalten sind auch im Massenmarkt relevant. Es gilt jedoch zu klären, was notwendig ist, damit Kundenbindung entsteht.

Abschließend wird festgehalten, dass die wichtigsten Konstrukte für die Analyse der Kunden-Anbieter-Beziehung im Massenmarkt der CPV, die Kundenzufriedenheit und die Kundenbindung sind.[94] Während die Zufriedenheit die Vorbedingung von Bindung ist, konnte zusätzlich nachgewiesen werden, dass gebundene Kunden i. d. R. auch immer zufriedene Kunden sind.[95] Zusammenfassend ergibt sich damit die folgende vereinfachte Kette des Relationshipmarketing im Massenmarkt:

---

92 Vgl. Bruhn (2009), S. 83.

93 Vgl. Morgan und Hunt (1994), S. 38

94 Vgl. Terlutter (2006).

95 Vgl. Jones und Sasser (1995); Dies gilt jedoch nicht uneingeschränkt in B2B-Märkten, bei denen beide Seiten aufgrund getätigter Investitionen in einer Beziehung bleiben, auch wenn diese nicht zufriedenstellend ist. Siehe dazu Backhaus und Büschken (1999).

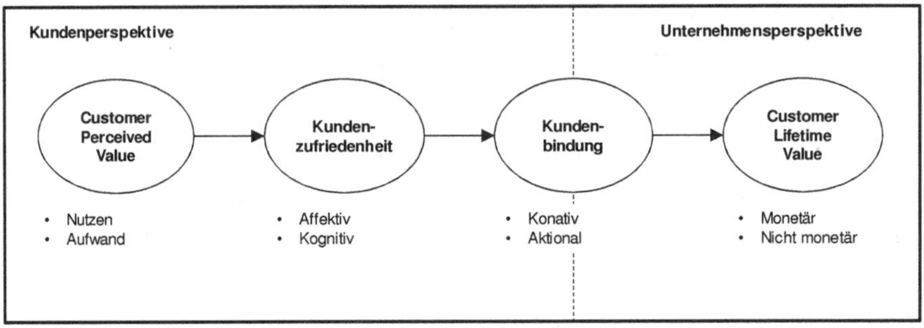

Abbildung 5: Vereinfachte Kette des Relationshipmarketing im Massenmarkt
Quelle: eigene Darstellung in Anlehnung an Vogel (2006), S. 58.

Innerhalb der verkürzten Kette des Relationshipmarketing nehmen Kundenzufriedenheit und Kundenbindung eine mediierende Rolle zwischen CPV und CLV ein.[96] Wenn ein Unternehmen den CLV maximieren möchte, muss es zwangsweise durch die Schaffung eines CPV die Zufriedenheit erhöhen. Dies ist die Voraussetzung, um Kundenbindung herzustellen. Letztere ermöglicht schließlich einen gestiegenen Customer Lifetime Value. Damit ist die Wirkungskette des Relationshipmarketing für den Massenmarkt definiert. Es bleibt aber noch zu klären, wann und wie diese Kette Anwendung finden kann.

Bevor nun im nächsten Abschnitt die Bedingungen für die Anwendung dieser verkürzten Kette herausgearbeitet werden, muss noch insbesondere im Massenmarkt auf die spezifische Rolle des Einzelhandels hingewiesen werden. Es liegen zwei Fälle vor:

- Hersteller vertreibt Angebot über Absatzmittler
- Hersteller vertreibt selbst die Leistung, ist somit direkter Anbieter

Der erste Fall tritt am häufigsten auf und ermöglicht kaum die Anwendung der vereinfachten Kette auf den Hersteller. In einem solchen Fall kann nur die Beziehung zwischen Einzelhändler und Konsument modelliert werden. Denn der Konsument tritt dabei nicht mit Produzenten in Verbindung. Beispiele hierfür

---

96 Vgl. auch Tabelle 25 zur Modellierung des CPV und dessen Wirkung auf Zufriedenheit und Verhaltensabsichten.

sind Bereiche wie Lebensmittel, Kosmetika, Hygieneartikel oder Produkte in Baumärkten. Dabei wird das Produkt, z. B. Dosensuppe einer bestimmten Marke, in einem Supermarkt vertrieben.

Im zweiten Fall tritt der Konsument mit dem Hersteller direkt in Verbindung. Beispiele für den zweiten Fall, bei dem der Hersteller selbst im Markt auftritt, sind Eigenmarken im Handel, Bekleidungsartikel und Kraftstoffe.[97] In diesen Produktkategorien erkennt der Konsument im Marktauftritt des Anbieters keinen Unterschied zwischen dem Hersteller und dem Vertriebspartner. Das kann wiederum z. B. die Dosensuppe sein, die mit der gleichen Markenbezeichnung wie der Supermarkt selbst vertreiben wird.

Eine gesamthafte Modellierung der Hersteller-Händler-Kunden-Beziehung, bei der sich im Marktauftritt der Hersteller und Händler unterscheiden, ist sehr komplex und würde eine ganze Reihe sich überlagernde Effekte berücksichtigen müssen.[98] Daher wird für die Zielsetzung dieser Arbeit nur der Bereich, bei dem sich Hersteller und Händler im Marktauftritt nicht unterscheiden, weiter verfolgt.

2.1.3.4 Voraussetzungen für die Anwendung von Relationshipmarketing im Massenmarkt

Nachdem nun die grundsätzliche Erfolgskette im Massenmarkt erläutert wurde, gilt es nun die Grundbedingung des Relationshipmarketing zu definieren und es wird untersucht, welche Motivation Kunden haben, eine Beziehung mit dem Anbieter einzugehen.[99] Anschließend gilt es zu durchleuchten, welchen

---

[97] Im Bereich der Massen-Dienstleistungen sind dies zusätzlich noch z. B. der Transport (Luftfahrt, Bahn), Banken und Versicherungen, Kino oder Frisöre.

[98] Vgl. Srinivasan et al. (2004).

[99] In diesem Abschnitt werden nur grundlegende Überlegungen im Sinne von Voraussetzungen diskutiert. Eine theoretische Deduktion der Determinanten der Kundenbindung im Massenmarkt wird in Unterkapitel 3.2 durchgeführt und Hypothesen über die Wirkungszusammenhänge der verkürzten Kette der Relationshipmarketing im Massenmarkt werden in Unterkapitel 5.1 aufgestellt.

Anreiz Anbieter haben können, Relationshipmarketing zu betreiben, und abschließend ist zu klären, welche Anbieterkompetenzen dafür notwendig sind.

Zunächst gilt es festzuhalten, dass die **wesentlichste Grundbedingung** für Relationshipmarketing die langfristige Dauer der Kunden-Anbieter-Beziehung ist.[100] Daher stellt sich die Frage, ob in einem solchen Massenmarkt von einer Beziehung zwischen Kunde und Anbieter gesprochen werden kann und wie diese charakterisiert ist.

Georgi definiert vier grundsätzliche Geschäftsbeziehungstypen zwischen Kunde und Anbieter.[101] Demnach gibt es Beziehungen mit hoher Integration und gegenseitiger Abhängigkeit (z. B. zwischen Anwalt und Klient, Patient und Arzt), enge und unterstützende Beziehungen (Friseur und Kunde), transaktionale Beziehungen (Stewardess und Fluggast, Bankangestellter und Kunde) sowie asymmetrische Beziehungen (Gefängniswächter und Gefangener). Die Grundlage all dieser Geschäftsbeziehungen sind Transaktionen. Um von einer Beziehung zu sprechen, müssen allerdings auch Folgetransaktionen vorliegen.[102] Ein Indikator für die Existenz einer Beziehung sind Bindungen. Diese Bindungen können entweder abstrakter Natur sein, wie z. B. Vertrauen, oder sehr konkret, z. B. ökonomischer Art oder durch gemeinsame Planungsabsprachen.[103]

Dieser Systematik folgend liegen im Massenmarkt transaktionale Beziehungen vor. Denn die Kunden-Anbieter-Beziehung ist dort weder eng und unterstützend, noch von gegenseitiger Abhängigkeit geprägt oder asymmetrisch. Die Beziehung ist zudem durch eine eher konkrete Bindung in Form von ökonomischen Überlegungen determiniert. Beziehungen im Massenmarkt weisen aufgrund dieser niedrigen Bindung einen zufälligen und weniger stabilen Charak-

100 Vgl. Bhattacharya und Bolton (2000).

101 Vgl. Georgi (2000), S. 12.

102 Vgl. Georgi (2000), S. 17.

103 Vgl. Miettila und Möller (1990), S. 769.

ter auf, als dies in anderen Märkten, wie beispielsweise bei medizinischen Dienstleistungen, der Fall ist.

Auch wenn der Austausch eher rein transaktional geprägt ist, kann zumindest für einen Teil der Kunden eine langfristige Beziehung vorliegen, die über eine einzelne Transaktion hinausgeht.[104] Und somit kann auch in einem Massenmarkt Relationshipmarketing überhaupt betrieben werden.[105]

Sheth et al. definieren Voraussetzung für die **kundenseitigen Bedingungen** in Massenmärkten, in eine Beziehung mit einem Unternehmen einzuwilligen.[106] Je stärker diese Voraussetzungen ausgeprägt sind, desto stärker ist es möglich, Relationshipmarketing in einem Massenmarkt zu betreiben:

- Persönliche Motivation
- Soziologische Gründe
- Institutionelle Gründe

Positiv auf die persönliche Motivation wirken die wahrgenommene Effizienz der Beziehung und der wahrgenommene persönliche Nutzen. Negativ wirken das sogenannte Variety-Seeking, bei dem Kunden bewusst nach Alternativen und Abwechslung zum bisherigen Anbieter suchen, sowie wahrgenommene Risiken der Beziehung.

Die soziologischen Gründe umfassen die Familienorientierung des Kunden und seine Abhängigkeit von den Entscheidungen ihm bekannter Meinungsführer sowie denen seiner Freunde und Familie. Je stärker familienorientiert er ist, desto eher neigt ein Kunde dazu, Beziehungen einzugehen.

Als institutionelle Gründe werden die Einflüsse aus Regulierungen, der Religion und des Arbeitgebers aufgeführt. Je stärker Anbieter durch diese Institutionen unterstützt oder gefördert werden, desto eher sind Kunden bereit, eine Beziehung mit diesem Anbieter einzugehen.

---

104 Vgl. Pels (1999).

105 Vgl. Bhattacharya und Bolton (2000).

106 Vgl. Sheth und Parvatiyar (1995).

Die persönliche Motivation des Kunden, eine Beziehung einzugehen, und das Ausmaß der Beziehung werden von Bhattacharya und Bolton noch stärker detailliert und hängen im Wesentlichen von folgenden Faktoren ab:[107]

- Emotionale Nähe des Kunden
- Heterogenität der Leistung
- Wahrgenommenes Risiko der Leistung
- Wechselkosten

Die emotionale Nähe umschreibt die Identifikation mit oder Zuneigung eines Kunden zu einem Anbieter. Je stärker dies ausgeprägt ist, desto eher wird er bereit sein, sich zu binden.

Positiv wirkt sich ebenfalls eine hohe Leistungsheterogenität aus. Je größer die objektiv wahrgenommenen Unterschiede der angebotenen Leistung und die daraus resultierenden Auswahlmöglichkeiten sind, desto eher ist ein Produkt auf einen Kunden zugeschnitten und dieser bereit, sich zu binden.

Bei einem hohen wahrgenommenem Risiko der Leistung ist der Kunde ebenfalls stärker bestrebt, bei einem bisherigen Anbieter zu bleiben, um dieses Risiko zu vermeiden. Diese Risiken können finanzieller und physischer Art sein. Generell ist das durch den Kunden wahrgenommene Risiko durch die Arbeit von Verbraucherorganisationen jedoch gesunken, so dass eine Beziehung rein zur Reduktion des Risikos aus Kundensicht weniger notwendig erscheint.[108]

Wechselkosten entstehen, wenn Kunden sogenannte Wechselbarrieren wahrnehmen und überwinden müssen, um den Anbieter zu wechseln.[109] Dies sind all jene Mechanismen, "*die dem Kunden den Anbieterwechsel erschweren*

---

107 Vgl. Bhattacharya und Bolton (2000).

108 Der "Consumer Condition Report" der EU-Kommission zeigt, dass beispielsweise 74 % der Deutschen Vertrauen in Verbraucherschutzorganisationen haben. Ferner gaben 72 % an, dass sie den Anbietern vertrauen, ihre Rechte als Konsumenten zu respektieren. Siehe dazu European Commission (2011), S. 70 ff.

109 Vgl. Blut (2008), S. 28.

oder für ihn kostspielig machen".[110] Diese Wechselbarrieren können sowohl ökonomischer als auch psychischer Art sein.[111] Antizipierte und wahrgenommene Wechselkosten können jedoch in zwei entgegengesetzte Richtungen wirken. So können durch Bindung hohe Wechselkosten entstehen und somit eine Beziehung stabilisieren. Allerdings möchten sich Kunden teilweise auch gerade deshalb nicht binden, wenn sie hohe Wechselkosten erwarten. Dann gehen sie evtl. gar keine Beziehung ein. Dies kann z. B. der Fall sein, wenn der gleiche Anbieter für Gas und Strom gewählt werden könnte.

Auf Kundenseite kann es jedoch auch Gründe geben, warum sie keine Beziehung eingehen möchten.[112] Wenn Transaktionen in der Leistungsgruppe nur sehr selten vorkommen, ist eine Beziehung nicht gewinnbringend. Dies kann z. B. bei der Teilnahme an einem Kundenbindungsprogramm einer Hotelkette bei nur sehr wenigen Hotelbesuchen im Jahr der Fall sein.

Die **anbieterseitigen Bedingungen,** eine Beziehung einzugehen, werden vor allem durch strategische Überlegungen determiniert.

Zum einen ist die Beziehung zum Kunden umso wichtiger, je kritischer der Einfluss des Einzelkunden auf den Unternehmenserfolg ist. Dies ist insbesondere bei sogenannten Käufermärkten der Fall.[113] Zum anderen lohnt sich die differenzierte strategische Ausrichtung an unterschiedlichen Kunden oder Kundengruppen nur, wenn eine heterogene Kundenstruktur vorliegt.[114]

Zusätzlich ist es insbesondere wichtig, in einem gesättigten Markt oder einem Markt, der regulativen oder sonstigen Beschränkungen für Volumenwachstum unterliegt, Kunden zu binden.[115] Dies befähigt den Anbieter dazu, seine Um-

---

110 Vgl. Henseler (2006), S. 63.

111 Vgl. Jones, M. A. et al. (2002), S. 441.

112 Vgl. Godson (2009), S. 63.

113 Vgl. Lissautzki (2007), S. 46 ff.

114 Lissautzki (2007), S. 51, sieht darin eine notwendige Bedingung für die kundenwertorientierte Unternehmensführung.

115 Vgl. Palmer und Wilson (2009).

sätze mit bestehenden Kunden zu steigern und dadurch seinen Gewinn zu erhöhen, anstatt sich auf die Neukundenakquisition zu fokussieren.

Allerdings spielen auch das Kosten-Nutzen-Verhältnis und die Wirtschaftlichkeit des Relationshipmarketing für den Anbieter eine wichtige Rolle, bei der Frage, ob sich der Einsatz von Relationshipmarketing-Instrumenten lohnt.[116] Dies muss allerdings auf der Ebene des Einzelunternehmens geklärt werden und ist nicht pauschal für einen gesamten Markt zu entscheiden. Ebenfalls auf der Anbieterseite angesiedelt, aber nicht pauschal für einen gesamten Markt zu überprüfen, sind die organisatorischen und prozessualen Kompetenzen eines Anbieters zur Anwendung des Relationshipmarketing. Neben dieser Bedingung gehört zu einer erfolgreichen Implementierung und Durchführung auch die Unterstützung durch das Topmanagement.[117]

Schließlich liegen neben den kunden- und anbieterseitigen Bedingungen, um eine Beziehung einzugehen, auch **technische Anforderungen** für ein funktionierendes Relationshipmarketing vor. Die erste wichtige Voraussetzung ist die Anpassungsmöglichkeit der Leistung oder des Preises an die Wünsche des Kunden.[118] Dies ist in Massenmärkten zwar eher selten der Fall, kann aber durch Mass-Custimization[119] oder Rabattprogramme[120] erreicht werden.

Neben der individualisierten Leistungserstellung ist die interaktive Kommunikation das zweite wichtige Element im Relationshipmarketing. Daher ist der Grad der Interaktivität der Kommunikation zwischen Kunde und Anbieter entscheidend für das Ausmaß der Beziehung.[121]

---

116 Vgl. Lissautzki (2007), S. 59.

117 Vgl. Bell et al. (2002). Hinweise zu Unternehmenserfolgsfaktoren bei der Einführung von CRM-Systemen befinden sich bei Greve (2006), Bohling et al. (2006), Boulding et al. (2005) und Reinartz et al. (2004).

118 Vgl. Bhattacharya und Bolton (2000).

119 Der Definition nach bezeichnet Mass-Customization"*[...] in großem Umfang gestaltete Produkte, die den Erfordernissen der einzelnen Kunden entsprechen*" Becker (1998), S. 297; mehr dazu bei Pine (1993), S. 44.

120 Vgl. Diller (2008), S. 411

121 Vgl. Bhattacharya und Bolton (2000).

Schließlich ist es notwendig, das Verhalten der einzelnen Kunden zu beobachten und somit die Entwicklung der Beziehung für die Analyse der Ausgangslage und für die Erfolgskontrolle zu erfassen.[122] Ohne ein Kundenbindungs-Programm (z. B. in Form von Kundenkarten) liegen den Unternehmen i. d. R. nur wenige Informationen über ihre Kunden vor. Dieser Mangel an Kundendaten und Kosten-/Nutzenüberlegungen zur Datenerhebung und Auswertung kann eine Hürde für den Einsatz von Relationshipmarketingmaßnahmen im Massenmarkt sein.[123]

Zusammenfassend werden die Ergebnisse der bisherigen Überlegungen in folgender Tabelle 3 dargestellt:

Kernbedingung	**Quelle**
Dauer der Kundenbeziehung über Einzeltransaktionen hinaus	Bhattacharya und Bolton (2000)
Kundenseitige Bedingungen	**Quelle**
Emotionale Nähe des Kunden an Leistung	Bhattacharya und Bolton (2000)
Hohe Produktheterogenität	Bhattacharya und Bolton (2000)
Hohes wahrgenommenes Risiko	Bhattacharya und Bolton (2000)
Hohe Wechselkosten	Bhattacharya und Bolton (2000)

Anbieterseitige Bedingungen	**Quelle**
Gesättigter oder volumenbeschränkter Markt	Palmer und Wilson (2009)
Hohe strategische Relevanz des Einzelkunden	Lissautzki (2007)
Hohe Heterogenität der Kundenstruktur	Lissautzki (2007)

Technische Anforderungen	**Quelle**
Verfügbarkeit von Daten auf Einzelkundenebene	Kumar und Petersen (2005)
Individualisierbarkeit des Leistungspaketes	Bhattacharya und Bolton (2000)
Interaktive Kommunikationsmöglichkeiten	Bhattacharya und Bolton (2000)

Tabelle 3: Bedingungen für Anwendbarkeit des Relationshipmarketing im Massenmarkt
Quelle: eigene Darstellung.

[122] Vgl. Lissautzki (2007), S. 56.
[123] Vgl. Kumar und Petersen (2005) und Bell et al. (2002).

2.2 Der Kundenwert als zentrale Zielgröße des wertorientierten Marketings

Die strategische und operative Anwendung des Relationshipmarketing in einem Massenmarkt bedarf einer adäquaten Erfolgskontrolle auf Basis relevanter Steuerungsgrößen. Im vorherigen Unterkapitel wurde gezeigt, dass das Marketing in der Verantwortung steht, die angefallenen Kosten anhand einer Profitabilitätsrechnung zu rechtfertigen. Daher wird in diesem Unterkapitel die Umsetzung der Steuerung des Marketings im Sinne dieser wertorientierten Unternehmensführung diskutiert. Dabei wird herausgestellt, dass der Kundenwert im Rahmen des Relationshipmarketing die zentrale Größe für die Erfolgskontrolle darstellt. Dieser sollte sowohl aus Unternehmenssicht als auch aus Kundensicht betrachtet werden.[124]

2.2.1 Marketingeffektivität und -effizienz als Kernprinzipien der Steuerung

Zur Steuerung eines Unternehmens ist es für das Management von zentraler Bedeutung, klare Ziele vorzugeben.[125] Dabei gibt es grundsätzlich zwei Arten von Betrachtungen, die von Bedeutung sind: Effektivität ("Die richtigen Dinge tun") und Effizienz ("Die Dinge richtig tun"). Um Effektivität und Effizienz zu messen, kann eine Reihe von Maßzahlen herangezogen werden.[126] Dabei stehen Input- und Output-Größen in einem Verhältnis.[127] Die Abbildung 6 stellt das Verhältnis dieser Größen zueinander dar:

---

[124] Vgl. Lissautzki (2007).

[125] Vgl. Schreyögg und Koch (2010), S. 10.

[126] Vgl. zu verschiedenen Ziel- und Kennzahlensystemen Esch et al. (2008), S. 162; Homburg und Krohmer (2006), S. 117; Bruhn (2009), S. 103 ff., und Bendle et al. (2010).

[127] Vgl. Reinecke und Janz (2007), S. 39.

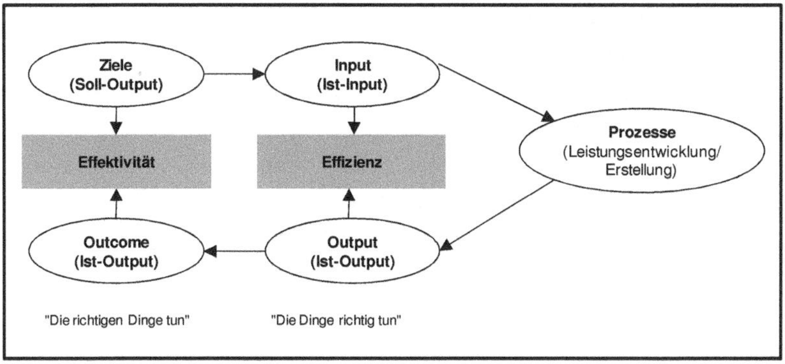

Abbildung 6: Effektivität und Effizienz
Quelle: Böhrs (2004), S. 88.

Die **Effektivität** wird definiert als das Verhältnis zwischen dem generierten Output und dem vorgegebenen Ziel der Unternehmung. Für ein stark kundenorientiertes Unternehmen bedeutet Effektivität, dass das Unternehmen primär bestrebt ist, die richtige Leistung zum richtigen Zeitpunkt bei den richtigen Kunden anzubieten.[128] Dabei steht die "*[...] Generierung neuer Lösungen, die vorhandene oder latente Bedürfnisse umfassender (besser, preisgünstiger, schneller, nachhaltiger) befriedigen*"[129] im Vordergrund. Die Effektivität wird anhand des Verhältnisses zwischen generiertem Output (Leistung) und dem vorgegeben Ziel der Unternehmung (Befriedigung von Kundenbedürfnissen) gemessen. Der CPV ist daher die entscheidende Zielgröße zur Messung der Effektivität. "*Diese Überlegungen zeigen, dass ein Anbieter sich zur Erreichung seiner Ziele primär am Kriterium der Effektivität ausrichten muss. Effektivität bezeichnet ein Verhaltensprogramm, das auf die Schaffung von Kundenvorteilen abstellt.*"[130] Wie in der verkürzten Kette des Relationshipmarketing dargestellt, ist der CPV die Vorstufe zur Kundenzufriedenheit, die Auskunft über die Erfüllung der Kundenbedürfnisse gibt.

---

128 Vgl. Sheth und Sisodia (2002).

129 Backhaus und Voeth (2007), S. 15.

130 Billen und Raff (2011), S. 288.

Von **Effizienz** wird gesprochen, wenn der Vorgang der Leistungserstellung mit möglichst geringem Aufwand bewerkstelligt wird. Dies ist der Fall, wenn aus der besagten Leistungserstellung ein eigener ökonomischer Vorteil generiert wird. Die Effizienz wird anhand des Verhältnisses von generiertem Output (Leistung) zum Input (Kosten) dargestellt.[131] Der generierte Output lässt sich am besten anhand der Erfassung des Customer Lifetime Value erfassen. Diese Kennzahl gibt an, wie groß der Wertbeitrag aus der Beziehung des Kunden zum Anbieter ist, und stellt ein "*adäquat erscheinendes Konzept zur Überprüfung der ökonomischen Wirkung kundenorientierter Unternehmensaktivitäten*"[132] dar.

Es ist ferner festzustellen, das Effizienz und Effektivität nicht zwei voneinander losgelöste Größen sind. Vielmehr kann die Erhöhung der Effizienz zu Lasten der Effektivität gehen.[133] Denn eine Preissenkung beispielsweise erhöht zwar den wahrgenommenen Nutzen einer Leistung beim Kunden (Effektivitätssteigerung), reduziert aber zeitgleich die Wirtschaftlichkeit der Leistungserstellung (Effizienzminderung). Doch diese gegenläufige Wirkungsrichtung gilt nicht per se. Eine hohe Effizienz kann auf der anderen Seite auch zu einer Effektivitätssteigerung führen. Dies ist beispielsweise der Fall, wenn durch niedrige Produktionskosten (hohe Effizienz) ein günstiger Preis angeboten werden kann (hohe Effektivität).

Im Folgenden werden nun zunächst der CPV und der CLV definiert. Anschließend wird diskutiert, welche Implikationen sich aus Effizenz- und Effektivitätsgesichtspunkten und aus der Abhängigkeit dieser Konstrukte für das zu entwickelnde duale CPV/CLV-Framework ergeben.

---

[131] Vgl. Hammerschmidt (2006), S. 8.

[132] Krafft (2002), S. 33.

[133] Vgl. Böhrs (2004), S. 87.

2.2.2 Customer Perceived Value zur Sicherung der Effektivität

Der Kundenwert aus Kundensicht wird im Marketing schon seit einigen Jahren betrachtet.[134] Damit geht allerdings eine Fülle von Begriffen und Definitionen einher, die im Folgenden kurz dargestellt werden.

Es kann zunächst festgehalten werden, dass es in den Begrifflichkeiten keine einheitliche Linie in der englischsprachigen Literatur gibt, obwohl sich der Inhalt der Definition nur geringfügig unterscheidet. Die üblichen Begriffe sind Perceived Value, Customer Value und Customer Perceived Value, wie Tabelle 4 zeigt.

---

[134] Vgl. Graf und Maas (2008).

Autor	Konstrukt	Definition
Monroe und Chapman (1987),S. 193	Perceived Value	Perceived Value = (Perceived Benefits)/(Perceived Sacrifice)
Zeithaml (1988), S. 14	Perceived Value	Perceived value is the consumer's overall assessment of the utility of a product based on perceptions of what is received and what is given
Bolton und Drew (1991), S. 376	Service Value	A customer's assessment of value depends on sacrifice (i.e., the monetary and nonmonetary costs associated with utilizing the service) and the customer's frame of reference
Gale und Wood (1994), S. XIV	Customer Value	Customer value is market perceived quality adjusted for the relative price of your product. [It is] your customer's opinion of your products (or services) as compared to that of your competitors
Holbrook (1996), S. 138	Customer Value	I define Customer Value as an interactive relativistic preference experience. - Customer Value entails an interaction between some subject (a consumer) and some object. - Customer Value is (a) comparative (among objects), (b) personal (across people), and (c) situational (specific to the context) - Customer Value resides not in the purchase but rather in the consumption experience(s) derived therefrom
Ravald und Grönroos (1996), S. 23	Total episode value	In a customer-supplier relationship we would like to use the term "total episode value", which then could be described as a function of both episode value and relationship value: Total episode value = (Episode benefits + relationship benefits)/ (Episode sacrifice + relationship sacrifice) where there exists a special relationship between the elements in the function
Woodruff (1997), S. 142	Customer Value	Customer value is a customer's perceived preference for and evaluation of those product attributes, attribute performance, and consequences arising from use that facilitate (or block) achieving the customer's goals and purposes in use situations
Grönroos (2004), S. 109	Customer Perceived Value	Customer perceived value (CPV) in a relationship context can be described with the following three equations: $CPV = \frac{Coresulution + additional\ services}{Price + relationship\ costs}$ $CPV = Core\ Value\ \pm added\ value$ $CPV = Episode\ Value\ \pm relationship\ value$
Ulaga und Eggert (2006), S. 120	Relationship Value	We suggest thinking of relationship value in terms of a 2 × 3 matrix that distinguishes between two fundamental dimensions of value creation (i.e., benefits and costs) and three levels at which these drivers operate (i.e., the core offering, the sourcing process, and the customer firm's internal operations)
Boksberger und Melsen (2011), S. 233	Service Perceived Value	It can be stated that the perceived value of services is a combined assessment of consumers' perception of benefits and sacrifices, including quality and price, for a variety of perceived value dimensions with original behavioural intentions and customer satisfaction playing a role in overall evaluation

Tabelle 4: Ausgewählte Definitionen des Kundenwerts aus Kundensicht

Quelle: In Anlehnung an Vogel (2006), S. 15, und Wachter (2006), S. 56.

Schon der Wertbegriff an sich wird in der Marketingliteratur ausführlich diskutiert. Dabei stehen sich die Begriffe "Value-in-Exchange" und "Value-in-Use" gegenüber. Während ersterer den Wert einer Leistung im Rahmen einer Transaktion zwischen Anbieter und Nachfrager beschreibt, ist letztgenannter der Wert, den der Nachfrager durch die Nutzung der Leistung erfährt.[135] Diese Unterscheidung ist aber für den wahrgenommenen Nutzen einer Leistung nicht zielführend, soll doch der gesamte wahrgenommene Wert der Transaktion und Leistung erfasst werden. Dazu sollen als nächstes unterschiedliche Definitionen vorgstellt werden.

Diese unterscheiden sich in der führenden Literatur. Eine frühe **Definition** geht auf Zeithaml zurück und lautet wie folgt: "*Perceived value is a customer's overall assessment of the utility of a product based on perceptions of what is received and what is given.*"[136] Der Kundennutzen setzt sich somit aus der Wahrnehmung eines Produktnutzens und eines Produktaufwandes zusammen. Bereits diese frühe Definition beinhaltet den Austauschgedanken zwischen Anbieter und Nachfrager und geht eher auf den "Value-in-Exchange"-Gedanken ein.

Gale und Wood erweitern in ihren Definitionen den Customer Value um einen Vergleichswert des Kunden. Dabei ist der wahrgenommene Nutzen nicht nur durch den Nutzen und den Aufwand, sondern auch durch eben diesen Vergleichswert anderer Anbieter determiniert.

Woodruff benutzt einen Kundenwertbegriff, der wesentlich enger an die Nutzung und die Zielsetzung des Kunden gebunden ist. Somit beschreibt diese Definition als Customer Value die Zielerreichung des Kunden durch die Nutzung der Leistung des Anbieters. Damit ist dieser Begriff eng an den "Value-in-Use" gebunden.

---

[135] Vgl. Vargo und Lusch (2004).

[136] Zeithaml (1988), S. 14.

Ravald und Grönroos erweitern die Definition um den Wert einer Beziehung und ergänzen damit die Customer-Value-Definition um den Relationshipmarketing-Gedanken. Boksberger fasst die vorangegangenen Definitionen für ein Serviceumfeld zusammen und geht dabei doch auf die ursprüngliche Definition von Zeithaml zurück.

In der vorliegenden Arbeit wird ebenfalls eine im Wesentlichen auf Zeithaml sowie Gale und Wood zurückgehende Definition verwendet. Um den Gedanken des wahrgenommenen Wertes stärker zu betonen, wird von folgender Definition ausgegangen: Customer Percevied Value ist die kombinierte Kundenwahrnehmung des Aufwands und des Nutzens aus der Beziehung zum Anbieter im Vergleich zu dessen Wettbewerbern.[137] Dabei ist der "Value-in-Use"-Gedanke nicht explizit ausgeschlossen, sondern wird implizit durch die Erfahrung des Kunden mit der Leistung des Anbieters erfasst.

Der CPV ist somit letztlich die Messgröße der Effektivität des Marketings. Gelingt es, einen Weg zu finden, den tatsächlichen wahrgenommenen Nutzen zu messen, ist diese Größe hinreichend, um den Grad der Erfüllung der kundenorientierten Marketingziele zu erfassen.

2.2.3 Customer Lifetime Value zur Sicherung der Effizienz

Zusätzlich zum Kundenwert aus Kundensicht steht insbesondere der Kundenwert aus Unternehmenssicht im Mittelpunkt der Betrachtung von Praxis und Wissenschaft. Günther/Helm definieren den Kundenwert als den "*[...] vom Anbieter wahrgenommenen, bewerteten Beitrag eines Kunden bzw. des gesamten Kundenstamms zur Erreichung der monetären und nichtmonetären Ziele des Anbieters.*"[138]

Was dies genau bedeutet, wird im folgenden Abschnitt näher beleuchtet. Dazu ist es notwendig, die Dimensionen des Kundenwerts aus Anbietersicht aufzu-

---

137 Zu den theoretischen Hintergründen des CPV wird auf das Kapitel 3 verwiesen. Die Dimensionen werden im Unterkapitel 5.1.1 erörtert.

138 Helm und Günter (2006), S. 7. Sehr ähnlich auch in Cornelsen (2000), S. 38.

zeigen und zu diskutieren. In der Literatur wird zwischen folgenden Dimensionen des Kundenwertes unterschieden: **sachliche Dimension, zeitliche Dimension, objektbezogene Dimension**.[139]

2.2.3.1 Sachliche Dimension

Die sachliche Dimension beschreibt den Aspekt der Beziehung, der bewertet werden soll.[140] Dies sind sowohl der monetäre als auch der nichtmonetärem Wert der Kundenbeziehung. Der monetäre Wert beschreibt den direkt finanziell messbaren Beitrag des Kunden und wird auch als das **Marktpotenzial** des Kunden bezeichnet.

Der nichtmonetäre Wert geht darüber hinaus und umfasst die Effekte aus der Beziehung, die sich nicht direkt monetär erfassen lassen. Diese werden auch das **Ressourcenpotenzial** des Kunden genannt.

Der Kundenwert kann auch als Summe der monetären und nicht monetären Wirkungen der Kundenbeziehung definiert werden.[141] Dieser Ansatz ist damit umfassender und wird in Abbildung 7 dargestellt.

---

[139] Vgl. Schneider (2007), S. 27; Vogel (2006), S. 44; Tewes (2003), S. 61; Cornelsen (2000), S. 52.

[140] Vgl. Schneider (2007), S. 26.

[141] Vgl. Tewes (2003), S. 77.

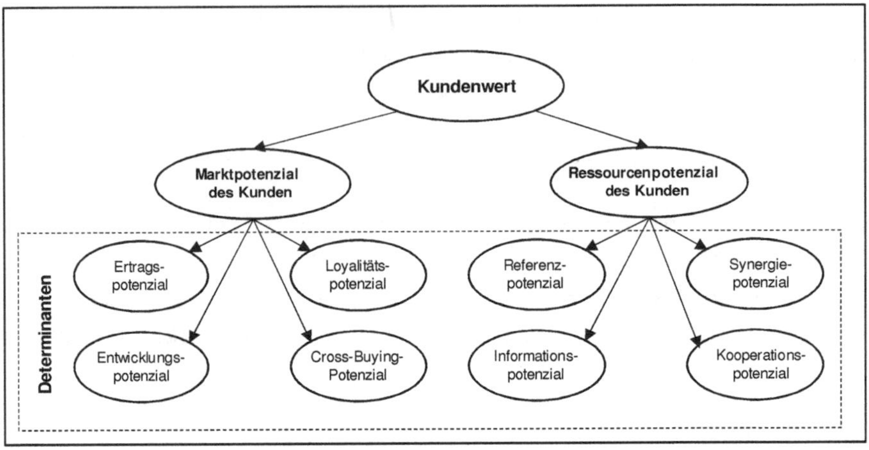

Abbildung 7: Determinanten des Kundenwerts
Quelle: Tomczak und Rudolf-Sipötz (2006), S. 132.

Tomczak et al. sehen als wesentliche monetäre Größe das "Ertragspotenzial". Dies beschreibt den aktuellen monetären Wertbeitrag des Kunden zum Unternehmenserfolg. Zusätzlich setzt sich die monetäre Größe aus dem "Loyalitätspotenzial" zusammen, das die Möglichkeit, den Kunden zu halten und den Wert auszubauen, beschreibt. Dabei steht die Kundenbindung, also die bloße Sicherstellung künftiger Transaktionen im Fokus. Das Potenzial, in der gleichen Kategorie den Wert der Transaktionen zu steigern, wird als "Entwicklungspotenzial" bezeichnet. Letztlich umfasst das "Cross-Buying-Potenzial" die Möglichkeit, künftige Transaktionen des Kunden um andere Produktgruppen des Anbieters zu erweitern.[142] Im Massenmarkt sind alle monetären Größen von Interesse und quantifizierbar.

Die klassische Bewertung des Kunden nehmen Unternehmen anhand des generierten Umsatzes vor. Verstärkt wird die Forderung erhoben und teilweise auch praktisch umgesetzt, dass nicht der Umsatz, sondern der Gewinn im Vordergrund stehen soll. Denn nicht die reine Umsatzsteigerung führt zu höhe-

142 Vgl. Tomczak et al. (2004).

rem Shareholder Value, sondern profitables Umsatzwachstum.[143] Um eine möglichst genaue Bewertung vornehmen zu können, soll der Deckungsbeitrag pro Kunde analysiert werden.

Neben dem direkt zurechenbaren Umsatz und Rohertrag eines Kunden gibt es darüber hinausgehend eine Zahl von **Ressourcenpotentialen.**[144] Dazu gehört die Fähigkeit und Aktivität des Kunden, positiv auf andere Marktteilnehmer zu wirken ("Referenzpotenzial"), Informationen an das Unternehmen zu liefern ("Informationspotential"), durch Kooperationen Märkte zu erschließen ("Kooperationspotenzial") und durch Kooperationen Synergien zu heben ("Synergiepotenzial").

Ebenfalls Teil des Ressourcenpotenzials ist der "Engagement" Value, der die Interaktionsfreudigkeit und Tätigkeit des Kunden umfasst.[145] Dieser beinhaltet die Aktivitäten des Kunden über reine Transaktionen und Empfehlungen hinaus. "*Customer engagement behaviors go beyond transactions, and may be specifically defined as a customer's behavioral manifestations that have a brand or firm focus, beyond purchase, resulting from motivational drivers.*"[146]

In Massenmärkten ist das Ressourcenpotenzial des Kunden sehr begrenzt. Die einzelnen Dimensionen beschränken sich eher auf eine Lieferanten/Produzenten-Perspektive im B2B-Bereich. Lediglich das Referenzpotenzial ist im Massenmarkt vor allem durch neue Netzwerke im virtuellen Raum interessant, weil es dort durch Kundenbewertungen zu Verschiebungen des Konsumverhaltens kommen kann.[147] Es ist aber bei großvolumigen Massenmärkten anzunehmen, dass sich die Informationen über homogene Produkte schnell verbreiten und sich somit das Referenzpotenzial relativ schnell materialisiert. Eine explizite Bewertung des Referenzpotenzials einzelner Kunden ist

---

143 Vgl. Doyle (2000b).

144 Vgl. Tomczak et al. (2004).

145 Vgl. Kumar et al. (2010) und Verhoef et al. (2010).

146 van Doorn et al. (2010), S. 254.

147 Vgl. Villanueva et al. (2008).

daher nicht zielführend. So kommt es auch, dass Anwendungen für den nichtmonetären Wert in der Forschung nur selten zu finden sind. Dabei wird meist auch nur der Referenzwert modelliert, auch wenn dies erhebliche methodische Schwierigkeiten bereitet.[148] Kooperations-, Informations- und Synergiewerte werden i. d. R. kaum berücksichtigt oder quantifiziert.[149]

Für die Anwendung auf den Massenmarkt sind diese Aspekte des effizienzorientierten CLV nicht relevant und werden nicht berücksichtigt. Daher wird auch in dieser Arbeit der Fokus auf den monetären Wert gelegt.

2.2.3.2 Zeitliche Dimension

Die zweite Dimension umschreibt den Zeitraum der Bewertung der Beziehung zum Kunden. Dieser kann historisch oder zukunftsorientiert sein.[150]

Legt man die Deckungsbeitragsberechnung für einen Kunden zugrunde, so ist diese rein periodenbezogen und wird nur die Erträge innerhalb einer vorher festgelegten Periode umfassen.[151] Diese **historische Betrachtung** wurde bereits als das Ertragspotenzial vorgestellt. Sie hat allerdings den Vorteil, dass auf bereits gesammelten Informationen zurückgegriffen werden kann. Jedoch ist die Aussagekraft einer solchen Bewertung für künftige Entscheidungen nur begrenzt.

Möchte man daher die **künkftigen** Erträge erfassen, muss eine Prognose über die zu erwartenden Einnahmen erfolgen. Diese erwarteten Zahlungsströme über die Lebensdauer des Kunden bezeichnet man als Customer Lifetime Value (CLV).[152] Dieser Wert umfasst das gesamte Marktpotenzial des Kunden, weil es neben dem Loyalitätspotenzial auch das Entwicklungs- und Cross-Buying-Potenzial beinhaltet.

---

148 Vgl. Bruhn (2009), S. 287 ff.

149 Ausnahmen sind Cornelsen (2000), S. 186, und Schneider (2007), S. 142.

150 Vgl. Schroeder (2006), S. 38, und Schneider (2007), S. 27 ff.

151 Vgl. Tewes (2003), S. 67.

152 Vgl. Berger und Nasr (1998).

Für diese Prognose sind einschlägige statistische Verfahren notwendig, um möglichst akkurat den CLV zu schätzen.[153] Für das Management ist letztlich aber nur der künkftige Wert zur Steuerung relevant, weil nur auf Basis der Prognosen Maßnahmen für die Zukunft abzuleiten sind. Daher sind Verfahren zur Prognose auszuwählen, die hohe Anforderungen an die Prognosegüte erfüllen.

Die in diesem Abschnitt getroffenen Aussagen gelten für alle Märkte und sind daher natürlich auch für den Massenmarkt relevant. Von daher sollte auch dort die künkftige Wert des Kunden im Fokus der Bewertung stehen.

2.2.3.3 Objektbezogene Dimension

Darüber hinaus ist noch zu entscheiden, was das Objekt der Bewertung der Kundenbeziehung ist. Dies kann auf der Ebene des **Einzelkunden** erfolgen, was insbesondere in Märkten mit hohem strategischen Wert des Einzelkunden sinnhaft ist.[154]

Dies kann aber auch auf der Ebene der **Kundensegmente** erfolgen. Kundensegmente sind insbesondere in Massenmärkten mit einer hohen Anzahl von Endkunden vorteilhaft, um die Komplexität des Marktes zu vereinfachen.[155]

Erfolgt die Berechnung des CLV auf Basis des gesamten **Kundenstamms**, wird dieser Wert als **Customer Equity (CE)** bezeichnet.[156]

Der Customer Equity wird als relevante Vorgröße des Shareholder Value gesehen und es wird gefordert, den Zusammenhang stärker herauszuarbeiten und somit einen sichtbaren Beitrag zur Unternehmenswertsteigerung zu leis-

---

153 Vgl. zu Verfahren der Quantifizierung ausführlich Kapitel 0

154 Vgl. Lissautzki (2007), S. 46 ff.

155 Vgl. Waibel (2008), S. 47.

156 Vgl. Rust et al. (2004b), Hundacker (2005), S. 12, Begriff ist angelehnt an den "Brand Equity" der den Gesamtwert einer Marke bezeichnet.

ten.[157] Die folgende Tabelle gibt einen Überblick über ausgewählte Arbeiten dazu:

Autor	Untersuchungsgegenstand	Empirische Basis	Methodik	Industrie
Srivastava et al. (1998)	Einfluss von "Market-based Assets" auf Cashflow und dem Unternehmenswert	-	Konzeptionell	-
Bauer et al. (2003)	Zusammenhang zwischen CLV, CE und SHV	-	Konzeptionell	-
Gupta et al. (2004)	Zusammenhang zwischen CE und SHV	5 Cases, Quartalsdaten von t = 1996 bis 2002	Diffusionsmodell	Bank, Internetfirma
Berger et al. (2006)	Zusammenhang zwischen CE und SHV, unter Einfluss von Analystenerwartungen und exogenen Marktfaktoren	-	Konzeptionell	-
Wiesel et al. (2008)	CE als Teil des Finanzreports	1 Case, Quartalsdaten von t = 2001 bis 2006	DCF	Online Video Verleih
Kumar und Shah (2009)	Zusammenhang zwischen CE und Marktkapitalisierung, unter Einfluss von Varianz in der CE-Berechnung und Höhe des Share-of-Wallet	2 Cases, Monatsdaten, t = 2000 bis 2007	DCF, Logit Regression	B2B Hightech, B2C Bekleidungshandel
Libai et al. (2009)	Vergleich von Marktkapitalisierung und CE-Berechnung	7 Cases im Vergleich zum Wettbewerber	Diffusionsmodell	Telekommunikation, Internet

Tabelle 5: Ausgewählte Arbeiten zum Customer Equity und Unternehmenswert

Quelle: eigene Darstellung.

Für den Massenmarkt ist die Betrachtung auf Basis von Kundensegmenten und des Kundenstamms wesentlich sinnvoller, als die Berücksichtigung einzelner Kunden. Das liegt an der großen Kundenanzahl und der damit einhergehenden Komplexität. Diese schlägt sich zum einen in der beschränkten Individualisierungsmöglichkeit des Leistungsangebotes, zum anderen in der beschränkten Kommunikationsmöglichkeit mit dem Einzelkunden nieder. Für die Analyse der Ausgangslage ist daher die Sicht auf den Einzelkunden nicht ziel-

157 Vgl. Schneider (2007), S. 79.

führend. Eine Bewertung von Segmenten jedoch kann die Komplexität reduzieren und strategische Handlungshinweise liefern.

2.2.4 Duale Betrachtung des Kundenwerts zur Sicherstellung der Marketingproduktivität

Nachdem nun der CPV und der CLV vorgestellt und definiert wurden, gilt es aufzuzeigen, wie diese miteinander in Verbindung stehen.

Wie bereits aufgezeigt, stehen Effektivität und Effizienz in einem nicht-eindeutigen Verhältnis zueinander. Es wurde aber gezeigt, dass sowohl die Effektivität, gemessen durch den CPV, als auch die Effizienz, gemessen durch den CLV, wichtig sind, um erfolgreich am Markt zu agieren. Es wird daher klar, dass eine reine Effektivitätsmaximierung oder eine reine Effizienzmaximierung nicht voneinander losgelöst verfolgt werden können.

Für das Marketing bedeutet dies, dass es grundsätzlich dem Anspruch gerecht werden muss, nicht nur im Sinne der Kundenorientierung einen hohen CPV zu liefern, sondern auch im Sinne des wertorientierten Managements einen Wertbeitrag zum Unternehmenserfolg zu leisten.[158]

Demnach muss das Marketing nachweisen, dass die implementierten Maßnahmen effektiv und effizient sind.[159] Das Ziel des Marketings muss daher lauten, eine Strategie zu entwickeln, die beide Ziele in einem optimalen Verhältnis verfolgt.[160] Dazu gilt es, nicht nur die entscheidenden Fragen des Marketings zur Sicherstellung der Effektivität zu beantworten: Wer sind die Zielkunden? Wie werden sie Kunden? Wie können sie gehalten werden?[161] Es muss auch die Aufgabe des Marketings sein, Maßnahmen zu entwerfen, die diesen Bearbeitungsprozess kostengünstig ermöglichen und somit die Effizienz sicherstellen. Die folgende Abbildung 8 stellt diesen Zusammenhang dar:

---

158 Vgl. Backhaus und Voeth (2007), S. 19.

159 Vgl. Rust et al. (2004a).

160 Vgl. Sheth und Sisodia (2002).

161 Vgl. Wyner (2007).

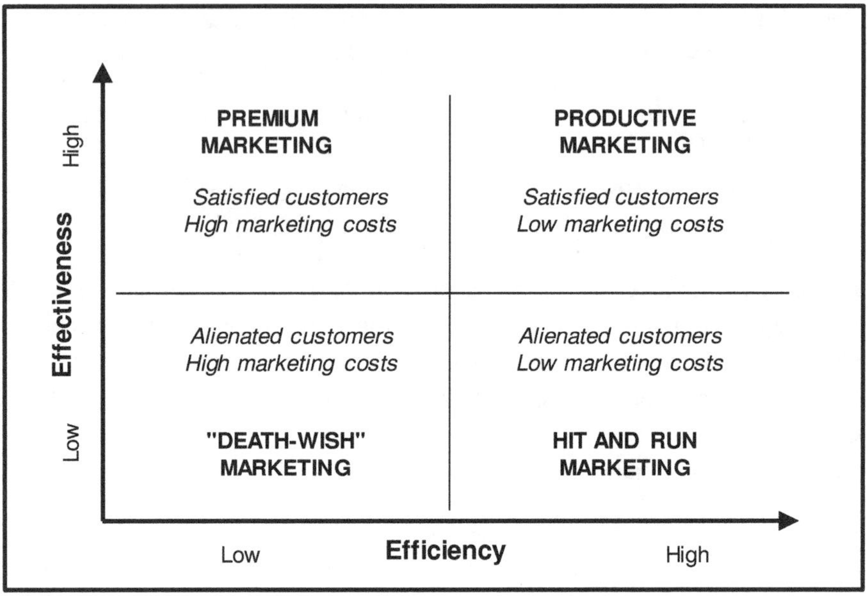

Abbildung 8: Marketingeffektivität und -Effizienz
Quelle: Sheth und Sisodia (2002), S. 352.

Marketing ist demnach dann produktiv, wenn es gelingt, nachweislich hohe Effektivität (zufriedene Kunden) mit nachweislich hoher Effizienz (niedrige Kosten) zu erreichen.

Ein wesentlicher Aspekt ist also die **duale Betrachtung** des Kundenwerts. Denn in der verkürzten Kette des Relationshipmarketing (Abbildung 5) wurde dargestellt, dass aus dem CPV, mediiert durch die Kundenzufriedenheit und die Kundenbindung, der CLV folgt.

Für das Marketing ist dieses Wissen elementar, weil daraus Maßnahmen abgeleitet werden können. Will ein Anbieter beispielsweise den CPV steigern, hat er dazu diverse Möglichkeiten. Dazu gehören neben der tatsächlichen Verbesserung der Leistungsqualität durch Verbesserung der Produkteigenschaften, die Übernahme von Garantien und die Verbesserung des zur Leistung gehörigen Services durch kompetenteres Personal. Zusätzlich kann auch die reine Kommunikation bestehender Eigenschaften zur besseren Wahrnehmung der Leistung beim Kunden führen. All diese Maßnahmen haben zunächst die gleichen Konsequenzen. Sie führen unweigerlich zur Reduktion der Effizienz der Leistungserstellung, weil damit höhere Kosten verbunden sind. Allerdings können (und sollen) diese Maßnahmen dazu führen, dass der CPV tatsächlich steigt und zu einer höheren Zufriedenheit führt. Diese Zufriedenheit würde sich bei einem Teil der Kunden in eine höhere Kundenbindung und somit zur Hebung des Entwicklungs-, Loyalitäts- und evtl. sogar des Cross-Buying-Potenzials führen. Dadurch würde der bisherige CLV erhöht.

Die entscheidende Frage für das Unternehmen ist nun aber, ob der CLV tatsächlich gesteigert wurde und wenn, um welchen Anteil. Nur so lässt sich abschließend betrachten, ob die Maßnahme effizient war. Aufgrund ihres mediierenden Charakters kann aber von einer dauerhaften Messung der Zufriedenheit und der Bindung abgesehen werden. Doch der CPV und CLV sollten erhoben und bei jeder Maßnahme berücksichtigt werden, wie die folgende Abbildung 9 illustriert:

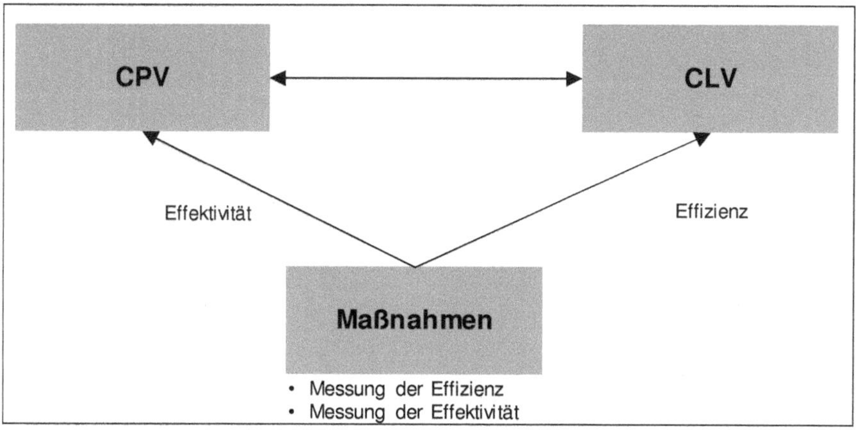

Abbildung 9: Maßnahmen zur Steigerung von Effektivität und Effizienz

Quelle: eigene Darstellung.

Obwohl die verkürzte Kette des Relationshipmarketing empirisch vielfach validiert wurde, ist es aber nicht zwangsläufig so, dass alle Kunden mit einem hohen CPV auch einen hohen CLV aufweisen. Es lohnt sich daher eine Gegenüberstellung dieser Werte und die Ableitung von Normstrategien aus dem direkten Vergleich.

Eine **wertoptimale Beziehung** in dieser dualen Betrachtung liegt dann vor, wenn Unternehmen für einen hohen CLV einen hohen CPV bieten. In diesem Fall kann von "*effective efficiency*" gesprochen werden.[162] Hier lohnt es sich, die Beziehung auszubauen und die Beziehung zu vertiefen. Dies kann z. B. durch Kundenbindungsprogramme erfolgen.

Liegt jedoch eine **CLV-lastige Beziehung** vor, die sich durch einen niedrigen CPV und hohen CLV charakterisiert, ist diese dauerhaft gefährdet ("Hit-and-Run-Marketing").[163] Um nicht einen Abbruch der Beziehung zu riskieren, muss das Unternehmen den CPV steigern. Dazu müssen die Dimensionen des CPV bekannt sein und priorisiert werden können. Mithilfe einer Wirtschaftlichkeitsbetrachtung können dann Maßnahmen definiert werden, die gezielt Dimensionen des CPV verbessern und somit die Zufriedenheit und die Bindung stärken.

---

162 Vgl. Abbildung 8.

163 Sheth und Sisodia (2002).

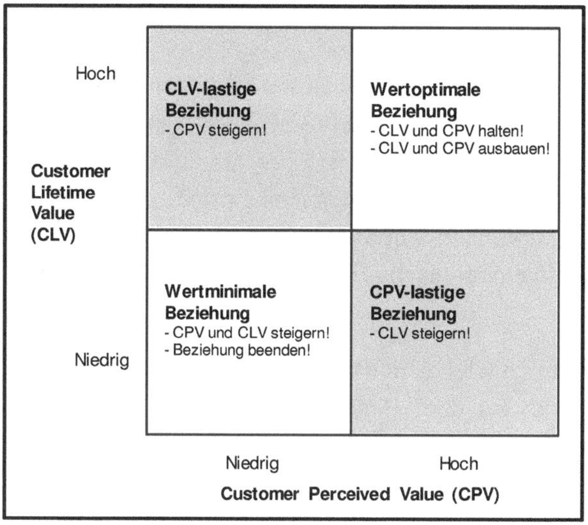

Abbildung 10: Generische Normstrategien zur Kundenwertsteuerung
Quelle: in Anlehnung an Cornelsen (2000), S. 286.

Der letzte interessante Fall ist die **CPV-lastige Beziehung**, wenn ein hoher CPV geboten, jedoch nur ein geringer CLV erwirtschaftet wird ("Premium Marketing").[164] In diesem Fall ist es für das dauerhafte Überleben des Unternehmens entscheidend, die Effizienz zu erhöhen und den Wertbeitrag zu steigern. Das kann über die Terminierung der Beziehung, Reduktion einiger Leistungsmerkmale oder Preisreduktionen erfolgen.

Diese duale Betrachtung stellt das Grundkonzept des zu entwickelnden dualen CPV/CLV-Frameworks dar. Für die weitere Detaillierung ist aber zunächst die theoretische Fundierung der verkürzten Kette des Relationshipmarketing im Massenmarkt notwendig. Ferner müssen die relevanten Methoden zur Erhebung und Messung diskutiert werden. Dies erfolgt in den nächsten zwei Kapiteln.

---

[164] Sheth und Sisodia (2002).

3 Theoretischer Rahmen der Kunden-Anbieter-Beziehung im Massenmarkt

Nachdem nun die grundlegenden Begriffe und Konzepte eingeführt wurden, werden nun sowohl der metatheoretische Rahmen der Arbeit als auch Erklärungsansätze zum Relationshipmarketing im Allgemeinen und den Wirkungsbeziehungen innerhalb der verkürzten Kette des Relationshipmarketing besprochen. Dies dient dazu, eine theoretische Fundierung dieser Kette im Massenmarkt zu gewährleisten.

Wie jede wissenschaftliche Arbeit folgt auch diese einem vorherrschenden Paradigma. Dieses soll zunächst vor dem Hintergrund der wissenschaftlichen Metatheorien diskutiert und durchleuchtet werden. Es wird darauf hingewiesen werden, dass in den Wirtschaftswissenschaften ein Theoriepluralismus vorherrscht.

Dieser Tradition der Wirtschaftswissenschaften folgend, wird zu zeigen sein, dass die theoretische Begründung des CPV und CLV und ihres Wirkungszusammenhanges nicht allein mit einer Theorie darstellbar sind. Wenn aber nicht nur eine Theorie herangezogen werden kann, gilt es doch zu klären, welche relevanten Theorie zu berücksichtigen sind. Dies ist der Kern des zweiten Unterkapitels. Ferner wird zu detaillieren sein, welchen Erklärungsanteil die relevanten Theorien an den wesentlichen Konstrukten der verkürzten Relationshipmarketing-Kette leisten können. Dazu ist es notwendig, die Theorie nicht nur vorzustellen, sondern auch deren Implikationen für das Untersuchungsmodell abzuleiten.

Zuletzt wird aus den vorgestellten Theorien ein Gesamtmodell entwickelt, das im letzten Unterkapitel zusammengefasst wird.

3.1 Wissenschaftlicher Realismus als metatheoretische Einordnung

Im Zeitablauf haben verschiedene Paradgimen der Wissenschaftstheorie in der Wirtschaftswissenschaft Anklang gefunden. Zu den Grundideen kamen bald radikale Ablehnungen hinzu (naiver Realismus vs. radikaler Konstruktivismus oder Empirismus vs. klassischer Rationalismus).[165]

Uneinigkeit herrscht darüber, welche Paradgimen sich in den Wirtschaftswissenschaften durchgesetzt haben.[166] Während die einen Vertreter vor allem den Konstruktivismus oder den kritischen Rationalismus als dominierende Paradigmen sehen[167], werden von anderen überwiegend der Konstruktivismus oder der wissenschaftliche Realismus als die zwei dominierenden Paradgimen betrachtet.[168] Mit den unterschiedlichen Paradgimen gehen folglich auch unterschiedliche methodische Ansätze einher: "*[...] quantitativ-erklärenden Ansätze, die sich eng an das Methodenarsenal der Naturwissenschaften anlehnen, und qualitativ-verstehenden Ansätzen, die das Handlungsverstehen als die dem sozialen Bereich angemessenste Methode favorisieren.*"[169] Im Folgenden sollen nun diese Paradigmen kurz skizziert werden.

Der **Konstruktivismus** geht davon aus, "*[...] dass alles, was wir wahrnehmen können, ein Konstrukt unseres Gehirnes ist*".[170] Somit gibt es keine subjektunabhängige Realität. Alles was erforscht wird, kann daher keine Realität beschreiben. Sie ist letztlich nur das Ergebnis der subjektiven Wahrnehmung. Somit können die Ergebnisse empirischer Forschung keine objektiven Ergebnisse liefern. Als Methoden der Erkenntnis eigenen sich lediglich qualitative

---

165 Vgl. Kornmeier (2007), S. 31.

166 Vgl. zum Stand der Marketingwissenschaft Franke (2000), S. 426.

167 Vgl. Kornmeier (2007), S. 38.

168 Vgl. Kuß (2009), S. 87.

169 Siemoneit (2009), S. 186.

170 Haug (2004), S. 97.

Untersuchungen, die sich eher für das "*Entdecken, Verstehen und Interpretieren*" eignen.[171]

Der **kritische Rationalismus** geht jedoch von einer wahren Realität aus und postuliert die Möglichkeit der Erfassung der Realität ohne störende Einflüsse der Wahrnehmung. Es ist demnach möglich, durch rein kognitive Anstrengungen die Realität zu erfassen. Dieser Ansatz ist sehr stark naturwissenschaftlich geprägt und dominiert vor allem Ansätze in der Volkswirtschaftslehre oder der Spieltheorie. Er verfolgt im Kern das Ziel, nach der Wahrheit zu streben, und kann dies jedoch nur durch die Falsifikation von Bekanntem erreichen.[172]

Allerdings erweist sich die Anwendung dieses Ansatzes in den Wirtschaftswissenschaften als äußerst problematisch. Der kritische Rationalismus verlangt die Überprüfung von Hypothesen in der Realität. Diese ist in den Naturwissenschaften jedoch deutlich weniger von kontextualen Faktoren geprägt als in den Sozialwissenschaften. Witte nach liegen in Sozialwissenschaften weder "*[...] Gesetzmäßigkeiten mit raum-zeitlich uneingeschränkter Gültigkeit vor, noch sind sie zu erwarten.*"[173] Zudem ist die Messung von Konstrukten in Sozialwissenschaften mit größeren Fehlern verbunden, so dass es bei einer Ablehnung einer Theorie in den Sozialwissenschaften unklar ist, ob dies nicht zumindest teilweise durch einen Messfehler bedingt ist.[174] Somit ist die starke Forderung nach Falsifizierbarkeit ein schwer zu behebendes Problem in den Wirtschaftswissenschaften.

Der **wissenschaftliche Realismus** nach der Definition von Hunt hingegen geht von Annahmen aus, die sich mit der Forschungspraxis der Sozial- und insbesondere Wirtschaftswissenschaften besser vereinbaren lassen.[175]

---

171 Kuß (2009), S. 97.

172 Vgl. Chalmers (2007), S. 64 ff zu Poppers Falsifikationsansatz.

173 Vgl. Witte (1981), S. 18.

174 Vgl. Kubicek (1977) S. 8.

175 Vgl. zur Einführung Kuß (2009), S. 101.

Es wird angenommen, dass eine Realität existiert, die unabhängig ist von der Wahrnehmung und Sichtweise des Betrachters (und steht damit im krassen Widerspruch zum Konstruktivismus). Mit wissenschaftlicher Forschung wird versucht, Wissen zu gewinnen, das die Realität bestmöglich erklärt. Sicherheit, dass dieses Wissen über die Realität zutrifft (etwa im Sinne eines Beweises), kann nicht erreicht werden. Daher ist es ebenso die Aufgabe der Wissenschaft, Aussagen über die Realität im Hinblick auf ihre Korrektheit in Frage zu stellen und (empirisch) zu überprüfen.

Wenn eine Theorie und die darin enthaltenen Aussagen sich langfristig und oft bei entsprechenden Tests und in praktischen Anwendungen bewähren, dann spricht offenbar vieles dafür, dass diese Aussagen weitestgehend richtig sind, obwohl man keine Sicherheit erreichen kann.[176] Daher obliegt es dem Wissenschaftler, sorgfältig seine Erkenntnisse, sowohl im logischen als auch im empirischen Sinne, zu überprüfen und die Ergebnisse zu falsifizieren. Aufgrund der hohen Komplexität und Anzahl der Einflussgrößen in den Sozialwissenschaften ist dieser Ansatz pragmatischer und erlangt zunehmend an Bedeutung.[177]

Der **logische Empirismus** entstammt im Grundsatz dem kritischen Rationalismus und hatte ursprünglich den Anspruch, "echtes Wissen" im absoluten Sinne zu erlangen. Durch den aufkommenden wissenschaftlichen Realismus hat nun in der Wissenschaft der Ansatz an sich Bestätigung gefunden, man hat sich aber von diesem absoluten Anspruch verabschiedet.

---

176 Vgl. ähnlich zu Carnap (1953).

177 Vgl. Peter (2001), S. 71.

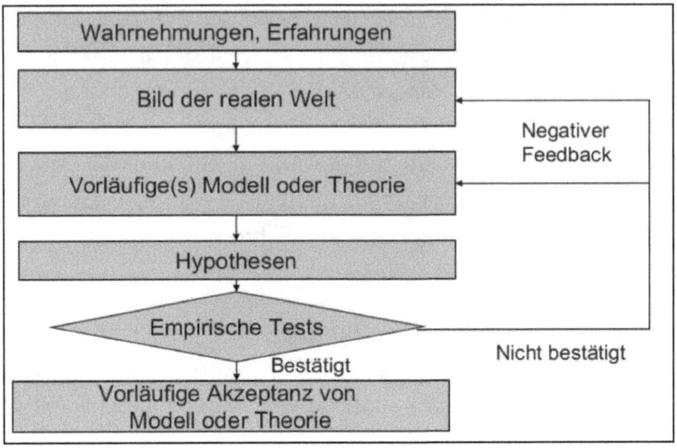

Abbildung 11: Schema zum logischen Empirismus
Quelle: Kuß (2009), S. 53.

Im logischen Empirismus werden auf Basis empirischer Beobachtungen (durch Interviews und eigene Erfahrungen) Forschungsfragen entwickelt. Dazugehörige Theorien werden identifiziert und im Sinne der Deduktion Hypothesen abgeleitet. Die abgeleiteten Hypothesen werden mithilfe empirischer Verfahren überprüft und gegebenenfalls falsifiziert. Eine Hypothese muss also dem Ansatz von Popper genügen, der die Falsifikation von Hypothesen fordert.[178] Was den logischen Empirismus aber vom wissenschaftlichen Realismus unterscheidet, ist gemeinhin der finale Anspruch, die Wahrheit zu erkennen.

Die Richtigkeit der Hypothesen kann auf diese Art zwar nicht bewiesen werden, allerdings führt eine Bestätigung der Hypothesen durch empirische Ergebnisse zu einer (wenn auch nur zeitweisen) Feststellung, dass sich die Realität in den Aussagen widerspiegelt. Dieses Vorgehen benötigt äußerste Sorgfalt bei der Sammlung von Daten, der Auswahl geeigneter Theorien und der

178 Vgl. Chalmers (2007), S. 51 ff.

Methodik zur Falsifizierung der Hypothesen. Um diese Sorgfalt zu gewährleisten, muss der Forscher moderne und bereits erprobte Verfahren anwenden.

Daher greift diese Arbeit auf viele in der Marketingforschung bekannte und neuentwickelte Methoden zurück. Wie bereits im Kapitel 1 besprochen wurde, ist die Zielsetzung der Arbeit die Entwicklung eines dualen Kundenwertmodells zur Steuerung des Marketings. Das entspricht auch dem Anspruch von Hunt, der das Ziel des Marketings definiert als: "*The purpose of marketing technology is to assist marketing decision makers by developing normative decision rules and models. Such rules and models are often based on the findings of marketing science and various analytical tools (such as statistics and mathematics).*"[179]

Das Forschungsthema wurde auf Basis von Erfahrungen und Gesprächen mit Marketingexperten aus dem Massenmarkt und dem Einzelhandel entwickelt. Zur Theorieentwicklung wurden mehrere explorative Interviews mit Konsumenten im Rahmen von Fokusgruppen geführt und mithilfe Theorien deduktiv Hypothesen abgeleitet.[180] Schließlich wurden quantitative Befragungen durchgeführt, um die Hypothesen anhand quantitativer Verfahren und realer Kaufdaten zu testen.

Im Rahmen der Arbeit wird nicht eine neue Theorie begründet oder ein ganzer Theoriestrang falsifiziert. Vielmehr wird ein Teilbereich der Relationshipmarketing-Theorie näher beleuchtet und es wird überprüft, ob sich im Sinne des wissenschaftlichen Realismus Theorien und Methoden aus der Perspektive eines Unternehmens anwenden lassen.

Wie im nächsten Unterkapitel 3.2 gezeigt wird, liegen nicht eine Theorie der Wirtschaftswissenschaften im weiten und eine Relationshipmarketing-Theorie im engeren Sinne vor, sondern beide setzen sich aus einer Vielzahl von Theorien zusammen. Daher soll zunächst der Theoriepluralismus in den Wirt-

---

179 Hunt (1983), S. 12.

180 Vgl. Abschnitt 6.1.2.2

schaftswissenschaften und die verschiedenen Strömungen durchleuchtet werden, denn unterschiedliche Teile tragen zum heutigen Paradigma des Relationshipmarketing bei.

3.2 Theorien zur Wirkungskette des Relationshipmarketing in der Tradition des Theoriepluralismus der Wirtschaftswissenschaften

Es gibt nicht eine Theorie der Betriebswirtschaftslehre, vielmehr beruft sich diese in verschiedenen Bereichen auf unterschiedliche Ansätze.[181] Diese "*[...] werden zur Erklärung von Sachverhalten je nach Bedarf einzeln angewendet und oder simultan herangezogen, wenn hierdurch eine Steigerung der Erklärungskraft für bestimmte Sachverhalte zu erwarten ist.*"[182]

Man unterscheidet zwischen theoretischen und praktisch-gestaltenden Ansätzen.[183] Zu den **theoretischen Ansätzen**, die in Tabelle 6 dargestellt sind, gehören produktions- und kostenorientierte Ansätze aus den frühen Phasen der Wirtschaftswissenschaften, die vor allem eine Produktivitätsbetrachtung vornehmen. Dabei werden Betriebe anhand eines hohen Abstraktionsniveaus betrachtet. Verhaltenstheoretische Ansätze zielen hauptsächlich auf die Erklärung und Deutung von Bedürfnissen ab und entnehmen dazu Konstrukte aus den Bedürfnis- und Motivationstheorien der Soziologie und der verhaltensorientierten Psychologie. Quantitativ erklärende Ansätze deuten Gesetzmäßigkeiten des sozialen Bereichs. Sie verfolgen im Kern einen induktiven empirischen Ansatz. Die Neue Institutionenökonomik befasst sich primär mit dem opportunen Verhalten begrenzt rationaler Subjekte. Letztlich analysieren spieltheoretische Ansätze Entscheidungssituationen von Unternehmen und Managern mithilfe Logik und Mathematik.

---

181 Vgl. zum Theoriepluralismus allgemein Feyerabend (1965), S. 148 ff., und zum Pluralismus in den Wirtschaftswissenschaften Franke (2000), S. 419 ff.

182 Mann (2004), S. 150.

183 Vgl. Siemoneit (2009), S. 169.

Theoretische Ansätze	Wesentliche Autoren	Zentrales Element der Theorie
Produktions- und kostentheoretischer Standpunkt	Erich Gutenberg, Dieter Schneider	- Produktivitätsbetrachtung - Hohe Abstraktion eines Betriebes (dispositiver Faktor und Elementarfaktoren, Überführung von Kosten anhand von Preisen auf Produktionsfunktionen)
Verhaltenstheoretische Betriebswirtschaftslehre	Werner Kröber-Riel	- Befriedigung von Bedürfnissen - Bedürfnis- und Motivationstheorien der Soziologie und verhaltensorientierten Psychologie
Quantitativ-erklärende Ansätze	Horst Albach, Eberhard Witte	- Gesetzmäßigkeiten des sozialen Bereichs erkennen und theoretisch fassen (induktiver empirischer Ansatz)
Neue Institutionenökonomik	Ronald Coase, Oliver Willamson	- Einfluss von Institutionen (Gesetze, Normen, Regelungen) auf das opportune Handeln unterschiedlicher, begrenzt rationaler Wirtschaftssubjekte
Spieltheoretischer Ansatz	John von Neumann, Oskar Morgenstern	- Analyse und Untersuchung von Entscheidungssituationen mithilfe der Logik

Tabelle 6: Theorien in der Betriebswirtschaftslehre
Quelle: eigene Darstellung.

Die theoretischen Ansätze haben alle gemein, dass sie versuchen, Erklärungen für empirisch beobachtete Phänomene zu liefern. Während die theoretischen Ansätze also explikativen Charakter haben, verfolgen die **praktisch-gestaltungsorientierten Ansätze** eine normative Zielsetzung.[184] Ziel ist es, Empfehlungen für die optimale Gestaltung von wirtschaftlichen Einheiten zu geben.

Systemtheoretische Ansätze modellieren die Unternehmung als quasi technisches Gebilde und leiten daraus Empfehlungen für eine geeignete Unternehmensstruktur ab.[185] Die entscheidungsorientierte Betriebswirtschaftslehre untersucht empirisch faktische Entscheidungen und möchte anhand der Ergebnisse die Handhabung komplexer Probleme ermöglichen.[186] Schließlich unter-

[184] Vgl. Siemoneit (2009), S. 179 ff.

[185] Vgl. Ulrich (1970), S. 109.

[186] Vgl. Heinen (1976), S. 21 ff.

sucht die handlungstheoretische Sicht die intentionale Wahl zwischen Alternativen bei der Allokation knapper Güter.[187]

Arbeiten zum Kundenwert berufen sich i. d. R. auf die Theorien des Relationshipmarketings,[188] obwohl immer wieder herausgearbeitet wird, dass es ebenfalls keine in sich homogene und abgeschlossene Theorie des Relationshipmarketing gibt.[189] Theorien können immer nur einzelne Bestandteile des Relationshipmarketing erklären. Diese Problematik ist der hohen Komplexität des Sachverhaltes geschuldet, die eine einzige Theorie kaum abdecken kann.[190] Denn wie im Folgenden zu sehen sein wird, leisten nicht nur ökonomische Aspekte, sondern auch soziologische und psychologische Theorien einen Beitrag zur Erklärung der Wirkungskette des Relationshipmarketing.[191] Sie liefern Erklärungen für die Motivation des Kunden, eine Beziehung einzugehen und diese im Zeitablauf auszubauen, zu pflegen oder zu beenden.

Die **Theorieelemente des Relationshipmarketing** leiten sich überwiegend aus verhaltenstheoretischen Ansätzen und der Neuen Institutionenökonomik ab.[192] Für eine Detaillierung ist es daher notwendig, innerhalb dieser Theorien die relevanten Ansätze zu analysieren und auf deren Anwendbarkeit für das Relationshipmarketing in Massenmärkten zu überprüfen.[193]

---

187 Vgl. Steinmann (1978), S. 73.

188 Vgl. Mödritscher (2008), S. 18 ff.; Vogel et al. (2008).

189 Vgl. Hunt et al. (2006), Bruhn (2009) S. 19 ff., Hunt (1983), Klose (2008) S. 35.

190 Vgl. zum Marketing allgemein: Homburg (2000), S. 355; zum Relationshipmarketing Greve (2006), S. 48, und beispielhaft in Bezug auf das Konstrukt Kundenzufriedenheit van Doorn (2004), S. 78.

191 Vgl. Peter (2001), S, 73.

192 Vgl. Bruhn (2009) S. 20, Bruhn (2010), S. 12 ff. und S. 40 ff.

193 Aufgrund des normativen Charakters der Arbeit wird auf einen expliziten Prämissenvergleich und eine Untersuchung der Vereinbarkeit der Annahmen verzichtet.

Ansatz	Theorie	Erklärungsgegenstand
Neoklassische Ansätze	Nutzentheorie	Bewertung von Qualität, Kundenzufriedenheit, wahrgenommenem Wert und Beziehungsqualität
	Gewinntheorie	Bewertung von Kundenbeziehungen aus Unternehmenssicht
Neobehavioristisch: psychologische Ansätze	Lerntheorie	Erklärung und Einflussfaktoren der Entstehung von Kundenbeziehungen
	Risikotheorie	Erklärung und Einflussfaktoren der Entstehung von Kundenbeziehungen; Vertrauen und "Commitment" als vermittelnde Variablen in Leistungsprozessen
	Dissonanztheorie	Erklärung und Einflussfaktoren der Entstehung von Kundenbeziehungen
	Attributionstheorie	Leistungsbeurteilung und deren Einfluss auf Kundenzufriedenheit
Neobehavioristisch: sozialpsychologische Ansätze	Interaktionsnetzwerkansätze	Strukturierung von Interaktionsprozessen
	Austauschtheorie	Entstehung und Beibehaltung von Kundenbeziehungen; Beurteilung, Langfristigkeit, Stabilität von Kundenbeziehungen (intrapersonell)
	Equity-Theorie	Input-Outcome-Verhältnis als Determinante von empfundener Gerechtigkeit (interpersonell)
	Durchdringungstheorie	Entstehung und Entwicklung von Kundenbeziehungen
Neoinstitutionelle Ansätze	Informationsökonomik	Erklärung der Unsicherheit und Interaktion und Ableitung von Strategien zur Unsicherheitsreduktion; Vertrauen als Erfolgsfaktor für Dienstleistungsunternehmen
	Principal-Agent-Ansatz	Erklärung des Verhaltens von Kunden und Mitarbeitern in Kundenbeziehungen
	Transaktionskostenansatz	Voraussetzungen für die Vorteilhaftigkeit der Initiierung von Geschäftsbeziehungen; Profitabilität langfristiger Beziehungen

Tabelle 7: Wesentliche Quellen der Relationshipmarketing-Theorie

Quelle: in Anlehnung an Bruhn (2009), S. 15.

Dabei soll auf die bereits vorgestellten Konstrukte des Relationshipmarketing, Customer Perceived Value, Kundenzufriedenheit, Kundenbindung und Customer Lifetime Value, eingegangen werden.

3.2.1 Neoklassische Ansätze

Neoklassische Ansätze erklären das Verhalten rationaler Subjekte in einem Markt.

Gemäß Woll versteht man unter Nutzen "*[...] die Befriedigung, die ein Gut beim Konsum stiftet.*"[194] Die **Nutzentheorie** geht davon aus, dass die Konsumenten versuchen, ihren Nutzen zu maximieren.[195] Dabei werden der Gesamtnutzen und der Grenznutzen, d. h. der Zuwachs des Nutzens beim Konsum einer weiteren Einheit, betrachtet. Die Nachfrage der Haushalte ist in diesem System determiniert von den Bedürfnissen und Einkommen der Konsumenten und dem Preis der Konsumgüter. Gegenstand der Untersuchung der Nutzentheorie sind nur die Konsumenten.

Für Anbieter gilt die **Gewinntheorie**, die allen Unternehmen eine Gewinnmaximierungsabsicht unterstellt.[196] Dieser Ansatz ist im Prinzip ein Vorläufer des Shareholder-Value-Ansatzes, der letztlich die Gewinnmaximierung als Mittel zur Befriedigung der Anteilseigner sieht. Dabei werden alle weiteren möglichen Ziele des Unternehmens ausgeblendet und lediglich die optimale Preissetzung bei gegebenen Produktionskosten berechnet.[197]

Die Nutzentheorie und die Gewinntheorie gehen von strikten Annahmen des Verhaltens von Individuen aus. Dazu gehören absolute Rationalität und die vollkommene direkte Verfügbarkeit von Informationen. Dadurch haben Konsumenten stets alle Informationen und sind fähig, diese umgehend zu verarbeiten. Diese Annahmen werden mittlerweile differenziert gesehen und insbesondere von den Theorien der Neuen Institutionenökonomik kritisch betrachtet.

---

194 Woll (2007), S. 92.

195 Vgl. Löchel (2003), S. 10.

196 Vgl. Löchel (2003), S. 97 und zur Anwendung im Marketing siehe Nacif (2003), S. 62 ff. und Blattberg und Deighton (1996).

197 Vgl. Woll (2007), S. 148.

In Massenmärkten können jedoch sowohl die Nutzentheorie als auch die Gewinntheorie begrenzt angewendet werden. Sie bieten im Prinzip eine Grundlage für die Entstehung einer Transaktion zwischen Anbieter und Konsumenten.

Aus den vorangestellten neoklassischen Theorien können folgende Postulate für die **Anwendung auf den Massenmarkt** abgeleitet werden:

- Der Customer Perceived Value wird durch den Gesamtnutzen erklärt. Dieser entspricht dem Grad der Bedürfnisbefriedigung abzüglich der Opportunitätskosten in Form des Preises für das Gut.
- Für die Entstehung von Zufriedenheit können keine Implikationen abgeleitet werden.
- Für die Entstehung und Entwicklung von Kundenloyalität können keine Implikationen abgeleitet werden.
- Der Customer Lifetime Value und der Customer Equity sind zentrale Bausteine des Unternehmensgewinns und deren Maximierungsziele werden durch die Gewinnmaximierungszielsetzung des Unternehmens erklärt.

3.2.2 Verhaltensorientierte psychologische Ansätze

Die verhaltensorientierten psychologischen Ansätze erklären vornehmlich die Motivation der Endverbraucher, eine Beziehung einzugehen, diese zu halten oder zu terminieren.

Die **Lerntheorie** erklärt, wie Konsumenten im Laufe der Zeit ihre Kaufentscheidung auf Basis vorheriger Erfahrungen fällen.[198] Nutzenbringende Verhaltensweisen in der Vergangenheit werden nach dem Verstärkungsprinzip beibehalten, während nutzenreduzierende Verhaltensweisen vermieden werden.[199]

Der Lernprozess findet zunächst auf drei Stufen statt, die mit einem sinkenden Niveau des kognitiven Aufwands und steigenden Bekanntheitsgrads der Leistung einhergehen: "Extensive Problem Solving", "Limited Problem Solving"

---

198 Vgl. Kroeber-Riel (2003), S. 330 ff.

199 Vgl. Bromberger (2004), S. 50.

und "Routine Problem Solving".[200] Konsumenten sind demnach bestrebt, kognitiven Aufwand zu reduzieren, solange sie nicht den Wunsch nach Alternativen haben. Dabei reduzieren sie kontinuierlich ihre Entscheidungsoptionen.[201] Stellt sich der Wunsch nach Alternativen ein ("Variety-Seeking"), tritt der Kunde in das Stadium des "Bored Problem Solving" ein, welches wieder mit einem höheren kognitiven Aufwand verbunden ist.

Im Fall eines Massenmarktes mit wenig erklärungsbedürftigen Gütern kann von "Routine Problem Solving" ausgegangen werden, bei dem der Konsument bereits die Produktkategorie kennt und auf eine eigene Erfahrungshistorie zurückblicken kann. Natürlich kann auch das "Bored Problem Solving" eintreten, wenn ein hoher Wunsch nach Abwechslung vorliegt.

Neben den kognitiven Aspekten der Lerntheorie liegen auch affektive, d. h. emotionale, Lerneffekte vor. Kunden reagieren auf Stimuli positiv, wenn sie damit affektiv positive Erfahrungen in Verbindung bringen. Somit kann ein gleicher oder ähnlicher Stimulus stets ähnliches Verhalten hervorrufen. Diese Konditionierung führt zu einer gewissen Form der Trägheit, wenn Kunden ihren Aufwand reduzieren und dem Stimuli-Response(S-R)-Schema folgen. In Massenmärkten versuchen Unternehmen diese Verhaltensmuster zu bestätigen und beim Kunden zu verankern.

Die **Risikotheorie** beschreibt die Kundenwahrnehmung in Bezug auf Unsicherheiten der Transaktion und bei der Verwendung eines Produktes oder einer Dienstleistung.[202] Demnach möchten Kunden das zu erwartende Risiko minimieren und wählen daher Produkte wieder, wenn sie mit der Leistung zufrieden waren. Man unterscheidet als wesentliche Risiken[203]:

- Finanzielles Risiko: finanzieller Verlust in Zusammenhang mit dem Erwerb der Leistung

---

[200] Vgl. Nacif (2003), S. 35.

[201] Vgl. Sheth und Parvatiyar (1995).

[202] Vgl. Sheth und Parvatiyar (1995).

[203] Vgl. Nacif (2003), S. 43 ff.

- Leistungsrisiko: Leistung entspricht nicht den Erwartungen
- Physisches Risiko: Gefahr für Gesundheit oder Sicherheit bei Inanspruchnahme der Leistung
- Psychisches Risiko: Enttäuschung oder Frustration durch Inanspruchnahme der Leistung
- Soziales Risiko: Inanspruchnahme der Leistung wird vom sozialen Umfeld abgelehnt
- Risiko des Zeitverlustes: Verschwendung von Zeit für den Fall, dass Modifikation oder Reparatur notwendig sind

Mit steigendem Bekanntheitsgrad und Erprobung der Leistung des Anbieters sinken beispielsweise das Leistungsrisiko und das psychische Risiko. Denn ist die Leistung schon einmal befriedigend abgerufen worden, kann der Kunde diese besser einschätzen. Ähnlich gilt dies für das soziale Risiko, weil anzunehmen ist, dass bei mehrmaliger Inanspruchnahme der Leistung auch das soziale Umfeld diese zur Kenntnis genommen hat. Wird also die Leistung mehrmals erprobt und erfüllt sie die Anforderungen, ohne dass die befürchteten Risiken eintreten, ist der Kunde bereit, eine Beziehung zum Anbieter einzugehen.

In einem Massenmarkt ist das wahrgenommene Risiko des Kunden deutlich geringer als bei komplexen oder erklärungsbedürftigen Gütern. Marken nehmen hierbei eine besondere Funktion wahr. Bekanntheit und Inhalte einer Marke können in einem Massenmarkt deutlich die wahrgenommenen Risiken senken.[204] Das kann beispielsweise die Reduktion des finanziellen und psychischen Risikos durch ein Markenqualitätsversprechen sein. Durch die Verknüpfung der Leistung mit Prestige und Statusattributen kann das psychische und soziale Risiko des Kunden gemindert werden. Nichtsdestotrotz besteht bei jeder Leistung die Gefahr des Zeitverlustes.

Die **Dissonanztheorie** erklärt das Verhalten von Konsumenten im Hinblick auf deren Versuch, Einstellungen und Verhalten miteinander in Einklang zu bringen.[205] Sie geht auf die Arbeiten von Festinger aus dem Jahr 1957 zurück.[206]

---

[204] Vgl. im Folgenden Bromberger (2004) S. 49 ff.

[205] Vgl. Nacif (2003), S. 47 ff.

Liegt eine Spannung zwischen Einstellung und Verhalten vor, ist dieser Zustand unbefriedigend und das Individuum versucht, diese Dissonanz abzubauen.

Angewendet auf eine Geschäftsbeziehung gilt im Fall solcher Spannungen, dass der Kunde versucht, dissonanzmindernde Informationen zu finden, um durch Umbewertung, Ergänzung oder Verdrängung ein kognitives Gleichgewicht wiederherzustellen. Insbesondere beim Neukauf findet der Prozess statt, bei Nachkäufen hingegen nimmt die Intensität des Prozesses stark ab. Die positive Äußerung von Leistungsmerkmalen gegenüber Bekannten ("Word-of-Mouth") dient ebenfalls dem Abbau kognitiver Dissonanz, insbesondere wenn es gelingt, andere vom gleichen Anbieter zu überzeugen.[207]

Die **Attributionstheorie** geht auf die Arbeit von Heider aus dem Jahr 1958 zurück.[208] Die Theorie setzt voraus, dass Menschen ein Bedürfnis haben, Ursachen oder Erklärungen für erlebtes Verhalten zu suchen. Als "naive Wissenschaftler" suchen sie Kausalitäten für Erfahrungen.

Auf Grundlage dieser Theorie ist es möglich, Verhalten von Konsumenten in der Interaktion mit Unternehmen und die konsumentenseitige Bewertung der Leistung zu erklären. Dabei können Attribute aufgrund der interagierenden Person sowie der vorliegenden Situation vergeben werden. Zusätzlich ist es wichtig zu unterscheiden, ob eine Person konstante Beobachtungen bzgl. der Leistung macht, oder ob diese einer gewissen Varianz unterliegen. Idealerweise nimmt der Konsument eine personenbedingte konstante Attribution vor. Dies bedeutet, dass er dem Unternehmen echtes Können und nicht den Zufall oder eine einmalige besondere Anstrengung für das Erbringen einer guten Leistung zuspricht.[209] Unternehmen können danach streben, in ihrer Außendarstellung möglichst positive Attribute an ihre Leistung zu knüpfen.

---

206 Vgl. Festinger (1957).

207 Vgl. Bruhn (2009), S. 33.

208 Vgl. Heider (1958).

209 Vgl. Trommsdorff (2009), S. 133 und S. 262 ff,, sowie Oliver und DeSarbo (1988).

Aus den vorangestellten verhaltensorientierten psychologischen Theorien können folgende Postulate für die **Anwendung auf den Massenmarkt** abgeleitet werden

- Da Minimierung des Risikos ein grundlegendes Bedürfnis ist, sind die Bestandteile des wahrgenommenen Risikos in der Umkehrung Bestandteile des Customer Perceived Values. Vornehmlich sind dies die Leistungsattribute selbst und der assoziierte soziale Nutzen. Der empfundene Aufwand, im Sinne von Zeitverlust, reduziert den Customer Perceived Value. Eine bekannte Marke kann das wahrgenommene Risiko reduzieren.
- Zufriedenheit ist die zentrale Vorstufe für Wiederkaufverhalten. Sie stellt sich ein, wenn positive Attribute mit der Leistung in Verbindung gebracht werden.
- Durch eine kontinuierliche Interaktion mit dem Unternehmen "lernt" der Kunde die Leistung zu schätzen, nimmt seltener ein Risiko wahr und ist daher bereit, sich zu binden. Zusätzlich setzt eine gewisse Trägheit ein, wenn es keine Veranlassung gibt, den Anbieter zu wechseln. Kundenbindung wird durch den Versuch, Dissonanzen zu senken, begünstigt.
- Der Customer Lifetime Value wird durch diese Theorien nicht erklärt.

3.2.3 Verhaltensorientierte soziologische Ansätze

Die verhaltensorientierten soziologischen Ansätze erklären in erster Linie das Verhalten der Endverbraucher durch Theorien zum Verhalten von Individuen in einer Gruppe.

Die Betrachtung von Interaktionen und deren Typologisierung steht im Interesse der **Interaktionstheorie**.[210] Dabei werden vier Typen von Interaktionen betrachtet: Art der Beteiligten (Person, Organisation) und Zahl der Beteiligten (zwei, mehr als zwei). Insbesondere Netzwerkansätze betrachten Beziehungen zwischen Anbieter und Nachfrager sowie deren personelle und organisatorische Verflechtungen. Darüber hinaus werden Anzahl, Intensität der Verknüpfungen und inhaltliche Ausprägung der Beziehungen untersucht. Zentrale Elemente sind die Kooperation, Vertrauen in die Gegenseitigkeit, Macht der Teilnehmer und die wirtschaftliche Abhängigkeit.

---

[210] Vgl. Backhaus und Voeth (2007), S. 104 ff., und Bruhn (2009), S. 34 ff.

Diese Theorie findet im Bereich des Massenmarkts wenige Ansatzpunkte, weil sie vornehmlich die komplexe Interaktion zwischen B2B-Unternehmen erklärt.

Die **Austauschtheorie** erklärt die Entstehung und den Fortbestand sozialer Beziehungen auf Basis des Austausches von Werten. Dabei ist das Ziel der Beziehung, die Gleichheit und Gerechtigkeit des Austausches herzustellen und zu erreichen.[211] Die Theorie geht auf die Sozialpsychologen Thibaut/Kelley[212] und Blau[213] zurück.

Austauschbeziehungen bestehen demnach im einfachsten Fall aus zwei Partnern, wobei jeder etwas erhält. Sie können aber auch verallgemeinert sein mit mindestens drei Austauschpartnern, die nicht in direktem Kontakt stehen. Auch eine komplexere Art, im Sinne einer Netzwerkstruktur, ist möglich. Der Austausch kann nutzenorientiert/ökonomisch oder symbolisch (z. B. gefühlter Nutzen) erfolgen.[214]

In der Literatur werden unterschiedliche Austauschbeziehungen typologisiert:[215] nach Produkten und Dienstleistungen, Art und Form der Zusammenarbeit, B2B- vs. B2C-Märkten, dem Wert der Beziehung und der Interessengleichheit sowie Art und Weise, wie Wert in der Beziehung generiert wird.[216]

Der Nutzen einer Beziehung wird von Anbieter und Nachfrager als Differenz aus Austauschnutzen und Austauschkosten wahrgenommen. Die Bewertung einer Beziehung findet anhand eines Comparison-Levels(CL) statt. Dieser ist geprägt von den bisherigen Erfahrungen. Liegt der aktuelle Nutzen über dem CL, ist der Kunde bereit, eine Beziehung mit dem Anbieter einzugehen. Allerdings vergleicht er den CL des Anbieters auch mit dem CL der besten Alterna-

---

211 Vgl. Houston und Gassenheimer (1987).

212 Vgl. Thibaut und Kelley (1959).

213 Vgl. Blau (1964).

214 Vgl. Bruhn (2009), S. 36.

215 Vgl. Johnson und Selnes (2004).

216 Vgl. Krapfel et al. (1991).

tive (CL_{ALT}).[217] Liegt der CL_{ALT} unter dem CL des Anbieters, ist der Kunde faktisch gebunden. Demgegenüber ist der Fall, dass der CL_{ALT} über dem CL liegt, für den Kunden vorteilhafter, weil er dann die Wahl hat, mit wem er eine Beziehung eingehen möchte.

Der Beginn und der Verlauf einer Beziehung können somit durch den ständigen Vergleich der CL erklärt werden. Liegt der Nutzen der Kernleistung oder des zugehörigen Zusatznutzens im Sinne von weiteren Dienstleistungen dauerhaft über dem der Wettbewerber, so kann von einer Defacto-Beziehung gesprochen werden.[218] Der Kunde wird sich dann dauerhaft an den Anbieter binden.

Der eingegangene Austauschprozess unterliegt wechselseitigen Belohnungen und Bestrafungen.[219] Dabei ist es wahrscheinlich, dass belohnte Verhaltensweisen wiederholt werden. Relevante Elemente zur Beurteilung der Beziehung bestehen nicht nur aus ökonomischen Kosten und Nutzen, sondern können "*[...] auch psychologische oder soziale Aspekte wie Einstellungen oder Emotionen beinhalten*".[220] Kunden entwickeln im Laufe der Beziehung zum Anbieter Vertrauen und ein gewisses Commitment eine Beziehung aufrecht zu erhalten.[221] Diese Konstrukte mediierendie Dauerhaftigkeit einer Beziehung.

Ein weiterer Aspekt bei der Beurteilung einer Leistung ist die Erwartungshaltung vor und die Beurteilung nach der Leistungserbringung. Gemäß dem Confirmation/Disconfirmation-Paradigma stellt sich Zufriedenheit ein, wenn die Erwartungen erfüllt oder übertroffen werden konnten. Andernfalls ist der Kunde unzufrieden.[222] Die Zufriedenheit ist eine wichtige Komponente zur Erklärung der Beziehungsbereitschaft.[223] Diese zeigt auf, dass die negativen Erwar-

---

217 Vgl. Kleinaltenkamp et al. (2011), S. 50.

218 Vgl. Jacob (2011), S. 86 ff.

219 Vgl. Terlutter (2006), S. 281.

220 Klose (2008), S. 47.

221 Vgl. Morgan und Hunt (1994).

222 Vgl. Oliver (1980).

223 Vgl. Jacob (2011), S. 92 ff.

tungen gegenüber der Leistung im Sinne der zu erwartenden Risiken nicht bestätigt wurden und somit der Anbieter fähig ist, das gewünschte Niveau zu erreichen. Ein Anbieter hat somit schon einen Vorteil gegenüber anderen Anbietern, mit denen noch keine zufriedenstellenden Erfahrungen gemacht wurden.

In einem Massenmarkt wird der Anbieter den Austausch als fair empfinden, wenn der Konsument bereit ist, seinen gesetzten Preis zu zahlen. Kunden werden in der Beziehung bleiben, solange sie kein im ökonomischen, sozialen oder beziehungsorientierten Sinne besseres Angebot erhalten. Ferner entwickeln sie Vertrauen in das Unternehmen und sind bereit die Beziehung länger aufrecht zu erhalten.

Die **Equity-Theorie** stellt die empfundene Gerechtigkeit einer Austauschbeziehung ins Zentrum der Betrachtung und geht auf die Arbeiten von Adams zurück.[224] Die wesentliche Determinante der Gerechtigkeit ist demnach das Input-Output-Verhältnis, nicht nur im absoluten Sinn, sondern auch im Vergleich zu anderen Personen.[225]

Somit müssen Austauschbeziehungen in einem ausbalancierten Verhältnis stehen. Anstatt eine reine Input-Minimierung und Output-Maximierung zu betreiben, ist es Individuen wichtig, eine gerechte Verteilung von Nutzen und Aufwand auf beiden Seiten herzustellen. Dazu können zwei Strategien gewählt werden. Erstens kann die tatsächliche Wiederherstellung von Gerechtigkeit durch Kompensation oder Kompensationsforderungen angestrebt werden. Zweitens ist es möglich, durch die Anpassung der individuellen Einstellungen ein Gleichgewicht zu erreichen.[226]

In einem Massenmarkt wirkt sich das weniger in Produktkategorien als vielmehr in Dienstleistungssituationen aus. Insbesondere im Bereich von Reklamationen findet die Theorie Anwendung, wenn es darum geht, mit einem Unternehmen zu interagieren.

---

224 Vgl. Adams (1965).

225 Vgl. Oliver und DeSarbo (1988).

226 Vgl. Klose (2008), S. 50 ff.

Die **Durchdringungstheorie** erklärt die Entstehung und Entwicklung von Beziehungen dadurch, dass Individuen im Laufe einer Beziehung kontinuierlich weitere Elemente der Persönlichkeit der Beziehungspartner entdecken. Die Theorie geht im Wesentlichen auf die Arbeiten von Altman/Taylor aus den siebziger Jahren des letzten Jahrhunderts zurück.[227]

Die Persönlichkeit wird in diesem Ansatz in zwei Dimensionen untergliedert: Breite (Kategorien und Häufigkeit der Interaktion mit Partnern in der Kategorie) und Tiefe (den Weg von der Oberfläche hin zum Kern der Person).[228] Im Laufe der Zeit dringen die Interaktionspartner tiefer in den Kern der Persönlichkeit des anderen Partners vor und erkennen dabei immer mehr Aspekte des anderen.

Der Prozess der sozialen Durchdringung wird charakterisiert durch eine Vielzahl von Dimensionen: Interaktionsvielfalt, Einzigartigkeit, Ersetzbarkeit und Äquivalenz von Interaktionsarten, Rollenverständnis, Offenheit, Informalität, Kritikfähigkeit und Möglichkeit der Kritikäußerung sowie der Effizienz des Austausches.

In einem Massenmarkt jedoch kann diese Theorie nur wenige Erklärungspunkte liefern, weil sich Anbieter und Nachfrager nicht in der beschriebenen Art und Weise näher kommen können.

Aus den vorangestellten verhaltensorientierten, soziologischen Theorien können folgende Postulate für die **Anwendung auf den Massenmarkt** abgeleitet werden:

- Der Customer Perceived Value wird erklärt durch ein faires Verhältnis von Nutzen und Aufwand. Der CPV wird durch ökonomische, psychologische und soziale Aspekte getrieben.
- Wesentlicher Treiber für die Zufriedenheit ist der empfundene gerechte Wert der Beziehung. Zufriedenheit stellt sich ein, wenn der erwartete Nutzen erfüllt oder überfüllt wird.

---

227 Vgl. Altman und Taylor (1973).

228 Vgl. Georgi (2000), S. 22 ff.

- Liegt ein dauerhaft guter Comparison-Level vor und ist dieser dauerhaft besser als beim Wettbewerber, ist der Kunde bereit, sich an das Unternehmen zu binden. Der Kunde entwickelt im Laufe der Zeit Vertrauen in den Anbieter uns ist bereit sich zu binden.
- Der Customer Lifetime Value wird dadurch bereichert, dass der Anbieter für seine Leistung eine faire Entlohnung erhält. Diese ist zwar im direkten Sinne monetär, kann aber auch nichtmonetäre Elemente enthalten.

3.2.4 Ansätze aus der Neuen Institutionenökonomik

Die Ansätze aus der Neuen Institutionenökonomik erklären das Verhältnis zwischen bedingt rationalen Subjekten und Institutionen. Letztere können "*[...] neben der Unternehmung und ihren organisatorischen Regelungen z. B. auch den Markt, das Geld, die Sprache sowie soziale Normen und rechtliche Einrichtungen wie etwa Verfassungen, Vertragsformen und das Eigentum [...]*" umfassen.[229] Vor allem die Annahmen der unbegrenzten Informationsverfügbarkeit und die Fähigkeit von Individuen, diese zu verarbeiten, werden hier im Gegensatz zu neoklassischen Ansätzen in realistischere Annahmen geändert.[230]

In der **Informationsökonomik** wird die "*Koordination der ökonomischen Aktivitäten mehrerer Akteure unter besonderer Berücksichtigung von Informationsproblemen*"[231] sowie die Ableitung dafür notwendiger Strategien zur Unsicherheitsreduktion untersucht.

Die angebotenen Leistungen können anhand ihrer Such-, Erfahrungs- und Vertrauenseigenschaften unterteilt werden. Sucheigenschaften sind dadurch gekennzeichnet, dass sie vom Nachfrager durch entsprechende Recherche bereits vor dem Kauf vollständig beurteilt werden können. Erfahrungseigenschaften ermöglichen dem Nachfrager erst nach dem Kauf eine vollständige

229 Picot (1991), S. 144.

230 Vgl. Schütt (2006), S. 55 ff.

231 Ewert (1992), S. 279.

Beurteilung und Vertrauenseigenschaften können im Grunde weder vor noch nach dem Kauf beurteilt werden.[232]

Anbieter können jedoch Unsicherheit reduzieren, in dem sie "Signalling" betreiben. Das heißt beispielsweise, dass durch Garantieleistungen den Kunden signalisiert wird, dass das Produkt vertrauenswürdig ist. Nachfrager können durch "Screening" Sicherheit gewinnen. Dies kann beispielsweise durch die Gestaltung von risikoadjustierten Verträgen erfolgen, die den Anbieter im Fall von Leistungsdefiziten in Regress nehmen.

Der **Principal-Agent-Ansatz** erklärt das Verhalten von zwei Subjekten unter Informationsasymmetrie. Er geht auf die Arbeit von Jensen/Meckling aus dem Jahr 1976 zurück.[233] Während der "Principal" etwas beauftragt, muss der "Agent" die Leistung erfüllen. Dabei wird unterstellt, dass beide zunächst eigene Interessen verfolgen und diese nicht immer deckungsgleich sind.[234]

Im Massenmarkt hat die Informationsasymmetrie eine vergleichsweise geringe Bedeutung. Aufgrund der Vielzahl der Nachfrager würde sich bei einer gegebenen Zahl von Anbietern eine schlechte oder insbesondere betrügerische Leistung schnell unter den Nachfragern herumsprechen. Dennoch ist es aus Anbietersicht wichtig, durch Signalling Suchkosten und das empfundene Risiko zu reduzieren. Weil es sich bei Massenmärkten eher um Güter mit vergleichsweise niedrigem Wert handelt, ist auch die Anwendung des Principal-Agent-Ansatzes im Sinne einer Beauftragung begrenzt. Allerdings können durch den gezielten Aufbau und die Pflege einer Marke "*[...] Informationsasymmetrien abgebaut und damit Unsicherheit reduziert werden, da sie der besser informierten Seite als Signale und der schlechter informierten Seite als Screeningobjekt dienen können.*"[235] Insofern liefern diese Ansätze auch einen Beitrag zur verkürzten Kette des Relationshipmarketing.

---

232 Vgl. Backhaus und Voeth (2007), S. 188.

233 Vgl. Jensen und Meckling (1976).

234 Vgl. Picot et al. (2008), S. 72 ff.

235 Donnevert (2009), S. 92.

Der **Transaktionskostenansatz** geht ebenfalls von Informationsasymmetrien unter Transaktionspartnern aus und wurde von Coase[236] begründet und unter Williamson[237] weiterentwickelt. Kern der Theorie ist, dass bei jeder Transaktion auch Transaktionskosten anfallen, die über den eigentlichen Preis des Gutes hinausgehen. Diese können sowohl vor als auch nach einer Transaktion entstehen.[238] Ex ante sind dies Such- und Vertragskosten für die Auswahl eines geeigneten Geschäftspartners und die Gestaltung der Transaktionsmodalitäten. Ex post sind dies Überwachungs- und Durchsetzungskosten des Vertrages.

Im Kern betrachtet die Transaktionskostentheorie Kontraktgüter und Austauschgüter. Während sich Austauschgüter durch ein hohes Maß an Standardisierung und geringer Komplexität auszeichnen, sind Kontraktgüter sehr komplex und können noch während der Transaktionsanbahnung von Nachfragern modifiziert werden.[239]

Anhand der Theorie kann erklärt werden, dass sich durch eine steigende Interaktion zwischen Anbieter und Nachfrager die Transaktionskosten reduzieren und die Wechselkosten steigen.[240] Dazu gehören verminderte Such- und Vertragskosten, aber bei einer erfolgreichen Geschäftsbeziehung auch sinkende Überwachungs- und Durchsetzungskosten.

Auf den Massenmarkt angewendet, liegen keine Überwachungs- oder Durchsetzungskosten vor. Dies ist bei Dienstleistungen, wie beispielsweise Handwerkerleistungen, anders. Hier muss der Kunde sicherstellen, dass die Dienstleistungen in seinem Sinne ausgeführt werden. Lediglich Suchkosten sind im Massenmarkt Bestandteil der Kostenstruktur der Nachfrager. Sie stellen eine Hürde für die Entstehung einer Kunden-Anbieter-Beziehung dar. Hierbei steht

---

236 Vgl. Coase (1937).

237 Vgl. Williamson (1979).

238 Vgl. Matthes (2007), S. 19.

239 Vgl. Helm (2006), S. 108.

240 Vgl. Peter (2001), S. 93 ff.

vor allem die Vorteilhaftigkeit der Initiierung von Geschäftsbeziehungen im Fokus der Betrachtung.[241] Ferner erklären sie Wechselkosten, falls es adäquate Wettbewerber gibt, diese aber nicht bekannt sind oder der Wechsel zu anderen Kosten führt.[242]

Aus den vorangestellten Ansätzen der Neuen Institutionenökonomik können folgende Postulate für die **Anwendung auf den Massenmarkt** abgeleitet werden:

- Ein Bestandteil des Customer Perceived Value ist Informationssicherheit sowie niedrige Transaktionskosten in Form von niedrigen Suchkosten.
- Entstehung und Entwicklung von Zufriedenheit werden nicht erklärt.
- Mit wachsender Anzahl von Transaktionen können Transaktionskosten sinken und die Wechselkosten steigen, was teilweise die Entwicklung von Kundenbindung erklärt.
- Der Customer Lifetime Value kann gesteigert werden, wenn Signalling betrieben und dadurch Kunden gewonnen werden. Ein Mittel zur Erhöhung der Informationssicherheit ist der Aufbau und die Pflege einer starken Marke. Durch Minimierung der Transaktionskosten können auch Anbieter ihren kundenspezifischen Gewinn maximieren.

3.3 Ableitung des theoretischen Modells zum dualen Kundenwert im Massenmarkt

Im vorangegangenen Unterkapitel wurden einzelne Theorien auf ihre Anwendbarkeit auf die wesentlichen Beziehungen zwischen den Konstrukten der verkürzten Kette des Relationshipmarketing hin untersucht. Die Ergebnisse dieser Analyse fasst folgende Tabelle 8 zusammen:

---

241 Vgl. Picot (1982) und zur Anwendung im Marketing siehe Bromberger (2004), S. 44 ff.

242 Vgl. Henseler (2006), S. 65 ff. zu verschiedenen Arten von Wechselkosten.

Theorien	Beitrag zu Determinanten und Entstehung von: Customer Perceived Value	Kundenzufriedenheit	Kundenbindung	Customer Lifetime Value
Neoklassische Ansätze	- Gesamtnutzen abzüglich Opportunitätskosten	Kein Beitrag	Kein Beitrag	- Baustein des Unternehmensgewinns
Verhaltensorientierte psychologische Ansätze	- Nutzendimensionen (Performance, sozial) abzüglich Zeitverlust - Risiko mindert CPV - Marke erhöht CPV	- Positive Attribution erhöht Zufriedenheit	- Konditionierung des Kunden durch kognitives und affektives Lernen - Trägheit - Vermindertes Risiko - Verminderte Dissonanzen	Kein Beitrag
Verhaltensorientierte sozialpsychologische Ansätze	- Faires Verhältnis von Aufwand und Nutzen - Nutzen wird durch ökonomische, psychische und soziale Aspekte erklärt	- Zufriedenheit, wenn erwarteter Nutzen erfüllt ist - Empfundene Gerechtigkeit bei Austausch	- Comparison-Level besser als bei Wettbewerb - Vertrauen	- Faire Entlohnung auch des Anbieters in Form von monetären und nichtmonetären Elementen
Ansätze aus der Neuen Institutionenökonomik	- Suchkosten reduzieren CPV - Informationssicherheit wird angestrebt	Kein Beitrag	- Sinkende Transaktionskosten und steigende Wechselkosten in einer Beziehung	- Signalling durch Marke - Minimierung der Transaktionskosten

Tabelle 8: Beitrag wesentlicher Theorien zur Kunden-Anbieter-Beziehung im Massenmarkt
Quelle: eigene Darstellung.

Aus den bisherigen Überlegungen lassen sich somit folgende theoretische **Postulate** zur Beschreibung der Kunden-Anbieter-Beziehung und deren Dynamik ableiten:

- Kunden möchten ihren Nutzen maximieren und fragen Leistungen der Unternehmen nach.
- Der Nutzen der Kunden setzt sich aus ökonomischen und nicht-ökonomischen Bestandteilen zusammen.
- Kunden nehmen Nutzen und Kosten der Transaktion wahr.
- Kunden vergleichen die der Kern- und Zusatzleistungen anhand des Comparison-Levels.
- Kunden bewerten nach dem Erwerb die Leistung und vergleichen diese mit ihren Erwartungen. Ist die Erwartung erfüllt oder übertroffen, stellt sich Zufriedenheit ein.

- Falls Kunden mit der gebotenen Leistung zufrieden sind und der Comparison-Level besser ist als der der Wettbewerber, entscheiden sie sich für Folgetransaktionen.
- Aus diesen Folgetransaktionen entsteht eine Beziehung zum Unternehmen im Laufe der Zeit durch wiederholte Zufriedenheit, positive Lerneffekte, sinkendes wahrgenommenes Risiko, erhöhtes Vertrauen und steigende Wechselkosten.

Aus Sicht des Unternehmens gestaltet sich die Kette wie folgt:

- Unternehmen möchten den Gewinn maximieren und im Sinne des Shareholder-Value-Ansatzes den Beitrag des Kundenwerts steigern.
- Unternehmen sind bestrebt, eine faire Entlohnung für ihre angebotene Leistung zu erwirtschaften.
- Durch Kundenbindung können Transaktionskosten gesenkt und der Customer Lifetime Value gesteigert werden.

Insbesondere die verhaltensorientierten soziologischen Ansätze erklären die Dynamik und Ausgestaltung der Kunden-Anbieter-Beziehung. Dennoch sind die verhaltensorientierten psychologischen Theorien sehr hilfreich, um die Determinanten des Customer Perceived Value, der Kundenzufriedenheit und der Kundenbindung zu erklären. Somit ist kein Zweig verzichtbar für die Fundierung der hier betrachteten Beziehungen im Massenmarkt.

4 Methodische Grundlagen zur Modellierung und Effizienzmessung

Wie im vorigen Kapitel gezeigt, werden sowohl der CPV als auch der CLV theoretisch begründet und stützen sich dabei auf unterschiedliche Determinanten. Unternehmen können den CLV steigern, indem sie den CPV erhöhen. Dadurch werden Kundenzufriedenheit und Kundenbindung generiert.

Bevor ein Modell zur Steuerung des Marketings auf Basis des Kundenwerts definiert wird, müssen zunächst die dafür notwendigen Quantifizierungsmöglichkeiten des Kundenwertes aus Unternehmens- und Kundensicht aufgezeigt werden. Zusätzlich ist es notwendig, eindeutige Kriterien zur Bewertung der Verfahren voranzustellen, damit eine objektive Beurteilung der Eignung erfolgen kann.

Als erstes gilt es zu klären, welche **Kriterien für die Anwendbarkeit** der CPV- und CLV-Quantifizierungsmethoden im Massenmarkt aufzustellen sind.

Danach wird das Augenmerk auf die verfügbaren Methoden des **CPV** gerichtet. Es werden kompositionelle und dekompositionelle Verfahren unterschieden, die sich hinsichtlich ihrer Nutzenerhebungsart unterscheiden. Anschließend wird anhand der vorgestellten Kriterien analysiert, bei welchen Verfahren die Anwendbarkeit im Massenmarkt gewährleistet ist. Für das sich herauskristallisierende Verfahren der Strukturgleichungsmodellierung werden dann die notwendige Details zur Durchführung und Berechnung vorgestellt. Zudem werden Gütekriterien für die Beurteilung der Modellergebnisse diskutiert.

Im nächsten Schritt werden die Verfahren zur Beurteilung des **CLV** diskutiert. Auch hier muss zunächst die Bandbreite der gängigen Verfahren aufgezeigt und illustriert werden. Dabei werden zwei grundsätzliche Arten von Verfahren unterschieden: Verfahren zur direkten Prognose des Rohertrages und Verfahren zur Berechnung von Wahrscheinlichkeiten. Es gilt wieder anhand der vorangestellten Kriterien zu bewerten, welches Verfahren im Massenmarkt zur Analyse geeignet ist. Dabei wird zu erkennen sein, dass ein wesentlicher Faktor die Datenverfügbarkeit darstellt. Für das ausgewählte MBG/NBD-Verfahren werden die Grundlagen zur Modellierung ausführlich diskutiert und illustriert.

Ferner werden auch hier Kriterien zur Beurteilung der Prognosegüte vorgestellt.

Abschließend werden Verfahren der **Effizienzmessung** besprochen und ebenfalls anhand ihrer Anwendbarkeit im Massenmarkt beurteilt. Daraus ergibt sich die Notwendigkeit zur Durchführung von Experimenten, um Vergleichsfälle zu generieren. Es werden zuletzt Kriterien für die Validität von Experimenten definiert, die es bei der Entwicklung und Durchführung zu beachten gilt.

Die folgende Abbildung 12 gibt einen Überblick über die Herangehensweise in diesem Kapitel.

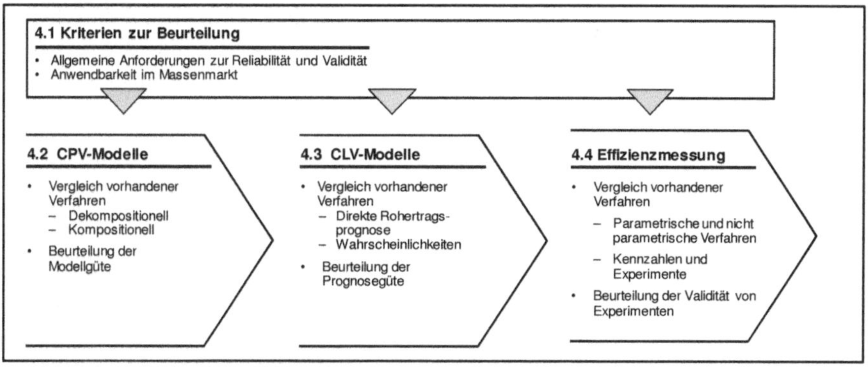

Abbildung 12: Vorgehen in Kapitel 4
Quelle: eigene Darstellung.

4.1 Definition von Kriterien zur Beurteilung der Quantifizierungsmethoden und Modelle

Im Unterkapitel 2.2 wurden nicht nur der CPV und der CLV vorgestellt, es wurde ebenfalls darauf verwiesen, dass diese auch dual betrachtet werden sollten, um die Effektivität und Effizienz des Marketings zu gewährleisten.[243] Dazu ist es notwendig, diese Größen quantitativ zu erfassen, wenn sie als Ba-

[243] Vgl. Abbildung 9.

sis der Marketingsteuerung und der Effizienzmessung dienen sollen. Bevor in den folgenden Abschnitten nun die Methoden dazu vorgestellt werden, sollen hier zunächst Kriterien für die Anwendung der Methoden im Massenmarkt definiert und begründet werden.

Ein quantitatives Modell muss den Anforderungen an Objektivität, Reliabilität und Validität gerecht werden. **Objektivität**[244] bedeutet hierbei, inwieweit die Ergebnisse von der anwendenden Person abhängen. Je stärker die Ergebnisse durch die Person beeinflusst werden, desto weniger objektiv ist das Modell. **Reliabilität** beschreibt die Zuverlässigkeit des Modells, d. h. wie groß die Varianz des Messfehlers ist.[245] Je größer die Varianz des Messfehlers, desto stärker schwanken die Ergebnisse und desto weniger reliabel ist das Modell. Schließlich bedeutet **Validität**, dass bei der Erhebung der Daten für das Modell kein systematischer Fehler vorliegt.[246]Je größer die systematische Abweichung des Modells ist, desto geringer ist die Validität.

Bezogen auf die Zielsetzung der Arbeit und die erarbeiteten Theorien ist es notwendig, die **kausalen Zusammenhänge** gemäß der Wirkungskette des Relationshipmarketing abzubilden. Folglich kann die Theorie nicht nur überprüft werden, vielmehr wird durch diese Art der Darstellung der Erfolgsbeitrag jeder Stufe herausgearbeitet.

Das Modell muss die **monetäre Bewertung** von Maßnahmen zur Effizienzmessung ermöglichen. Dabei darf es nicht nur auf die reine Unternehmenssicht im Sinne einer Erfolgskontrolle und des CLV beschränkt bleiben, sondern es soll ebenfalls die kundenseitigen Werttreiber anhand des CPV erfassen. Dies bedeutet implizit, dass das Modell sowohl eine **Anbieter- als auch eine Kundenperspektive** ermöglichen muss.

---

[244] Vgl. Boetsch (2008), S. 81.

[245] Vgl. Heidbrink (2006), S. 42.

[246] Vgl. Heidbrink (2006), S. 51. Dort wird die Validität noch feiner unterschieden in Inhaltsvalidität, Konstruktvalidität und Kriteriumsvalidität.

Ferner sollen die genutzten Verfahren eine **dynamische und zukunftsorientierte Perspektive** einnehmen und es dem Management ermöglichen, den Erfolg von Entscheidungsalternativen ex ante abzuschätzen und ex post zu bewerten.[247]

Das entwickelte Modell soll **wirtschaftlich und operationalisierbar** sein, damit der Aufwand für die Entwicklung, Implementierung und Anwendung durch die Erfolge in Form besserer Entscheidungen überkompensiert wird.[248] Insbesondere viele Methoden zur CLV-Quantifizierung finden keinen Eingang in die Praxis, weil sie sehr hohe Anforderungen an die Daten stellen und sehr komplex sind.[249]

4.2 Customer-Perceived-Value-Modelle und deren Quantifizierung

Die Messung des Customer Perceived Value stellt die größte Herausforderung dar. Da es sich dabei um einen Wert aus Kundensicht handelt, ist es per Definition für das Unternehmen schwierig, diesen zu erfassen. Dafür muss das Unternehmen Primärdaten erheben, denn der Customer Perceived Value wird nicht per se in internen Datenquellen, wie z. B. Buchhaltung und Kostenrechnungssystemen, erfasst. Die Erhebung von Primärdaten kann durch Beobachtung und Befragung erfolgen.[250]

Beobachtungen haben den Vorteil, dass Unternehmen nicht auf die Auskunftsbereitschaft der Kunden angewiesen sind und Sachverhalte erfasst werden können, die selbst den Testpersonen nicht bewusst sind.[251] Allerdings ist der große Nachteil von Beobachtungen, dass nur das Verhalten der Kunden abgefragt werden kann. Für eine Messung des Customer Perceived Value ist

247 Vgl. Schroeder (2006), S. 32.

248 Vgl. Schroeder (2006), S. 32.

249 Vgl. Gupta und Lehmann (2003).

250 Vgl. Kaya (2007), S. 51 ff.

251 Vgl. im Folgenden Sontakki und Sontakki (2010), S. 145.

diese Art der Datenerhebung nicht zielführend, weil vor allem die Einstellungen von Interesse sind.

Befragungen können aufgeteilt werden in solche qualitativer und quantitativer Art.[252] Beide Befragungsarten werden im kommenden Kapitel näher vorgestellt. Die folgende Abbildung 13 gibt einen Überblick über die hier diskutierten Verfahren:

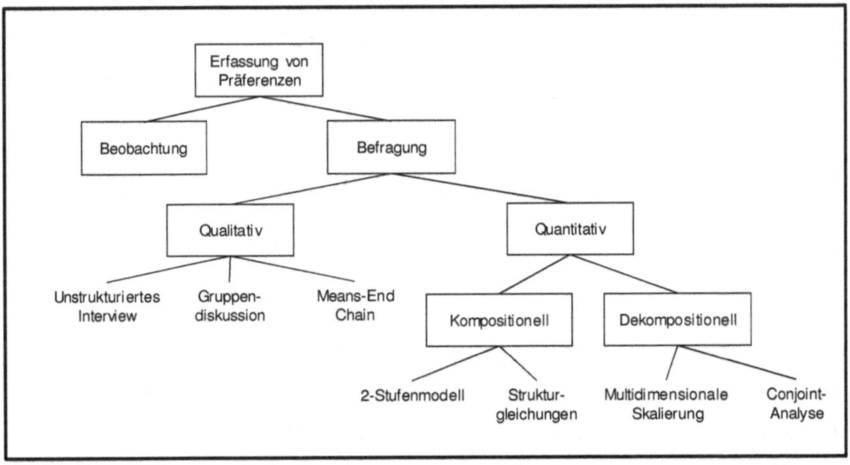

Abbildung 13: Erfassung von Kundenpräferenzen anhand von Befragungen
Quelle: eigene Darstellung.

4.2.1 Qualitative Verfahren zur Erhebung des CPV

Zu den **qualitativen Befragungsmethoden** gehören (un-)strukturierte Interviews und Gruppendiskussionen. Dabei sollen qualitative Aspekte abgefragt werden, die nicht ex ante bekannt sind und sich daher nicht in ein Schema überführen lassen.

Eine besondere Form von **unstrukturierten Interviews** zur Aufdeckung von Präferenzstrukturen ist die Means-End-Analyse. Mit dem **Means-End-Chain-**

252 Vgl. im Folgenden Kaya (2007), S. 49 ff.

Verfahren lassen sich für eine Befragung konkrete Bestandteile des Nutzens finden und operationalisieren. Das Means-End-Chain-Verfahren hat einen stark explorativen Charakter. Eine besonders intensiv genutzte Interviewtechnik ist das Laddering-Verfahren.[253] Dabei generieren Befragte eine Aussage über Produktattribute (z. B. "Ich bevorzuge Produkte mit geringem Fettgehalt"). Durch "warum"-Fragen werden die Konsequenzen hinter diesen Attributen ermittelt (z. B. "Weil diese weniger Kalorien haben", "Weil ich abnehmen möchte"). Schließlich werden die Werte hinter diesen Konsequenzen erfasst. (z. B. "Weil das sozial akzeptabler ist", "Weil mir das Selbstvertrauen gibt").[254]

Die folgende Tabelle 9 gibt eine Übersicht über ausgewählte Publikationen zur Bestimmung des Customer Perceived Value anhand des Means-End-Chain-Verfahrens:

Autor	Untersuchungsgegenstand	Industrie	Empirische Basis
Zeithaml (1988)	Preis, Qualität und Wert	Soft-Drink-Hersteller, USA	n = 30 Konsumentinnen
Wagner (2007)	Shopping-Motivation	Bekleidungseinzelhandel, USA	n = 40 Konsumenten
Lind (2007)	Einstellung gegenüber Schweinefleisch	Fleischindustrie, USA	n =127 Konsumenten
Boetsch (2008)	Produktgestaltung	Luftfahrtindustrie, Deutschland	n = 24 Kunden
Lee et al. (2010)	Involvement, Zufriedenheit, Loyalität	Einzelhandel, Japan	n = 34 Kundenkartenkunden

Tabelle 9: Ausgewählte Publikationen zum Means-End-Chain-Verfahren
Quelle: eigene Darstellung.

Für den Massenmarkt ist ein solches Verfahren durchaus geeignet. Auch wenn Anbieter in einem solchen Markt von weniger umfänglichen Bedürfnissen ausgehen, kann die Ableitung der Erkenntnisse aus dem Verfahren in die Marketingpraxis dennoch zielführend sein. Es können aus den Befragungen Implikationen für die Kommunikation und die Produktgestaltung gewonnen werden.

---

253 Vgl. Boetsch (2008), S. 77.

254 Vgl. Grunert (2010).

Gruppendiskussionen werden i. d. R. von einem Moderator durchgeführt. Dabei werden anhand vorbereiteter Themengebiete die Befragten animiert, eine Diskussion über bestimmte Leistungsmerkmale, Zielsetzungen oder Werte zu führen. Die Inhalte werden schriftlich dokumentiert und später ausgewertet. Daraus lassen sich dann Indikationen für die Präferenzen der Kunden ableiten.

In der Forschung werden qualitative Befragungen dieser Art oftmals als Vorstufe zu einer quantitativen Befragung genutzt, um das Forschungsgebiet besser einzugrenzen und Hypothesen für eine quantitative Befragung abzuleiten.[255] Für die Praxis eines Massenmarkts lassen sich aus solchen Interviews Erkenntnisse über die Marktpositionierung und die Wahrnehmung der Kunden gewinnen. So können bei solchen Befragungen Kunden danach gefragt werden, wie der Anbieter wohl aussähe, wenn er eine menschliche Person wäre. Versucht sich ein Anbieter beispielsweise als Technologieführer zu etablieren, so ist es hilfreich zu sehen, ob die Person des Anbieters als jung, internetaffin und dynamisch charakterisiert wird oder eher als jemand, der viel auf der Couch sitzt und Bücher liest. Daraus lassen sich Hinweise für eine verstärkte oder abgeänderte Kommunikation ableiten

4.2.2 Quantitative Verfahren zur Messung des CPV

Bei den **quantitativen Verfahren** werden standardisierte Fragebögen genutzt, um durch eine hohe Zahl von Befragten quantitative Auswertungen der Ergebnisse zu ermöglichen.[256] Es können sowohl standardisierte schriftliche Befragungen als auch mündliche Befragungen eingesetzt werden.[257]

Es existieren verschiedene quantitative Verfahren zur Bestimmung des Customer Perceived Value und seiner Bestandteile. Je nach Zielsetzung und Aufwand kann sich eine Anwendung unterschiedlicher Verfahren anbieten. Verfahren, die den unmittelbaren Nutzen und seine Komponenten messen, kön-

---

[255] Vgl. Kuß (2009), S. 141 ff, siehe auch Kapitel 3.1 zum logischen Empirismus.

[256] Vgl. Homburg und Krohmer (2006), S.66 ff.

[257] Zu Vor- und Nachteilen der Verfahren siehe Sontakki und Sontakki (2010), S. 142 ff.

nen aufgeteilt werden in Dekompositionsverfahren und Kompositionsverfahren.

4.2.2.1 Dekompositionsverfahren

Bei den **Dekompositionsverfahren** werden die Befragten aufgefordert, ein Gesamturteil über verschiedene Alternativen abzugeben. Aus diesem Gesamturteil wird dann der jeweilige Teilnutzen errechnet.[258] Gängige Verfahren sind die multidimensionale Skalierung und die Conjoint-Analyse.

Die **multidimensionale Skalierung (MDS)** ist ein strukturaufdeckendes Verfahren.[259] Dabei werden Objekte auf Basis ihrer Ähnlichkeiten in einem zwei- oder mehrdimensionalen Raum dargestellt. Befragte werden gebeten, Objektpaare nach ihrer Ähnlichkeit oder Unähnlichkeit zu bewerten.[260] Aus diesen Informationen wird eine (Un-)Ähnlichkeitsmatrix berechnet. Diese lässt sich dann in eine Graphik überführen, die Objekte mit großer Ähnlichkeit nah beieinander und Objekte mit niedriger Ähnlichkeit voneinander entfernt darstellt.

Autor	Untersuchungsgegenstadt	Industrie	Empirische Basis
Sinha und DeSarbo (1998)	Markenwahrnehmung	Automobilindustrie	n = 95 Studenten
Schenkman (2002)	Wahrgenommene Ähnlichkeiten von Präferenzen	Elektrogeräte	n =36 Befragte
Cunningham et al. (2009)	Vergleich von Selbstbedienungsservices	Diverse Servicebereiche	n =282 Studenten und n =180 Studenten

Tabelle 10: Ausgewählte Publikationen zur multidimensionalen Skalierung
Quelle: eigene Darstellung.

Ähnlich wie die qualitativen Befragungen ermöglichen Analysen mittels des MDS einen Vergleich der Marken-Positionierung und des Angebots zum Wettbewerb. Rückschlüsse daraus können auch in einem Massenmarkt zum Image und zur Positionierung getroffen werden. Dies ermöglicht es dem Ma-

---

258 Vgl. Trommsdorff et al. (1980).

259 Vgl. im folgenden Backhaus et al. (2008), S. 535 ff.

260 Eine weitere Unterscheidungsart gibt es hinsichtlich der Art der Objekrelation: Ähnlichkeitsskalierung und Präferenzskalierung. Siehe dazu Gutsche (1995), S. 103 ff.

nagement, die Ausgangslage besser einzuschätzen und Strategien zu entwickeln. Beispielsweise könnte ein Anbieter mit Absatzproblemen und einer hochpreisigen Premiumstrategie anhand der MDS erkennen, dass er von den Kunden eher mit Niedrigpreisanbietern verglichen wird. Diese Erkenntnis kann dazu führen, entweder die Premiumstrategie zu ändern oder diese besser zu kommunizieren, damit diese auch vom Markt aufgenommen wird.

Die andere und in Forschung und Praxis vorherrschende Form der Präferenzbefragung ist die **Conjoint-Analyse**.[261] Sie gehört zu den strukturprüfenden Verfahren.[262] Die Befragten werden nach unterschiedlichen Objekteigenschaften befragt und aus ihrem Auswahlverhalten lassen sich "*[...] die relative Bedeutung bzw. das Gewicht der Produktmerkmale und der Nutzenbeitrag der Ausprägung dieser Merkmale individuell bestimmen.*"[263] Aufbauend auf einem hinreichend großen Sample kann dann eine Segmentierung der Befragten vorgenommen werden oder aber auf Basis der Wahlwahrscheinlichkeiten eine Wahlanteilssimulation bei Veränderung bestimmter Attribute durchgeführt werden.[264]

Folgende Tabelle gibt eine Übersicht über ausgewählte Publikationen zur Präferenzbestimmung anhand der Conjoint-Analyse:

Autor	Untersuchungsgegenstadt	Industrie	Empirische Basis
Voeth (2000)	PKW-Kauf	Autoindustrie	n = 83 Befragte
Heinonen (2004)	Zeit und Ort im Servicekontext	Online-Bank	n = 40 Studenten, n = 37 Kunden
Kleijnen et al. (2004)	Mobilfunk	Telekommunikation	n = 99 Befragte
Garcia et al. (2007)	Weinkauf	Weinproduzent	n = 2.255 Konsumenten
Boetsch (2008)	Produktgestaltung	Luftfahrtindustrie	n = 682 Fluggäste

Tabelle 11: Ausgewählte Publikationen zur Conjoint-Methode
Quelle: eigene Darstellung.

---

261 Vgl. Kuß (2009).

262 Vgl. Backhaus et al. (2008), S. 11.

263 Voeth (2000), S. 31.

264 Vgl. Heidbrink (2006), S. 37 ff.

In einem Massenmarkt kann die Conjoint-Analyse eingesetzt werden, um die Preisbereitschaft der Kunden abzufragen. Allerdings ist die Methode nur begrenzt verwendbar, weil sie unterschiedliche Ausprägungen der Leistung erfordert. Geht man aber von sehr homogenen Produkten in dem Markt aus, ist das Potenzial relativ begrenzt. Können jedoch Zusatzleistungen angeboten werden oder hat ein Anbieter die Möglichkeit, aufgrund eines Effizienzfortschritts in der Produktion seine Preise zu senken, kann er mithilfe der Ergebnisse der Conjoint-Analyse abschätzen, wie sich sein Marktanteil ändern würde. Ferner lässt sich aus dem postulierten Absatzerfolg die Wirtschaftlichkeit einer solchen Strategieveränderung berechnen.

4.2.2.2 Kompositionsverfahren

Bei **Kompositionsverfahren** werden die Befragten aufgefordert alle Merkmale einer Alternative einzeln zu bewerten. Der Gesamtnutzen setzt sich dann aus der Summe der erhobenen Teilbewertungen zusammen.[265]

Das **2-Stufen-Modell** ist ein häufig eingesetztes Verfahren zur Bestimmung des Nutzens aus der Familie der Kompositionsverfahren. Dabei werden die Befragten nach der Wichtigkeit und nach der Beurteilung der Ausprägung in Bezug auf das zu bewertende Objekt befragt. Aus dem Produkt dieser beiden Werte ergibt sich der subjektive Nutzen. Die Summe dieser Teilwerte ergibt dann den subjektiven Gesamtnutzen.[266]

Autor	Untersuchungsgegenstadt	Industrie	Empirische Basis
Ulaga und Chacour (2001)	Tradeoff zwischen Preis und Qualität	Chemie	n = 36 Informanten
Hundacker (2005)	Duales CLV-Modell für Telefonanbieter	Telekommunikation	n = 996 Mobilfunknutzer

Tabelle 12: Ausgewählte Publikationen zum 2-Stufen-Modell
Quelle: eigene Darstellung.

Eine weitere, bewährte und häufiger eingesetzte Methode ist die Nutzung von **Strukturgleichungsmodellen**. Diese Verfahren haben ebenfalls kompositori-

---

265 Vgl. Trommsdorff et al. (1980).

266 Vgl. Heidbrink (2006), S. 23 ff.

schen Charakter, weil dem Befragten einzelne Merkmale zur Bewertung vorgegeben werden. Mithilfe simultaner Regressionsanalysen wird die Beziehung zwischen einzelnen Konstrukten, die sich aus den bewerteten Merkmalen ergeben, überprüft. Das Verfahren gehört daher zu den strukturprüfenden Verfahren.[267] Dabei können Determinanten und Dimensionen zur Bestimmung des Customer Perceived Value bestimmt werden.[268]

Die Bestimmung des Kundennutzens anhand von Strukturgleichungsmodellen und die Wirkung des Kundennutzens auf die wesentlichen Treiber der Relationshipmarketing-Kette wurden schon in einer Vielzahl von Publikationen untersucht.

Die folgende Tabelle 13 gibt eine Übersicht über ausgewählte Arbeiten seit dem Jahr 2000:

267 Vgl. Backhaus et al. (2008), S. 11.

268 Vgl. Wachter (2006).

Autor	Untersuchungsgegen-stadt	Industrie	Verfah-ren	Empirische Ba-sis
Kashyap und Bojanic (2000)	Determinanten des CPV, Kaufabsichten	Hotelindustrie, B2C	KFA	n = 265 Ge-schäftskunden, n = 179 Privat-kunden
Eggert und Ulaga (2002)	CPV, Zufriedenheit und Kaufabsichten	B2B, branchenüber-greifend	KFA	n = 301 Ein-kaufsmanager
Chen und Dubinsky (2003)	Determinanten des CPV, Kaufabsichten	Online-Handel	Multiple Regres-sion	n = 110 Studen-ten, Befragung
Spiteri und Dion (2004)	Determinanten des CPV, Zufriedenheit, Kaufabsicht	Tiermedizin, B2B	KFA	n = 220 Veteri-närmediziner
Ball et al. (2004)	Determinanten des CPV, Kaufabsichten	Banken, B2C	PLS	n = 2.826 Kunden
Durvasula et al. (2004)	CPV, Zufriedenheit und Kaufabsichten	Lebensversicherun-gen, B2C	KFA	n = 213 Befragte
Yang und Peterson (2004)	CPV, Zufriedenheit und Kaufabsichten, Wechsel-kosten	Online-Service, B2C	KFA	n = 235 Befragte
Wang et al. (2004)	Determinanten und Dimen-sionen des CPV, Wirkung auf Zufriedenheit und Kun-denbindung	Sicherheitsdienst	PLS	n = 320 Kunden
Liu et al. (2005)	Determinanten des CPV, Zufriedenheit und Kaufab-sichten, Wechselkosten	Zeitarbeitsfirmen, B2B	KFA	n = 295 Kunden
Wachter (2006)	Determinanten und Dimen-sionen des CPV, Wirkung auf Zufriedenheit und Kun-denbindung	Autoindustrie, B2C	KFA	n = 656 Befragte
Vogel (2006)	Dimensionen des CPV, Wirkung auf Zufriedenheit und Kundenbindung	Baumarkt, B2C	KFA	n = 5.694 Kunden, Befragung + Transaktionen
Blut (2008)	Einfluss von Wechselkosten auf die Kundenbindung	Baumarkt und Finanz-dienstleistungen, B2C	KFA	n = 5.694 Kunden; n = 474 Kunden
Fuchs (2010)	Determinanten der Kun-denzufriedenheit und Wir-kung auf Kundenbindung	Textileinzelhandel, B2C	KFA	n = 305 Kunden

Tabelle 13: Ausgewählte Publikationen zu Strukturgleichungsmodellen
Quelle: eigene Darstellung.

Bereits aus der Fülle der Anwendungen lässt sich erkennen, dass diese Form der Quantifizierung eine breite Anerkennung in der Wirtschaftswissenschaft findet. Eine explizite Anwendung von Strukturgleichungsmodellen im Massenmarkt ist ebenfalls sehr sinnvoll. Daraus lässt sich, wie in dieser Arbeit noch zu sehen sein wird, die Wirkungskette des Relationshipmarketing validieren und man kann daraus Hinweise für Maßnahmen ableiten.

4.2.3 Strukturgleichungsmodelle zur Quantifizierung des CPV im dualen Modell

Im Folgenden werden die wichtigsten Verfahren zur Bestimmung von Präferenzen und die Erfüllung der Anforderungskriterien dieser Arbeit verglichen.

	Multidimensionale Skalierung	**Conjoint-Analyse**	**2-Stufen-Modell**	**Strukturgleichungsmodelle**
Zielsetzung	- Erkennen von Ähnlichkeiten von Marken oder Produkten	- Ermittlung Gesamtpräferenzen - Ableitung Teilnutzen	- Ermittlung Teilpräferenzen - Ableitung Gesamtnutzen	- Kausalen Zusammenhang zwischen Teilnutzen und Gesamtnutzen überprüfen
Vorgehen	- Paarweiser Vergleich von Objekten anhand verschiedener Merkmale - Berechnung der Ähnlichkeit und Visualisierung	- Vergleich von Nutzenbündeln und Ableitung von Teilwerten daraus - Basis für Segmentierung oder Wahlanteilsimulation	- Bewertung Wichtigkeit und Ausprägung einzelner Attribute eines Objektes - Summierung über Produkt von Wichtigkeit und Ausprägung	- Beurteilung von Attributen - Bündelung von Attributen zu latenten Konstrukten - Überprüfung des Zusammenhangs der Konstrukte
Beurteilung der Analysemethode				
- Validität	+	+	0	+
- Reliabilität	+	+	0	+
- Objektivität	0	+	+	+
Beurteilung im Hinblick auf die Ziele der Arbeit				
- Kausale Zusammenhänge	-	-	-	+
- Monetäre Bewertung	-	+	+	0
- Anbieter- und Kundenperspektive	-	-	-	0
- Dynamisch und zukunftsorientiert	-	+	-	+
- Wirtschaftlich, operationalisierbar	+	+	+	+
"+" voll erfüllt, "0" teilweise erfüllt, "-" nicht erfüllt				

Abbildung 14: Bewertung von Methoden zur Berechnung des Customer Perceived Value
Quelle: eigene Darstellung.

Es lässt sich festhalten, dass insbesondere Strukturgleichungsmodelle geeignet sind, um die Wirkung des CPV auf Kundenzufriedenheit, Kundenbindung und CLV zu überprüfen.

Die multidimensionale Skalierung kann valide und reliabel durchgeführt werden, hat aber den großen Nachteil, dass die Ergebnisse des Verfahrens stark vom Beobachter interpretiert werden müssen. Das reduziert die Objektivität. Ferner können keine kausalen Zusammenhänge oder dynamischen Prognosen mit diesem Verfahren durchgeführt werden.

Das 2-Stufen-Modell ermöglicht eine einfache und kostengünstige Umsetzung. Jedoch müssen schon ex ante alle Faktoren bekannt sein. Ferner ist eine Überprüfung der Reliabilität der Ergebnisse nur schwer möglich. Es kann durch den kompositiorischenen Charakter zu Überbewertungen einzelner Determinanten kommen. Zudem ist die Umsetzung nicht dynamisierbar und kann keine kausalen Zusammenhänge abbilden.

Conjoint-Analysen eignen sich hervorragend, um die relative Wichtigkeit der CPV-Dimensionen zu bestimmen. Insbesondere der dekompositorische Charakter ermöglicht hohe Reliabilität und Validität. Die Interpretation der Ergebnisse ist aufgrund mathematischer Formeln objektiv. Die Conjoint-Analyse ermöglicht somit z. B. sehr gute Aussagen über Preissensibilität und Preisbereitschaft. Jedoch sind eine Übertragung der Ergebnisse und die Wirkung der Dimensionen auf die Kundenzufriedenheit nur schwer möglich.

In dieser Arbeit werden Strukturgleichungen zur Quantifizierung des dualen CPV/CLV-Modells gewählt. Dieses Verfahren ermöglicht die Überprüfung von kausalen Zusammenhängen und kann durch die Integration der Kundenbindung als wesentliche Determinante des CLV eine kombinierte Betrachtung der Kunden- und Anbieterperspektive ermöglichen. Die Nachteile des kompositorischen Charakters können durch objektive Reliabilität- und Validitätsmaße kontrolliert werden.

4.2.3.1 Grundlagen von Strukturgleichungsmodellen

Zunächst sollen die mathematischen Grundlagen von Strukturgleichungsmodellen dargestellt werden, um später geeignete Beurteilungskriterien abzuleiten.

Strukturgleichungsmodelle bestehen zum einen aus einem **Strukturmodell**, das im Wesentlichen den Zusammenhang zwischen nicht direkt messbaren Konstrukten beschreibt, und **Messmodellen,** die den Zusammenhang zwischen den manifestierten Indikatoren und den latenten Konstrukten beschreiben.[269]

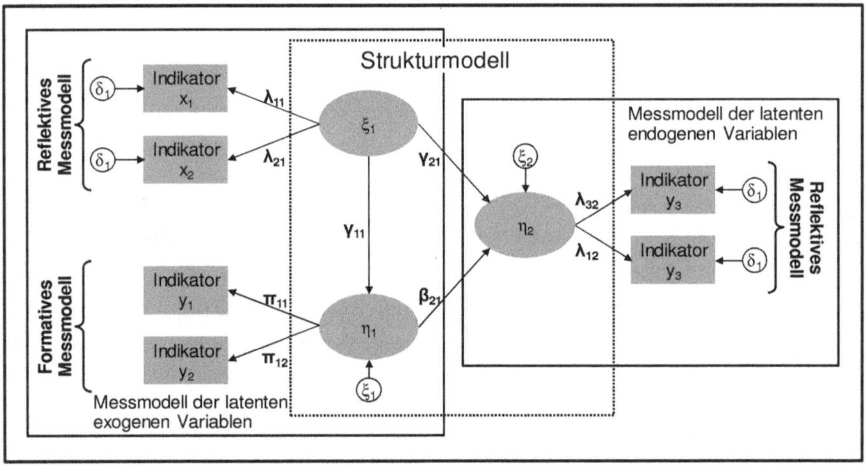

Abbildung 15: Einfaches Pfaddiagramm

Quelle: Götz und Liehr-Gobbers (2004), S. 716.

Eine latente Variable ist ein Konstrukt, das sich i. d. R. nicht direkt messen lässt. Einige Beispiele aus dem Relationshipmarketing sind Vertrauen und Zufriedenheit. Man unterscheidet zwischen "endogenen" und "exogenen" Konstrukten.[270] Endogene Konstrukte sollen durch das Modell beschrieben wer-

[269] Vgl. Backhaus et al. (2008), S. 514.

[270] Vgl. Jahn (2007).

den und sind im Prinzip die Zielvariable des Verfahrens. Exogene Konstrukte werden herangezogen, um die endogenen Variablen zu erklären.

Strukturgleichungsmodelle gehören zur Klasse der strukturüberprüfenden Verfahren. Mit Strukturgleichungsmodellen will man in erster Linie die empirische Bestätigung von theoretischen Kausalzusammenhängen erreichen. Die theoretisch abgeleiteten Kausalzusammenhänge umfassen mindestens ein endogenes (zu erklärendes) Konstrukt und ein exogenes (erklärendes) Konstrukt.

Die Konstrukte können **formativer** und **reflektiver** Natur sein. Man geht von einem reflektiven Konstrukt aus, wenn es durch verschiedene miteinander korrelierte Indikatoren beschrieben wird. Bei einem formativen Konstrukt geht man davon aus, dass dieses durch die einzelnen Indikatoren direkt bestimmt wird. So verändert sich durch einen Wechsel in der Höhe eines Indikators auch sofort der Wert des Konstrukts. Beim reflektiven Fall ist die Wirkungsrichtung demnach genau umgekehrt. Das Konstrukt wird durch die Indikatoren manifestiert und somit kann nur eine Veränderung des Konstruktes zu Änderungen der Indikatoren führen.[271]

---

[271] Vgl. Homburg und Giering (1996).

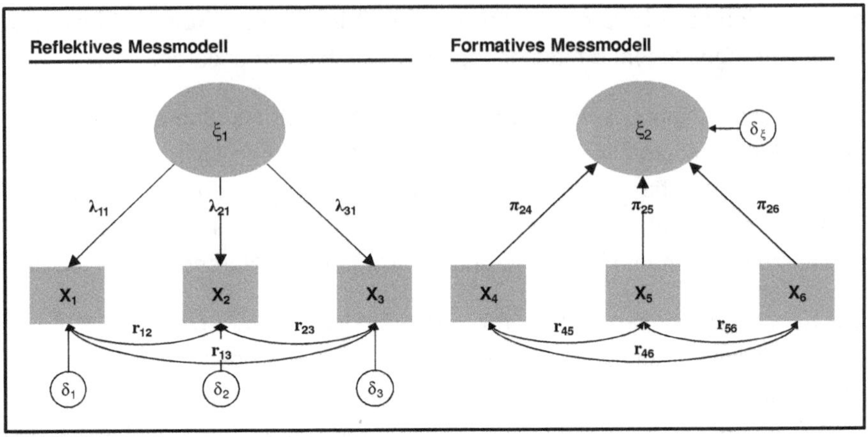

Abbildung 16: Reflektive und formative Messmodelle
Quelle: Götz und Liehr-Gobbers (2004), S. 717.

Es existieren zwei Verfahren zur Quantifizierung von Strukturgleichungsmodellen.[272]

Die erste Gattung sind **kovarianzbasierte Verfahren**, die durch konfirmatorische Faktorenanalyse (KFA) die Mess- und Strukturmodelle einer Überprüfung unterziehen. Kovarianzbasierte Verfahren haben den Vorteil, dass sie Maße zur Bestimmung des Gesamt-Fits zur Verfügung stellen.[273] Als Nachteil erweist sich jedoch, dass sie eine relativ hohe Anzahl von Fällen benötigen, um valide Ergebnisse zu liefern. Zudem sind die kovarianzbasierten Verfahren nur fähig, reflektive Messmodelle abzubilden.[274] Die gängigen Softwarepakete für die Kovarianzbasierten Verfahren sind LISREL (Linear Structural Relationships) und AMOS (Analysis of Moment Structures).

Die andere Gattung von Strukturgleichungsmodellen sind **Partial-Least-Square**-Verfahren (PLS). Diese Verfahren basieren auf einem Algorithmus,

---

272 Vgl. Ringle (2004b).

273 Vgl. Götz und Liehr-Gobbers (2004).

274 Vgl. Ringle (2004b); unter ganz bestimmten Voraussetzungen können formativ gemessene Konstrukte in eine KFA eingebunden werden, siehe dazu Homburg und Klarmann (2006).

der eine Sequenz von Regressionsgleichungen durchführt.[275] Die PLS-Ansätze ermöglichen die Messung formativer Konstrukte und können – obwohl kein Gesamt-Fit-Index vorliegt – anhand verschiedener Kriterien bewertet werden.[276] PLS-Ansätze werden mithilfe der Software SmartPLS implementiert.

Im Folgenden werden die Gütekriterien des PLS-Modells vorgestellt und die Mindestanforderungen an ein PLS-Modell erläutert.[277] Dies ist notwendig, damit die Grundlagen für die Nutzung des Modells im empirischen Teil gelegt sind.

4.2.3.2 Beurteilung von PLS-Pfadmodellen

Bei der Bewertung von PLS-Modellen werden zunächst die Konstrukte einzeln bewertet. Dann wird das Strukturmodell an sich bewertet. Abschließend werden alle Gütemaße gemeinsam betrachtet, um ein finales Urteil über die Gesamtmodellgüte zu treffen.

Die **reflektiven Messmodelle** werden anhand verschiedener Gütekriterien bewertet: Cronbachs Alpha, Faktorreliabilität und durchschnittliche erfasste Varianz.

Zunächst wird **Cronbachs Alpha** zur Beurteilung der inneren Validität der Faktoren betrachtet. Es stellt ein Maß für die Reliabilität einer Gruppe von Indikatoren dar, indem es die interne Konsistenz der Indikatoren eines Faktors misst.[278] Der Koeffizient berechnet sich aus:

(4-1) $$\alpha = \frac{k}{k-1}\left(1 - \frac{\sum_{i=1}^{k}\sigma_i^2}{\sigma_t^2}\right)$$

---

[275] Vgl. Henseler et al. (2009) zu Details des Algorithmus .

[276] Für die Anwendung der PLS-Verfahren spricht auch die Vielzahl von Publikationen im Marketing, die den PLS-Ansatz nutzen. Für eine Übersicht siehe Henseler et al. (2009).

[277] Vgl. Ringle (2004a).

[278] Vgl. Homburg und Giering (1996).

wobei k für die Anzahl der Indikatorvariablen steht, σ_i^2 für die Varianz des i-ten Faktors und σ_t^2 für die Varianz der Summe aller Indikatoren des Faktors. "*Es stellt den Mittelwert aller Korrelationen dar, die sich ergeben, wenn die dem Faktor zugeordneten Indikatoren auf alle möglichen Arten in zwei Hälften geteilt und die Summe der jeweils resultierenden Variablenhälften anschließend miteinander korreliert werden.*"[279] Dieses Maß gibt demnach an, wie homogen die Varianz der Indikatoren eines Faktors ist.

Die **Faktorreliabilität** ist ebenfalls ein Maß für die interne Konsistenz eines Faktors und beurteilt die Beziehung dieses Faktors zu den ihm zur Erklärung dienende Indikatoren. Der Koeffizient wird mit folgender Formel berechnet:

$$\rho_c = \frac{(\sum \lambda_i)^2}{(\sum \lambda_i)^2 + \sum_i var(\delta_i)} \quad (4\text{-}2)$$

wobei λ_i die Ladung zwischen Faktor und Indikator ist und sich $var(\delta_i)$ über $1 - \lambda_i^2$ definiert. Je größer der Wert ist, desto stärker werden die Items durch den Faktor erklärt.

Die **durchschnittliche erfasste Varianz** (**DEV**) oder im Englischen Average Variance Extracted (AVE) wird zur Beurteilung der Faktorreliabilität und Diskriminanzvalidität herangezogen. Die Varianz eines Indikators sollte zu mindestens 50 % vom Faktor erklärt werden.

$$\boldsymbol{DEV} = \frac{\sum \boldsymbol{\lambda_i}^2}{\sum \boldsymbol{\lambda_i^2} + \sum_i \boldsymbol{var(\delta_i)}} \quad (4\text{-}3)$$

wobei auch hier λ_i die Ladung zwischen Faktor und Indikator ist und sich $var(\delta_i)$ über $1 - \lambda_i^2$ definiert.

Die **Diskriminanzvalidität auf Basis der DEV** kann mithilfe der DEV berechnet werden. Dazu vergleicht man die DEV der latenten Variablen mit dem Quadrat der Korrelation zwischen den latenten Variablen. Die DEV sollte dabei

[279] Homburg und Giering (1996), S. 8.

immer größer sein, was daraufhin deutet, dass mehr Varianz innerhalb eines Indikatorblockes geteilt wird als außerhalb des Indikatorblockes.

Zusätzlich kann die **Diskriminanzvalidität auf Basis der Indikatoren der latenten Variablen** bestimmt werden. Dazu vergleicht man die Korrelation der Indikatoren der latenten Variablen mit Indikatoren, die anderen Faktoren zugeordnet sind. Die Faktorladungen innerhalb der latenten Variablen sollten größer sein als die Faktorladungen der anderen Indikatoren.

Die **formativen Messmodelle** werden ebenfalls anhand verschiedener Gütekriterien bewertet. Grundsätzlich aber kann aufgrund des formativen Charakters weder eine Indikatorkorrelation noch eine Reliabilitätsprüfung durchgeführt werden.[280]

Die Überprüfung erfolgt auf Basis der **Höhe und Signifikanz der äußeren Gewichte**. Je mehr sich der Betrag der Gewichte an den Wert eins annähert, desto größer ist der Effekt auf den Faktor. Die Signifikanz der Indikatoren kann durch den t-Test überprüft werden und sollte das übliche Kriterium von mindestens 5 % erfüllen.

Ferner wird überprüft, ob die einzelnen Indikatoren Multikollinearität aufweisen. Darüber gibt der **Variance Inflation Factor** (VIF) Auskunft.[281] Dieses Maß errechnet sich aus:

(4-4) $$VIF_j = \frac{1}{1 - R_j^2}$$

Das R_j^2 beschreibt den Anteil der erklärten Varianz des j-ten unabhängig gesetzten Indikators, der durch die übrigen Indikatoren erklärt wird. Werte größer als 10 werden gemeinhin als kritisch angesehen.[282]

280 Vgl. Götz und Liehr-Gobbers (2004).

281 Vgl. Nitzl (2010).

282 Vgl. Nitzl (2010).

Abschließend wird das **Strukturmodell** bewertet. Dazu dienen einige aus der Regressionsanalyse bekannte Maße: R^2, Pfadkoeffizienten und Stone-Geisser-Kriterium.

Für jede endogene latente Variable wird zunächst das Bestimmtheitsmaß $\mathbf{R^2}$ ausgewiesen und interpretiert. Der Wertebereich liegt zwischen 0 und 1 und gibt darüber Auskunft, welcher Anteil der Varianz des Konstruktes durch die exogenen Variablen erklärt wird.

Die **Effektstärke** ist eine auf dem Bestimmtheitsmaß basierende Größe. Sie gibt an, wie groß der Einfluss einer exogenen Variable auf die endogene Variable ist. Sie wird berechnet, indem das Modell einmal mit der exogenen und einmal ohne die exogene Variable gerechnet wird.

(4-5) $$f^2 = \frac{R^2_{incl} - R^2_{excl}}{1 - R^2_{incl}}$$

Im gleichen Schritt untersucht man die **Pfadkoeffizienten** zwischen den latenten Konstrukten. Diese geben die Stärke des Einflusses einer latenten Variablen auf eine andere latente Variable an. Die vollkommene Korrelation beider Variablen ist bei einem Wert von eins anzunehmen. In der Regel wird ab einem Wert von >0,1 von einem substanziellen Zusammenhang gesprochen.

Die **Schätzrelevanz** oder auch das **Stone-Geisser-Kriterium** wird auf Basis des Blindfolding-Verfahrens berechnet. Dabei wird zunächst die Quadratsumme der Prognosefehler E_k berechnet. Dann wird die Differenz aus geschätztem Wert und Mittelwert der verbleibenden Daten aus der Blindfolding-Prozedur O_k berechnet.[283] Beide Werte werden anschließend durch einander geteilt:

(4-6) $$Q^2 = 1 - \frac{\sum_k E_k}{\sum_k O_k}$$

[283] Vgl. zu Blindfolding Chin (1998).

Anschließend werden die einzelnen Pfadkoeffizienten auf Signifikanz getestet. Dazu wird eine Bootstrapping-Prozedur durchgeführt, deren Ergebnis die **t-Statistiken** für die einzelnen Pfade sind.[284]

Die einzelnen vorgestellten Maße und deren Wertebereich werden in nachstehender Tabelle 14 zusammengefasst:

Bereich	Maß	Wertebereich
Reflektives Messmodell (Faktorreliabilitä und Diskriminanz-validität)	Faktorreliabilität	>0,6
	Cronbachs Alpha	>0,7
	Durchschnittliche erfasste Varianz (DEV)	>0,5
	Diskriminanzvalidität: nach Fornell und Larcker	DEV latenter Variablen größer als Quadrat der Korrelation zischen den latenten Variablen
	Diskriminanzvalidität	Korrelation zwischen Faktorwerten latenter Variablen höher als Korrelation zu nicht dem Faktor zugeordneten manifesten Variablen
Formatives Messmodell	Signifikanz äußerer Gewichte und Signifikanz der t-Statistik	Werte nahe 1 und -1, siehe t-Statistik Pfadkoeffizienten
	Varianzinflationsfaktor	<10
Strukturmodell	Bestimmtheitsmaß R^2	>0,67 "substanziell" >0,33 "durchschnittlich" >0,19 "schwach"
	Effektstärke	>0,35 "großer Einfluss" >0,15 "mittlerer Einfluss" >0,02 "geringer Einfluss"
	Pfadkoeffizient	>0,1 "signifikant" nach Lohmöller >0,2 "signifikant" nach Chin
	Schätzrelevanz (Q^2)	>0
	t-Statistik der Pfadkoeffizienten (bei n > 100 und einem einseitigen Test)	>1,29 zu 10 % >1,67 zu 5 % >2,37 zu 1 %

Tabelle 14: Gütemaße zur Beurteilung eines Kausalmodells mit dem PLS-Ansatz
Quelle: in Anlehnung an Ringle (2004a).

Damit sind nun die Grundlagen zur Modellierung des CPV gelegt. Es wurde argumentiert, dass sich Strukturgleichungsmodelle und insbesondere das PLS-Modell zur Erfüllung der Forschungsziele am besten eignen. Danach

---

284 Vgl. zu Details des Bootstrapping-Verfahrens Henseler et al. (2009).

wurden die Grundlagen von PLS-Modellen erörtert und Maße zur Beurteilung dieser Modelle vorgestellt.

4.3 Customer-Lifetime-Value-Modelle und deren Quantifizierung

In diesem Kapitel werden Methoden und Modelle zur Quantifizierung des Customer Lifetime Value vorgestellt und bewertet. Wie bereits im Unterkapitel 2.2.3 gezeigt, wird in der sachlichen Dimension zwischen dem monetären Wert und dem nichtmonetären Kundenwert unterschieden. Die Berechnung kann zudem der zeitlichen Dimension nach zukunfts- vs. vergangenheitsorientiert erfolgen. Ferner können je nach objektbezogener Ebene Einzelkunden, Kundensegmente oder der Kundenstamm als Basis dienen. Letztlich kann die Berechnung statisch oder dynamisch vorgenommen werden.[285]

Für die Betrachtung des Kundenwertes aus Anbietersicht im Massenmarkt zeigte sich, dass eine **zukunftsorientierte Bewertung** der Kunden am sinnvollsten erscheint. Denn nur so kann das Management Entscheidungen vorbereiten und treffen.

Der monetäre und der nichtmonetäre Wert können zum einen den Status quo der Beziehung beschreiben und eine Prognose über den künkftigen Wert liefern, zum anderen aber als Grundlage der Effizienzmessung dienen. Für die Messung der Effizienz von Marketingmaßnahmen ist aber lediglich die **monetäre Größe** relevant. Die Effizienz stellt, wie bereits beschrieben, Input und Output in ein Verhältnis. Wird der Input primär durch die entstandenen Kosten determiniert, muss der Output anhand der entstandenen Erlöse gemessen werden, um zu einer Effizienzaussage zu gelangen. Somit werden vor allem die monetären Wertbeiträge des Kunden berücksichtigt.

In einem Massenmarkt mit einer großen Anzahl von Einzelkunden kann das Objekt der Bewertung nur der **Kundenstamm** oder **aggregierte Kunden-**

---

285 Vgl. für eine detaillierte Auflistung von Verfahren zur Kundenwertberechnung Schneider (2007), S. 27.

segmente sein. In einem Massenmarkt ist die Kommunikation mit dem Einzelkunden oder die Individualisierung des Leistungspakets stark eingeschränkt. Daher bietet sich eine Segmentbetrachtung an. Verfahren zur Kundenbewertung beziehen sich zwar in der Regel auf den Einzelkunden, können aber ebenso auf ein Kundensegment oder den Kundenstamm bezogen werden, in dem der **durchschnittliche CLV** pro Kunde berechnet wird. Durch Multiplikation mit der Anzahl aller Kunden im Segment ergibt sich damit automatisch eine Kundensegmentbewertung.[286] Daher kann im Rahmen dieser Arbeit weiterhin der Begriff CLV verwendet werden.[287] Es wird aber die Bewertung des durchschnittlichen CLV auf Segmentebene angestrebt.

Um der Forderung der Dynamik und der Zukunftsorientierung zu genügen, werden im Folgenden nur **dynamische Verfahren** betrachtet.[288] Damit entfallen statische traditionelle Verfahren, wie z. B. die Loyalitätsleiter, Portfoliomodelle, die ABC-Analyse, die einfache periodenbezogene Kundenbewertung oder das RFM-Modell.[289]

4.3.1 Berechnungsmethoden für den monetären Kundenwert

Betrachtet man die Literatur zu Modellen zur Berechnung des Customer Lifetime Value, findet sich mittlerweile eine schier unüberschaubare Vielzahl von Publikationen zu Methoden und Ansätzen.[290] Alle monetären, dynamischen, zukunftsorientierten Modelle in der Literatur gehen auf den gleichen Grundge-

---

286 Vgl. Kumar und George (2007) und Steiner (2008), S. 13 zur Unterscheidung von Verfahren auf Einzelkunde-, Segment- oder Kundenstammebene.

287 Es sollen zunächst alle Methoden zur Bewertung von Kunden betrachtet werden. Erst im letzten Schritt wird für den konkreten Fall der Anwendung im Massenmarkt ein geeignetes Verfahren anhand der hier diskutierten Kriterien ausgewählt.

288 Vgl. Kapitel 4.1

289 Vgl. Schroeder (2006), S. 38 ff. Das RFM-Modell ist ein Scoringverfahren, bei dem Kunden nach ihrem letzten Einkauf (Recency), ihrer Einkaufsfrequenz (Freuency) und ihrem generierten Umsatz (Monetary Value) in Gruppen eingeteilt werden.

290 Vgl. Steiner (2008), S. 11 ff.

danken zurück. Es soll der künkftige Rohertrag des Kunden prognostiziert werden.[291]

Die bislang entwickelten Methoden zur CLV-Berechnung unterscheiden sich jedoch deutlich und lassen sich in zwei Hauptkategorien einteilen: **Methoden zur Prognose von Einkaufswahrscheinlichkeiten** und **Methoden zur direkten Prognose der zu erwartenden Roherträge.**[292] Ferner wird unterschieden, welche Detailtiefe der Daten diese Verfahren nutzen können oder voraussetzen: die reine Kaufhistorie oder auch weitere Daten wie z. B. Demographika.

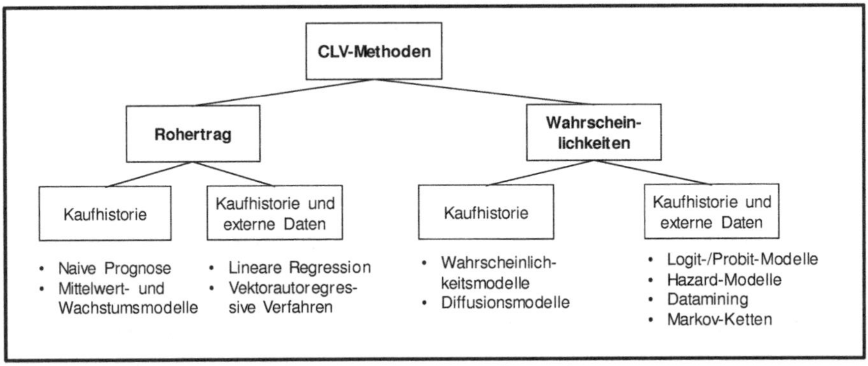

Abbildung 17: Methoden zur Bestimmung des CLV
Quelle: eigene Darstellung.

Zum besseren Verständnis kann der künkftige Rohertrag in seine Bestandteile aufgeteilt werden. Es müssen nicht nur die Anzahl und der Zeitpunkt der künkftigen Transaktionen prognostiziert werden, sondern auch der monetäre Wert der Transaktionen sowie die zu erwartenden Kosten aus Unternehmens-

---

291 Vgl. Berger und Nasr (1998). In englischsprachigen Veröffentlichungen wird die "Contribution Margin" (und nicht der Cashflow) als wesentlicher Input verwendet. Insbesondere im B2C-Markt ist eine Unterscheidung zwischen diesen Größen nicht undbedingt notwendig, da diese i. d. R. zusammenfallen.

292 Vgl. Gupta et al. (2006), dort wird eine Einteilung vorgenommen nach "RFM Models", "Probability Models", "Econometric Models", "Persistence Models", "Computer Science Models" und "Diffusion/Growth Models"; eine weitere Übersicht liefern Kumar und George (2007).

sicht. Die Grundform des CLV lässt sich damit mathematisch wie folgt beschreiben:

(4-7) $$\boldsymbol{CLV = \sum_{t=0}^{T} \frac{1}{(1+d)^t} E_t\, P_t}$$

Dabei gilt:

$E_t = U_t - K_t$, Rohertrag des Kunden in t (Deckungsbeitrag)

U_t, Umsatz des Kunden in t

K_t, direkt zuordenbare Kosten des Kunden in t

d, Diskontierungsfaktor p. a. in %

P_t, Wahrscheinlichkeit, dass der Kunde zu dem Zeitpunkt t aktiv ist und eine Transaktion tätigt

T, Anzahl der betrachteten Perioden

Der Umsatz muss um die Generierungskosten bereinigt werden. Dazu gehören bei verkauften Produkten die Stückkosten pro Einheit. In einem Serviceumfeld können z. B. noch die Höhe der Kosten für die direkte Kundenansprache oder die Bearbeitungskosten für den Service berechnet werden. In einem Massenmarkt sind vor allem die Rohmargen der gekauften Produkte von Interesse. Soll eine Berechnung auf Kundesegmentebene erfolgen, kann die Bewertung mittels der durchschnittlichen Roherträge und Wahrscheinlichkeiten pro Segment vorgenommen werden.

4.3.1.1 Methoden zur direkten Prognose der zu erwartenden Roherträge

Die einfachste Vorgehensweise zur CLV-Modellierung basiert auf Methoden zur direkten Prognose der zu erwartenden Roherträge. Anhand dieser Modelle werden historische Entwicklungen zur Prognose linear fortgeschrieben. Dabei wird implizit angenommen, dass die Wahrscheinlichkeit für künkftige Roherträge $P_t = 1$ für alle t ist. Beispielhaft sei hier die Arbeit von Böhrs erwähnt, die eine einfache Fortschreibung des Status quo auf Basis abgefragter historischer Umsätze in die Zukunft vornimmt.[293]

4.3.1.1.1 Mittelwert- und Wachstumsmodelle

Eine erste, sehr einfache Form der Modellierung ist die Bildung eines **Mittelwertes** auf Basis der vergangenen *m* Perioden und die Fortschreibung des Wertes für die nächste Periode $t + 1$. Ein solcher dynamischer Mittelwert liefert eine Approximation des künkftigen Wertes auf Basis der historischen Zeitreihe.

(4-8) $$\boldsymbol{E_{t+1} = \frac{1}{m+1} \sum_{i=t-m}^{t} E_i}$$

Dabei hängt die Prognosegüte entscheidend von der Anzahl der historischen Perioden *m* ab. Dadurch können auch saisonale Effekte geglättet werden. Mit Paneldaten lässt sich so z. B. der CLV eines Kunden bis zu seinem Ableben anhand von Kohorten berechnen.[294] Allerdings kann damit nur für wenige künftige Perioden eine dynamische Prognose erfolgen. Soll für einen Zeitpunkt $t > m$ der Rohertrag prognostiziert werden, bleibt der Wert konstant und der dynamische Aspekt greift nicht mehr.

Wachstumsmodelle prognostizieren auf Basis historischer Werte einfache Trends in die Zukunft. Schneider benutzt den Mittelwert der historischen Kauffrequenz pro Kunde als Basis zur Prognose. Dieser Mittelwert wird dann anhand eines Umsatz-Wachstumsfaktors in die Zukunft fortgeschrieben.[295] Dies stellt eine Kombination des Mittelwert- und Wachstumsmodells dar.

293 Vgl. Böhrs (2004), S. 155.

294 Vgl. Rödl (2010), S. 138.

295 Vgl. Schneider (2007), S. 141.

Autor	Untersuchungsgegenstand	Industrie	Empirische Basis
Gupta und Lehmann (2003)	CLV-Abschätzung durch Annahmen zur Kundenbindungsrate und zum Rohertragswachstum	Online-Handel, Bank	Gesamtanzahl Kunden pro Quartal; t = 5 Jahre
Schneider (2007)	CLV abhängigvom Alter und Familienstand des Kunden	Automobil	n = 624 Kunden, t = 2 Jahre
Rödl (2010)	CLV abhängig vom Alter des Kunden	Konsumgüter	n = 17.000 Haushalte (GfK-Panel), t = 2 Jahre

Tabelle 15: Ausgewählte Arbeiten zur Mittelwert- und Wachstumsmodellen

Quelle: eigene Darstellung.

4.3.1.1.2 Lineare Regression

Die nächste Stufe dieser Modellierungsart ist die **lineare Regression.**[296] Dabei wird der Wert in $t+1$ ebenfalls anhand der historischen Werte der m vergangenen Perioden berechnet. Der Rohertrag in der Zukunft kann dann direkt anhand der Gleichung prognostiziert werden:

$$\boldsymbol{E_{t+1} = \alpha + \sum_{i=t-m-1}^{t-1} \beta_i E_i + \varepsilon} \qquad (4\text{-}9)$$

Dabei gilt:

E_i, Rohertrag des Kunden zum Zeitpunkt t

α, konstantes Glied

β_i, Koeffizienten der linearen Regression

m, Anzahl historischer Perioden

ϵ, Fehlerterm

Gupta et al. verwenden den historischen Mittelwert als Prognose für den künftigen Rohertrag, weil sie keine systematische Veränderung des Rohertrages

296 Vgl. Backhaus et al. (2008), S. 51 ff. zu Details der linearen Regression.

pro Kunde in den betrachteten Zeiträumen erkennen können.[297] Zur Überprüfung, ob ein Trend vorliegt, wird eine Regression auf die Roherträge abhängig von der Zeit gerechnet.

Donkers et al. nehmen eine einfache Regression auf Basis der vergangenen Perioden vor und zeigen, dass diese Modellierung für den Fall einer Versicherung eine hohe Prognosegüte aufweist.[298]

Autor	Untersuchungsgegenstand	Industrie	Empirische Basis
Malthouse und Blattberg (2005)	Vergleich zwischen Regressionsmodellen, CLV abhängig von RFM und Kundencharakteristika	Service, B2B, Katalogversand, Non-Profit	n = 71.381 Kunden, t = 4 Jahre; n = 24.047 Kunden, t = 7 Jahre; n = 41.669 Kunden, t = 6 Jahre; n = 191.779 Spender, t = 4 Jahre
Donkers et al. (2007)	Rohertrag in abhängig von der Vorperiode	Versicherung	n = 30.000 Kunden, t = 6 Jahre
Kumar et al. (2008b)	Höhe des Rohertrags im CLV-Modell	IT-Industrie	n = 35.000 Kunden, t = 6 Jahre

Tabelle 16: Ausgewählte Arbeiten zur linearen Regression

Quelle: eigene Darstellung.

4.3.1.1.3 Vektorautoregressive Verfahren

Zusätzlich zur reinen Historie der Rohertragsdaten lassen sich **externe erklärende Faktoren** betrachten, die Einfluss auf das künkftige Einkaufsverhalten haben können. Diese Klasse von recht komplexen Modellen sind Vektorautoregressive (**VAR**) Modelle. Diese kombinieren historische Daten einer Zeitreihe mit externen Daten, die die Zeitreihe beeinflussen und bilden zusätzlich die Interaktion der Zeitreihen miteinander ab.[299]

---

[297] Vgl. Gupta et al. (2004), allerdings wird in dem Ansatz nicht nur der Ertrag modelliert, sondern anhand einer Diffusionsmodells auch die Anzahl der Kunden.

[298] Vgl. Donkers et al. (2007), allerdings ist dies ein Fall, in dem konkrete Verträge zwischen Anbieter und Kunde vorliegen, und daher ist die Anwendbarkeit im Massenmarkt limitiert. Mehr dazu siehe Kapitel 4.3.1.2.3

[299] Vgl. Winker (2002), S. 218.

Die einfachste Form eines VAR-Modells ist das folgende Modell VAR(1) mit zwei endogenen Variablen Y_1 und Y_2 und dem Einbezug einer Vorperiode:

(4-10) $$\begin{pmatrix} Y_{1,t} \\ Y_{2,t} \end{pmatrix} = \begin{pmatrix} \alpha_{1,0} \\ \alpha_{2,0} \end{pmatrix} + \begin{pmatrix} \alpha_{1,1} & \alpha_{1,2} \\ \alpha_{2,1} & \alpha_{2,2} \end{pmatrix} \begin{pmatrix} Y_{1t-1} \\ Y_{2t-1} \end{pmatrix} + \begin{pmatrix} \varepsilon_{1,t} \\ \varepsilon_{2,t} \end{pmatrix}$$

Dabei gilt:

$Y_{j,t}$, Wert der endogenen Variable *j* zum Zeitpunkt *t*

$\alpha_{j,o}$, konstantes Glied der Variable *j*

$\alpha_{j,i}$, Koeffizient, der die Wirkung der Variable *i* aus dem Zeitpunkt *t* - 1 auf die Variable *j* zum Zeitpunkt *t* beschreibt

$\epsilon_{j,t}$,, Fehlerterm der Variable *j* zum Zeitpunkt *t*

Diese Gleichungsform beschreibt, dass beide endogenen Variablen sowohl von ihrem eigenen Wert der Vorperiode als auch von dem Wert der anderen Variable aus der Vorperiode abhängen. Die Parameter des Modells werden dann mit der Kleinsten-Quadrate-Methode geschätzt.

Villanueva et al. nutzen die VAR Modellierung, um den Effekt unterschiedlicher Kundengewinnungsstrategien, wie Direktansprache und Word-of-Mouth (WOM), auf den Unternehmenswert eines Internetportals zu modellieren.[300] Die endogenen Variablen sind dort der $Y_{1,t}$= Anzahl gewonnener Kunden durch Firmenaktionen, $Y_{2,t}$ = Anzahl gewonnener Kunden durch WOM und $Y_{3,t}$= Anzahl Kundenlogins als Annährung für den CLV der Kunden. Es zeigt sich anhand der Koeffizienten, dass durch WOM gewonnene Kunden langfristig doppelt so häufig die Online-Plattform nutzen und somit einen höheren Kundenwert aufweisen.

300 Vgl. Villanueva et al. (2008).

Autor	Untersuchungsgegenstand	Industrie	Empirische Basis
Villanueva et al. (2008)	Wertbeitrag von Kunden abhängig von Akquisitionskanal	Online-Plattform	Internetnutzung n = 2.151 Kunden, t = 6 Jahre
Luo (2008)	Einfluss von negativem Word-of-Mouth auf den Unternehmenswert	Luftfahrtindustrie	Öffentliche Daten auf Monatsbasis, t = 6 Jahre

Tabelle 17: Ausgewählte Arbeiten zur VAR Methode

Quelle: eigene Darstellung.

Die Anzahl der Variablen und Perioden kann zwar theoretisch beliebig erhöht werden, jedoch führt dies unweigerlich zu einer hohen Komplexität des Rechenvorganges. Ferner bedarf es sehr langer und lückenloser Zeitreihen aller betrachteten Variablen, damit die Berechnung signifikante Werte liefert. Diese Modellart wird noch sehr wenig genutzt, weil sie sehr aufwändig ist.[301]

4.3.1.2 Methoden zur Prognose von Einkaufswahrscheinlichkeiten

Während die vorangegangenen Modelle direkt den Rohertrag modellieren, beantwortet die Gruppe der Methoden zur Prognose von Einkaufswahrscheinlichkeiten die Frage, mit welcher Wahrscheinlichkeit Kunden in Zukunft auch weiterhin Kunden sein werden. Der Vorteil dieser Modellgruppe ist, dass die Annahmen der linearen Zusammenhänge gelockert werden. Allerdings können diese Methoden keine Aussage über die Höhe des Transaktionsertrages treffen.

Die Wahrscheinlichkeit des Eintritts einer Transaktion ist jedoch eine wesentliche Determinante des CLV. Wie in Formel (4-8) zu sehen ist, ist der CLV direkt durch P_t, die Wahrscheinlichkeit, dass der Kunde zu dem Zeitpunkt t aktiv ist und eine Transaktion tätigt, determiniert. Je größer diese Wahrscheinlichkeit ist, desto höher wird der CLV ausfallen. Eine niedrige Transaktionswahrscheinlichkeit bedeutet im Umkehrschluss eine niedrige Kundenbindungsrate und führt unweigerlich zu einem niedrigen CLV.

[301] Vgl. Steiner (2008), S. 37.

4.3.1.2.1 Logit- und Probit-Modelle

Die ersten Modelle, die von der Herangehensweise mit den Regressionsmodellen große Gemeinsamkeiten aufweisen, sind **Logit-/Probit-Modelle**. Dabei werden ebenfalls interne und externe Faktoren definiert, die als erklärende Faktoren die Akquisitions- oder die Wiederkaufswahrscheinlichkeit eines Kunden beschreiben sollen.[302]

Logit-Modelle unterstellen eine logistische Funktion für die nicht beobachtbare Wahrscheinlichkeitsverteilung der latenten Variable P_t^*.[303] Probit-Modelle nehmen eine Standardnormalverteilung als Basis der Wahrscheinlichkeit für das Ereignis.[304]

Die Wahrscheinlichkeit für den Erfolg einer Kundenakquisition oder den Eintritt eines Ereignisses, wie z. B. einer Transaktion, lässt sich anhand des Logit-/ Probit-Modells wie folgt beschreiben:

(4-11)
$$\boldsymbol{P_t^*} = \boldsymbol{\alpha} + \textstyle\sum_{i=1}^{k} \boldsymbol{\beta_i X_i} + \boldsymbol{\varepsilon}$$
$$\boldsymbol{P_t} = \begin{cases} \mathbf{1\ für}\ \boldsymbol{P_t^*} > 0 \\ \mathbf{0\ für}\ \boldsymbol{P_t^*} \leq \mathbf{0} \end{cases}$$

Dabei gilt:

P_i, Wahrscheinlichkeit für den Eintritt eines Ereignisses

P_i^*, Wert der latenten Variable

X_i, Wert der exogenen Variable *i*

α, konstantes Glied

β_i, Regressionskoeffizient der *i*-ten Variable

---

302 Vgl. Reinartz et al. (2005) für eine Anwendung des Probit-Modells und Lewis (2005) für die Andwendung des Logit-Modells.

303 Vgl. Backhaus et al. (2008), S. 249.

304 Vgl. Szczesny und Kaiser (2002), S. 365.

ϵ_t Fehlerterm der Variable j zum Zeitpunkt t

k, Anzahl exogener Variablen

Sowohl bei Lewis als auch bei Reinartz liefern diese Modelle gute Prognosewerte. Allerdings ist die Modellierung sehr aufwändig, weil für jeden Zeitpunkt eine eigene Schätzung durchgeführt werden muss. Dies kann in einem langen Zeitraum zu einem sehr hohen Rechenaufwand führen.

Autor	Untersuchungsgegenstand	Industrie	Empirische Basis
Thomas (2001)	Probit-Modell für Akquisition und Kundenbindungswahrscheinlichkeit abhängig von Produktkategorien und Historie	Luftfahrtindustrie (Piloten-Services)	n = 2.300 Piloten
Rust et al. (2004b)	Logit-Modell zur Prognose von Wechselmatrix auf Basis Befragung	Elektronikhandel und Mietautos, Einzelhandel, Luftfahrtindustrie	n = 137; n = 118; n = 100
Reinartz et al. (2005)	Probit-Modell für Akquisition und Kundenbindungswahrscheinlichkeit abhängig von Unternehmensaktionen und Kunden-Historie	B2B Hightech	n = 2.908 Kunden, t = 4 Jahre
Lewis (2005)	Logit-Modell zur Prognose von Abschlüssen abhängig von Unternehmensaktionen (Preisänderungen, Werbung)	Zeitungsabonnements	n = 1.578 Kunden
Leone et al. (2006)	Logit-Modell zur Markenwahl	Keine Anwendung	-

Tabelle 18: Ausgewählte Arbeiten zur Logit- und Probit-Methode

Quelle: eigene Darstellung.

Rust et al. nutzen die Ergebnisse einer Kundennefragung, um den CLV anhand eines Logit-Modells zu berechnen. Als exogene Variablen dienen dort Einstellungen zur Qualität, Preis, Marke und die Beziehung zum Anbieter. Das Probit-Modell schätzt die Wirkung unterschiedlicher Ausprägungen auf die gewählte Marke. Der CLV eines Kunden für einen Wettbewerber ergibt sich dann aus der Wechselwahrscheinlichkeit multipliziert mit der zu erwartenden Höhe der Transaktion.

4.3.1.2.2 Hazard-Modelle

Hazard-Modelle stammen ursprünglich aus dem Bereich der Biologie und der Medizin. Sie modellieren die Sterberate eines Samples und den Sterbezeitpunkt von Individuen in diesem Sample.[305] Anhand von Hazard-Modellen wird die Zeit bis zum Eintritt eines Ereignisses (z. B. des Todes eines Individuums) gemessen.

Für *F(t)* die Wahrscheinlichkeit für den Eintritt des Ereignisses gilt:

(4-12) $$\boldsymbol{F(t) = \int_0^t f(s)ds = \mathrm{P}(T \leq t)}$$

Dabei gilt:

$f(s)$,	Dichtefunktion der zugrunde gelegten Zufallsvariable
T,	Zeitpunkt, an dem das Ereignis eintritt
t,	eine Realisierung von T
$\mathrm{P}(T \leq t)$,	Wahrscheinlichkeit, dass das Ereignis eintritt

Die Survivorfunktion *S(t)* gibt die Wahrscheinlichkeit an, dass das Individuum zu einem Zeitpunkt *t* noch lebt. Somit gilt:

(4-13) $$S(t) = P(T \geq t) = 1 - F(t).$$

Die Hazard-Funktion oder auch Hazard-Rate $\lambda(t)$ beschreibt die Wahrscheinlichkeit, dass ein Individuum zu einem Zeitpunkt *t* nicht mehr lebt, für den Fall dass es bis zum Zeitpunkt *t* gelebt hat.

(4-14) $$\boldsymbol{\lambda(t) = \frac{f(t)}{S(t)}}$$

Bezüglich der Hazardfunktion können unterschiedliche Verteilungsannahmen getroffen werden. Bolton nimmt beispielsweise eine exponentielle Verteilung

---

305 Vgl. Cox (1972).

an und modelliert damit die Wahrscheinlichkeit, dass ein Kunde zu einem Zeitpunkt *t* noch Kunde bei einem Serviceanbieter ist.[306] Venkatesan und Kumar nutzen eine verallgemeinerte Gammaverteilung zur Modellierung des Zeitraums zwischen zwei Einkäufen.[307]

Eine Anwendung auf Kohorten nimmt Schweidel vor, um unterschiedliche Effekte (wie z. B. Heterogenität der Kunden oder saisonale Effekte) auf die Höhe der Hazard-Rate zu modellieren.[308]

Autor	Untersuchungsgegenstand	Industrie	Empirische Basis
Bolton (1998)	Dauer der Kundenbeziehung abhängig von Zufriedenheit, Demographika und Nutzungsverhalten	Mobilfunk	n = 599 Kunden, t = 22 Monate
Reinartz und Kumar (2003)	Kombination von Pareto/NBD-Modell und Hazardrate um Lebensdauer abhängig von Kundencharakteristika und Einkaufsverhalten zu schätzen	Katalogversandhandel	n = 11.992 Haushalte, t = 3 Jahre
Venkatesan und Kumar (2004)	Modellierung CLV abhängig von Kundencharakteristika und Kommunikationsverhalten	B2B Hightech	n = 2.189 Kunden, t = 5 Jahre
Lewis (2006)	Einfluss von Discounts auf Kundenbindung	Zeitungsabonnements, Online-Handel	n = 2.862 Kunden, t = 13 Monate
Venkatesan et al. (2007)	Einfluss von Kommunikation und historischem Kaufverhalten auf künftigen CLV	B2B Hightech	n = 448 Kunden, t = 7 Jahre
Boehm (2008)	Einfluss von Internet-Nutzung auf CLV	Bank	n = 2.059, t = 2 Jahre
Schweidel et al. (2008)	Modellierung der Kundenbindung abhängig von Kohorteneigenschaften	Telekommunikation	t = 29 Monate
van den Bulte und Iyengar (2011)	Abhängigkeit der Prognosegüte in Hazard-Modellen von Datenqualität	Simulation	Simulationswerte

Tabelle 19: Ausgewählte Arbeiten zu Hazard-Modellen

Quelle: eigene Darstellung.

Mithilfe des Hazard-Modells kann jedem Kunden anhand seiner Historie und exogener Variablen, wie beispielsweise der Demographika, eine individuelle Lebensdauer zugeordnet werden. Auf Basis der Gleichung (4-7) können dann

306 Vgl. Bolton (1998).

307 Vgl. Venkatesan und Kumar (2004) und Venkatesan et al. (2007).

308 Vgl. Schweidel et al. (2008).

erwartete Roherträge und die erwartete Lebensdauer zu einem CLV vereint werden.

Hazard-Modelle sind zwar im Prinzip fähig, die Dauer einer Beziehung zu modellieren, benötigen jedoch zur Erklärung exogene Faktoren. Falls diese nicht vorliegen, gestaltet sich eine Modellierung sehr schwierig. Ferner erreichen sie bei diversen Verteilungsannahmen schnell eine hohe Komplexität, die die Anwendbarkeit der Modelle in der Praxis stark einschränkt.

4.3.1.2.3 Wahrscheinlichkeitsmodelle

Während die Hazard-Modelle die Dauer, bis ein Ereignis eintritt (bspw. eine Transaktion oder das Beenden der Geschäftsbeziehung), betrachten, modellieren **Wahrscheinlichkeitsmodelle** die Gesamtanzahl der Transaktionen in einem vorgegebenen Zeitraum. Diese Modellfamilie fasst eine Reihe mathematischer Modelle zusammen, die unterschiedliche Annahmen bezüglich der Eigenschaften des Vertragsverhältnisses und der Zeitintervalle zugrunde legen.[309]

Zunächst wird nach dem vorliegenden **Vertragstypus** unterschieden. So liegen z. B. bei Telekommunikationsanbietern Vertragslaufzeiten vor, was eine größere Aussagekraft über die Anzahl der Kunden zu einem Zeitpunkt ermöglicht. Liegt kein Vertragsverhältnis vor, wie z. B. bei einem Einzelhändler, ist die Aussage über die Anzahl der Kunden zu einem spezifischen Zeitpunkt schwierig. Das gilt natürlich auch für die Prognose der Kundenanzahl.

In einem Vertragsfall beantworten Modelle also die Frage, wie wahrscheinlich es ist, dass ein Kunde auch in Zukunft wieder ein Kunde sein wird. Über die Anzahl der Transaktionen wird keine Aussage getroffen. Diese ist im Vertragsfall auch nicht notwendig. Die Zielgrößen des Modells sind somit eine Kundenbindungsrate und eine Exit-Rate. Modelle im Nichtvertragsfall modellieren nicht nur die Kundenbindungs-Rate und Exit-Rate, sondern geben zusätzlich

---

[309] Vgl. Fader und Hardie (2009).

noch an, wie viele Transaktionen in Zukunft von dem Kunden zu erwarten sind.

Der zweite Unterscheidungspunkt ist die Art der **Zeitintervalle** zwischen den Einkäufen. Ist es für den Kunden jederzeit möglich einzukaufen, spricht man von einer "stetigen" Verteilung (wie z. B. bei Einzelhändlern). Gibt es jedoch nur feste Zeitpunkte für Einkäufe/Vertragsverlängerungen, wird von "diskreten" Zeitintervallen gesprochen.

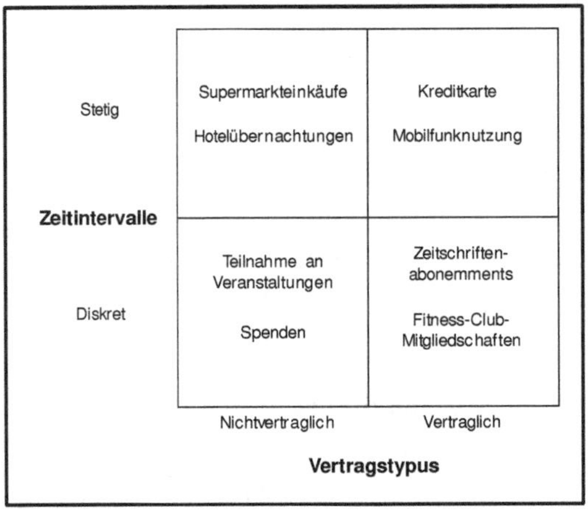

Abbildung 18: Systematisierung der Kundenbasis
Quelle: Fader und Hardie (2009), S. 63.

Für die Modellierung dieser Bereiche müssen unterschiedliche Verfahren verwendet werden. Für den diskreten Nichtvertragsfall werden BG/BB-Modelle empfohlen.[310] Im diskreten Vertragsfall wird das Shifted-BG-Modell empfohlen[311] und im stetigen Vertragsfall wird das EG-Modell empfohlen.[312]

---

310 Vgl. Fader et al. (2010) zum Beta-Geometric/Beta-Binomial-Modell (BG/BB).

311 Vgl. Fader und Hardie (2007) und Fader und Hardie (2010) zum shifted-Beta-Geometric(sBG)-Modell.

312 Vgl. Fader und Hardie (2006), S. 176 ff. zum Exponentiell-Gamma(EG)-Modell, welches im Kern ein Hazard-Modell ist.

Am häufigsten beschäftigen sich jedoch Wissenschaftler und Praktiker mit dem stetigen Nichtvertragsfall, der insbesondere charakteristisch für Konsumgütermärkte ist. Hier werden **NBD-Modelle**[313] zur Untersuchung des Kundenstamms und der CLV-Prognose eingesetzt.

Die Gruppe dieser Modelle bildet i. d. R. lediglich die Wahrscheinlichkeit ab, dass ein Kunde in Zukunft Transaktionen tätigen wird. Dazu zählen das Pareto/NBD-Modell[314], das BG/NBD-Modell[315] und das MBG/NBD-Modell.[316] Zur Schätzung dieser Modelle werden nur wenige Informationen pro Kunde benötigt: die Anzahl der Transaktionen x (Frequency), der Zeitpunkt der letzten Transaktion (Recency) t_x und der Zeitraum seit der ersten Transaktion T.

Allen drei Modellen ist gemeinsam, dass sie folgende Annahmen bezüglich des Transaktionsprozesses zugrunde legen[317]:

- Solange ein Kunde aktiv ist, folgt die Anzahl der Transaktionen $X(t)$ in einem Zeitraum t einem Poisson-Prozess mit der Transaktionsrate λ.

(4-15) $$P\,(X(t) = x|\,\lambda) = \frac{(\lambda t)^x e^{-\lambda t}}{x!}$$

Das bedeutet, dass die Wahrscheinlichkeit, dass der Kunde in t aktiv ist und genau x Transaktionen tätigt, von der Transaktionsrate λ abhängt. Dabei nimmt die Wahrscheinlichkeit durch den Nenner mit steigender Anzahl von x deutlich ab.

- Die Heterogenität der Transaktionsrate λ auf die Population ist Gamma-verteilt mit den Parametern r und α.

(4-16) $$g(\lambda|\,r,\alpha) = \frac{\alpha^r \lambda^{r-1} e^{-\alpha\lambda}}{\Gamma(r)}$$

---

313 NBD steht für Negative Binomial Distribution und beschreibt die Verteilungsannahme.

314 Weitere Details zum Pareto/NBD-Modell in Schmittlein et al. (1987), Krafft (2002), S. 91.

315 Vgl. Fader et al. (2005b); BG steht für Beta Geometric und beschreibt die Verteilungsannahme.

316 Vgl. Batislam et al. (2007); MBG steht für Modified Beta Geometric.

317 Vgl. für die Herleitung der Annahmen Fader und Hardie (2006), S. 22 ff.

Durch den negativen exponentiellen Term im Zähler fällt mit steigendem λ der Wert der Funktion rapide ab. Während durch das α die Höhe der Verteilung determiniert wird, beschreibt das r die Form der Kurve. Eine fallende Kurve ($r < 1$) deutet auf viele Kunden mit einer niedrigen Transaktionsrate hin, während eine umgekehrt u-förmige Kurve ($r > 1$)auf eher homogene Transaktionsraten über alle Kunden schließen lässt. Demnach ist $CV_P = \frac{1}{\sqrt{r}}$ ein Maß für die Heterogenität der Transaktionsrate über alle Kunden.

- Für ein zufällig ausgewähltes Individuum ist die Verteilung der Transaktionen gegeben durch:

(4-17)
$$P(X(t) = x |\, r, \alpha)$$
$$= \int_0^\infty P(X(t) = x \mid \lambda) g(\lambda) d\lambda = \frac{\Gamma(r+x)}{\Gamma(r)x!}\left(\frac{\alpha}{\alpha+t}\right)^r \left(\frac{t}{\alpha+t}\right)^x$$

welche negativ binomial verteilt ist (im Englischen Negative Binomial Distribution, NBD)

Für beide Klammern rechts gilt, dass ihre Werte mit jeweils steigendem r oder x deutlich abnehmen. Ein $r < 1$ bewirkt auch hier, dass die erste Klammer einen Wert nahe 1 aufweist und somit das Produkt nicht beeinflusst. Zudem wird ein kleines α den Wert der Klammer rechts minimieren – unabhängig vom x. Letztlich beeinflusst das r im linken Term die Höhe der Gesamtwahrscheinlichkeit am stärksten.

Für die Berechnung der Parameter wird die Likelihood-Schätzfunktion genutzt. Doch zuvor muss noch der Prozess, nach dem Kunden inaktiv werden, modelliert werden. Alle drei Modelle gehen davon aus, dass Kunden, die keine Transaktionen mehr tätigen, "sterben" und nicht mehr zurückkehren. Dies wird als sogenannte "Lost-for-good"-Annahme bezeichnet. Die drei Modelle unterscheiden sich bezüglich der Annahmen, wie dieser Exit-Prozess modelliert wird.

Das **Pareto/NBD-Modell** nimmt an, dass ein Kunde die Beziehung zum Unternehmen jederzeit nach einem Einkauf beenden kann.[318]

- Ein Kunde hat eine nichtbeobachtbare Lebensdauer der Länge τ, die exponentiell verteilt ist mit einer Exit-Rate von μ.
- Die Heterogenität der Exit-Rate über alle Individuen ist Gamma-verteilt mit den Parametern s und β.

Diese Annahmen führen dazu, dass die Likelihood-Schätzfunktion $L\,(r, \alpha, s, \beta | x, t_x, T)$ von der Gaußschen hypergeometrischen Funktion beschrieben wird.[319] Die Berechnung der Funktion muss für jedes Individuum im Sample im Verlauf des Schätzprozesses neu kalkuliert und in jeder Iterationsstufe aktualisiert werden. Da dies numerisch nicht einfach zu bewerkstelligen ist, bedarf es aufwändiger statistischer Softwarepakete, wie beispielsweise Mathematika oder Matlab.[320]

Zur Behebung dieser Komplexität wurde das **BG/NBD-Modell** als eine Vereinfachung des Pareto/NBD-Modells entwickelt.[321] Es gelten folgende abgeänderte Annahmen:

- Ein Kunde kann nur direkt nach jeder Transaktion mit einer Wahrscheinlichkeit p inaktiv werden.
- Die Heterogenität der Exit-Rate über alle Individuen ist Beta verteilt mit den Parametern a und b.

Durch diese Veränderung ist die Likelihood-Schätzfunktion $L\,(r, \alpha, s, \beta | x, t_x, T)$ nun durch die Gammafunktion beschreibbar. Daher kann das Modell sehr einfach mit Standard-Software, wie z. B. Microsoft Excel, implementiert werden. Trotz der Vereinfachungen liefert es nahezu identische Werte wie das Pareto/NBD-Modell.[322]

---

318 Vgl. siehe Schmittlein et al. (1987), Krafft (2002), S. 91.

319 Siehe Anhang von Schmittlein et al. (1987) für die komplette mathematische Herleitung.

320 Vgl. Krafft (2002), S. 104 zur Anwendung von Mathematica und Fader et al. (2005a) zur Anwendung von Matlab.

321 Vgl. Fader et al. (2005b); siehe dort im Anhang die komplette mathematische Herleitung.

322 Vgl. Fader et al. (2005b), Wübben und Wangenheim (2008).

Eine Erweiterung des BG/NBD-Modells ist das **MBG/NBD-Modell**. Dieses beinhaltet einen weiteren Term zur Berücksichtigung der Möglichkeit, dass ein Kunde direkt nach der ersten Transaktion inaktiv wird. Fügt man diesen Term hinzu, ergibt sich ein besserer Fit der Daten, insbesondere wenn es einen großen Anteil von Kunden gibt, die nur eine Transaktion tätigen.[323] In diesem Fall gelten die Annahmen:

- Ein Kunde kann nur direkt nach jeder Transaktion (einschließlich der ersten Transaktion) mit einer Wahrscheinlichkeit *p* inaktiv werden.
- Die Heterogenität der Exit-Rate über alle Individuen ist Beta verteilt mit den Parametern *a* und *b*.

Die mathematischen Eigenschaften des Exit-Prozesses lassen sich dadurch wie folgt beschreiben:[324]

- Nach jeder Transaktion wird ein Kunde mit der Wahrscheinlichkeit *p* inaktiv. Dadurch ist der Zeitpunkt geometrisch verteilt:

(4-18) $$P(inaktiv\ nach\ Periode\ j) = p(1-p)^j\ , j = 0,1,2,\ldots$$

- Die Heterogenität in *p* folgt einer Beta-Verteilung mit folgender Dichtefunktion, die von den Parametern *a* und *b* abhängig ist:

(4-19) $$f(p|a,b) = \frac{p^{a-1}(1-p)^{b-1}}{B(a,b)}\ , 1 \geq p \geq 0$$

Wobei die Betafunktion durch die Gammafunktion ausgedrückt werden kann:

(4-20) $$B(a,b) = \frac{\Gamma(a)\Gamma(b)}{\Gamma(a+b)}$$

---

323 Vgl. Batislam et al. (2007).

324 Vgl. Batislam et al. (2007) und Fader et al. (2005b).

- Die Transaktionsrate λ und die Exitwahrscheinlichkeit p sind unabhängig voneinander auf die Kunden verteilt.

Aus den getroffenen Annahmen lassen sich nun die wesentlichen Formeln für die Zielgrößen der CLV-Modellierung ableiten.[325]

Der Erwartungswert der Anzahl der Transaktionen pro Individuum und Periode ergibt sich aus:

(4-21)
$$E(\lambda) = \frac{r}{\alpha}$$

Die Likelihood-Schätzfunktion für ein beliebiges Individuum mit gegebener Transaktionshistorie (x, t_x, T) wird beschrieben durch:

(4-22)
$$L(r, \alpha, a, b | x, t_x, T) = \frac{B(a,b+x+1)}{B(a,b)} \frac{\Gamma(r+x)}{\Gamma(r)} \frac{\alpha^r}{(\alpha+T)^{r+x}} + \frac{B(a+1,b+x)}{B(a,b)} \frac{\Gamma(r+x)}{\Gamma(r)} \frac{\alpha^r}{(\alpha+t_x)^{r+x}}$$

Die Parameter *r*, *α*, *a* und *b* werden geschätzt, indem die Log-Likelihood-Funktion für das Sample mit *N* Individuen maximiert wird:

(4-23)
$$\max \sum_{i=1}^{N} \left(\ln L\left(r, \alpha, a, b | X_i = x_i, t_{x_i}, T_i\right) \right)$$

Die Wahrscheinlichkeit, dass ein Individuum in einem Zeitraum *t* genau *x* Transaktionen durchführt, ist gegeben durch:

(4-24)
$$P(X(t) = x | r, \alpha, a, b) = \frac{B(a,b+x+1)}{B(a,b)} \frac{\Gamma(r+x)}{\Gamma(r)x!} \left(\frac{\alpha}{\alpha+t}\right)^r \left(\frac{t}{\alpha+t}\right)^x + \frac{B(a+1,b+x)}{B(a,b)} \left[1 - \left(\frac{\alpha}{\alpha+t}\right)^r \left\{\sum_{j=0}^{x-1} \frac{\Gamma(r+j)}{\Gamma(r)j!} \left(\frac{t}{\alpha+t}\right)^j\right\}\right]$$

325 Vgl. Batislam et al. (2007); im Anhang dort befindet sich die mathematische Herleitung. Dazu muss auch das Erratum Wagner und Hoppe (2008) und die Korrektur Batislam et al. (2008) berücksichtigt werden.

Für die erwartete Anzahl von Transaktionen für ein zufällig ausgewähltes Individuum gilt:

$$E(X(t)|r,\alpha,a,b)$$

(4-25) $$= \frac{b}{a-1}\left(1-\left(\frac{\alpha}{\alpha+t}\right)^{r} {}_2F_1\left(r,b+1,a+b,\frac{t}{t+\alpha}\right)\right)$$

Auch hier muss zwar die hypergeometrische Funktion berechnet werden, das erfolgt allerdings nur einmal nach dem Schätzvorgang. Dies ist mithilfe polynomialer Approximation durchaus in Excel möglich.[326]

Für die erwartete Anzahl der Transaktionen für ein Individuum mit der Kaufhistorie (x, t_x, T) gilt:

$$E(X(t)|r,\alpha,a,b,x,t_x,T)$$

(4-26) $$= \frac{\frac{a+b+x}{a-1}\left(1-\left(\frac{\alpha+T}{\alpha+T+t}\right)^{r+x} {}_2F_1\left(r+x,b+x+1,a+b+x,\frac{t}{t+T+\alpha}\right)\right)}{1+\frac{a}{b+x}\left(\frac{\alpha+T}{\alpha+t_x}\right)^{r+x}}$$

Abschließend wird noch zur Illustration des Modells eine graphische Visualisierung anhand von Daten aus dem Handel durchgeführt. Dazu wurden kundengenaue wochenbasierte Daten von n = 60.000 Kunden aus zwei Jahren in zwei Perioden eingeteilt: Jahr 1 entspricht der Kalibrierungsphase und Jahr 2 der Validierungsphase.

Die erste Graphik zeigt die Anzahl der tatsächlichen Ist-Transaktionen in der Validierungsphase abhängig von Transaktionen in der Kalibrierungsphase. Die betrachteten Variablen sind auf der X-Achse die Recency t_x und auf der Y-Achse die Frequency x in diesem Jahr. Die Höhe zeigt die durchschnittliche Transaktionsanzahl in der Validierungsphase für alle Kunden mit der gleichen Kombination aus Frequency und Recency an. Somit unterstellt diese Darstellung die Abhängigkeit der Anzahl der Transaktionen in der Zukunft von den historischen Werten der Recency und Frequency.

---

[326] Vgl. Fader et al. (2005c).

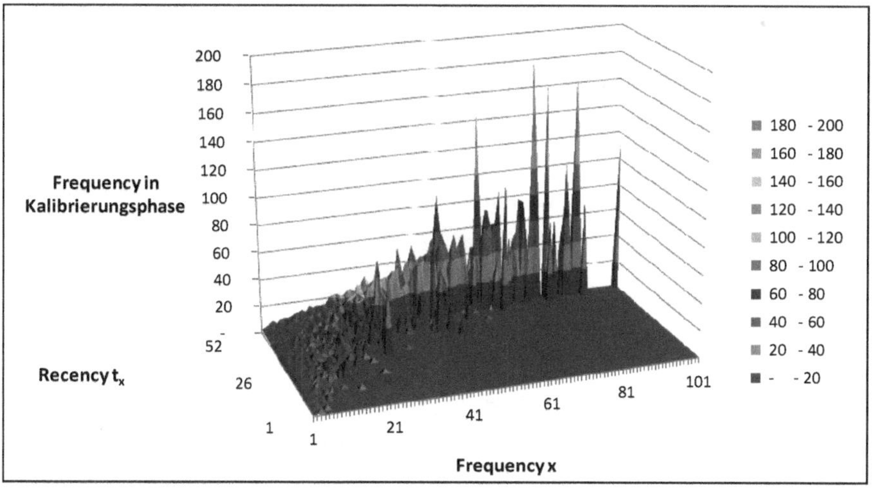

Abbildung 19: Illustration Recency und Frequency anhand von Ist-Daten
Quelle: eigene Darstellung.

Zum Verständnis der Graphik ist es hilfreich, zwei Extremfälle zu betrachten. Zum einen ist zu erkennen, dass es keine Kunden gibt, die zuletzt in der Kalenderwoche 1 bei dem Händler eine Transaktion getätigt haben und insgesamt mehr als 2-3 Mal den Händler aufgesucht haben. Dies ist nachvollziehbar, weil diese Kunden innerhalb einer Woche mehr als 2-3 Transaktionen hätten tätigen müssen. Diese Kunden haben nur sehr wenige Transaktionen in der Validierungsphase durchgeführt. Das heißt, Kunden die zuletzt vor 50 Wochen und insgesamt auch nur selten Transaktionen getätigt haben, sind in der Folge kaum wiedergekommen.

Zum anderen gibt es einige Ausreißer, die zuletzt in der Woche 52, also der letzten Woche des Jahres, beim Händler waren und insgesamt mehr als 50 Transaktionen getätigt haben. Diese treuen Kunden waren auch in der Validierungsphase sehr loyal und haben z. T. über 50 Transaktionen getätigt. Das heißt, dass Kunden, die nicht nur häufig, sondern auch in der kürzeren Vergangenheit Transaktionen getätigt haben, auch in der Folge loyale Kunden waren.

Diese Gesetzmäßigkeit der Beobachtungen macht sich das Modell letztlich zunutze. Es ist ersichtlich, dass neben der Recency auch die Frequency einen sehr hohen Einfluss auf die künftige Anzahl von Transaktionen hat. Anhand dieser Informationen lässt sich also bereits sehr gut abschätzen, wie viele Transaktionen Kunden in der Folgeperiode durchführen werden. Dies ist die Basis zur CLV-Berechnung, weil aus der Kombination mit den zu erwartenden Roherträgen pro Transaktion die Gleichung (4-7) komplettiert werden kann.

Anschließend wurde anhand des MBG/NBD-Modells auf Basis der Daten der Kalibrierungsphase die Anzahl der Transaktionen für die einzelnen Kunden in der Validierungsphase geschätzt.[327] Die Ergebnisse des Modells wurden ebenfalls in eine Graphik überführt. Diese gibt die Anzahl der zu erwartenden Transaktionen in der Validierungsphase pro Recency/Frequency-Kombination in der Kalibrierungsphase an.

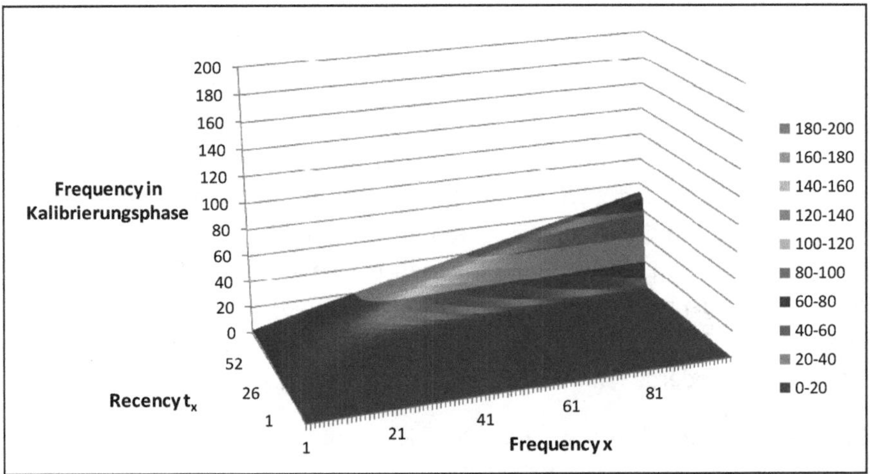

Abbildung 20: Illustration der Recency-/Frequency-Prognose

Quelle: eigene Darstellung.

[327] Vgl. Gleichung (4-26).

Wie zu sehen ist, modelliert das Verfahren einen ähnlichen Verlauf der zu erwartenden Transaktionen. Allerdings ist das Modell nicht in der Lage, die extremen Ausreißer nach oben adäquat zu prognostizieren.

Es gibt nur wenige Arbeiten, die sich mit den Anwendungsvoraussetzungen des NBD-Modells beschäftigen. Die Arbeit von Hoppe zeigt, dass die Wirksamkeit des Pareto/NBD-Modells deutlich von dem zugrunde liegenden Sample abhängt.[328] Es wird gezeigt, dass das Modell schon bei t = 12 Intervallen und n = 500 Kunden gute Schätzwerte liefert, wenn die Transaktions- und Kundenbindungsrate hoch sind (z. B. eine Transaktion pro Periode und Kunde) und diese Raten sich homogen auf die Kunden verteilen ($CV_P = 0,5$). Sind aber die Transaktions- und Kundenbindungsraten niedrig (z. B. nur 1/6 Transaktion pro Periode und Kunde) und die Heterogenität hoch ($CV_P=1,5$), wird eine Samplegröße von mindestens 1.500 Kunden empfohlen.

Anwendung haben diese Modelle in den Bereichen Online-Handel, Versandhandel, Luftfahrt, Bekleidung und Einzelhandel gefunden. Die folgende Tabelle gibt einen Überblick über die zugehörigen Publikationen:

---

328 Vgl. Hoppe und Wagner (2010).

Autor	Untersuchungsgegenstand	Industrie	Empirische Basis
Schmittlein et al. (1987)	Pareto/NBD-Modell zur Kundenstammanalyse	Finanzdienstleistung	Keine Angabe
Krafft (2002)	Pareto/NBD-Modell zur Kundenstammanalyse	Versandhandel	n = 9.467 Kunden, t = 24 Monate
Reinartz und Kumar (2003)	Pareto/NBD-Modell zur Prognose des CLV	Versandhandel	n = 11.992 Haushalte, t = 3 Jahre
Berger et al. (2003)	CLV-Prognose für diskreten Nichtvertragsfall	Kreuzfahrten	n = 6.094 Kunden, t = 5 Jahre
Fader et al. (2005d)	Pareto/NBD-Modell und Iso-Kurven zur Kundenstammanalyse	Online-Handel	n = 23.570 Kunden, t = 78 Wochen
Fader et al. (2005b)	Vereinfachung des Pareto/NBD-Modell zum BG/NBD-Model	Online-Handel	n = 23.570 Kunden, t = 78 Wochen
Batislam et al. (2007)	Erweiterung des BG/NBD-Modell zum MBG/NBD-Modell	Einzelhandel	n = 11.755 Kunden, t = 146 Wochen
Fader und Hardie (2007)	Kundenstammanalyse mittels des sBG-Modells im diskreten Vertragsfall	Keine Angabe	n: Keine Angabe, t = 12 Jahre
Wübben und Wangenheim (2008)	Kundenstammanalyse und Prognosemodellgüte u. a. Pareto/NBD und BG/NBD im Vergleich zu Heuristiken	Luftfahrt, Bekleidung, Online-Handel	n = 2.330, t = 20 Monate;; n = 2891, t = 4 Jahre; n = 2.357, t = 78 Wochen
Borle et al. (2008)	Prognose des CLV anhand eines kombinierten NBD Modells zur Prognose der Transaktionsrate und des Hazard-Modells für die Lebensdauer	Auf Mitglieder beschränkter Einzelhändler	n = 500 Kunden
Hoppe und Wagner (2010)	Sample-Anforderungen für das Pareto/NBD-Modell	Keine Angabe	Simulation
Ma und Büschken (2010)	Erweiterung des Pareto/NBD-Modells zur Always-a-share Perspektive	Online-Handel, Videoverleih	n = 2.357, t = 1,5 Jahre; n = 401, t = 67 Monate
Fader und Hardie (2010)	Untersuchung von Kohorten-Heterogenität mittels sBG-Model im diskreten Vertragsfall	Keine Angabe	Simulation
Fader et al. (2010)	Kundenstammanalyse anhand BG/BB-Modell für diskreten Nichtvertragsfall	Spenden	n = 11.104 Spender, t = 7 Jahre

Tabelle 20: Ausgewählte Arbeiten zu Wahrscheinlichkeitsmodellen

Quelle: eigene Darstellung.

Diese Modelle haben aber gemeinhin drei Schwächen. Erstens fließen lediglich die Recency und Frequency in das Modell ein, was die Aussagekraft und Modellierungsvielfalt einschränkt. Zweitens wird die Höhe des Rohertrages nicht modelliert. Drittens sind die Annahmeverteilungen sehr strikt und nicht beliebig übertragbar.[329]

Allerdings ist die Knappheit der Informationen für die Modellierung wiederum ein großer Vorteil, wenn keine weiteren Daten zur Verfügung stehen. Somit sind die Anforderungen an das Datensample recht gering und können insbesondere im Massenmarkt mit ausreichenender Historie leicht erfüllt werden.

4.3.1.2.4 Diffusionsmodelle

Diffusionsmodelle prognostizieren in ihrer einfachen Form ebenfalls die Ausprägung der Anzahl von Kunden in der Zukunft und gehen auf das Diffusionsmodell von Bass zurück.[330] Dabei wird die Anzahl der Kunden direkt prognostiziert und nicht über die Wahrscheinlichkeit modelliert.

Gupta et al. bilden das Wachstum des gesamten Kundenstamms für Hightech-Firmen ab und modellieren dies anhand einer ex ante definierten Maximalanzahl von Kunden.[331] Hogen et al. leiten anhand des Diffusionsmodells den Wert verlorener Kunden bei Produktneueinführungen ab.[332]

Diese Modelle sind sehr einfach in ihren Grundannahmen, bieten jedoch keine Erklärung für das beobachtete Wachstum an und können somit nicht als Grundlage zur Selektion von Marketingmaßnahmen dienen. Schließlich treffen diese Modelle nur Aussagen über den gesamten Kundenstamm und können nicht für die Modellierung von Einzelkunden genutzt werden.[333] Insgesamt findet die Verwendung dieser Methode wenig Anklang in der aktuellen CLV-Forschung.[334]

---

[329] Vgl. Steiner (2008), S. 27 ff.

[330] Vgl. Bass (1969).

[331] Vgl. Gupta et al. (2004).

[332] Vgl. Hogan et al. (2003).

[333] Vgl. Steiner (2008), S. 38.

[334] Vgl. Bijmolt et al. (2010) sehen die Stärke insbesondere in der WOM-Forschung.

4.3.1.2.5 Datamining

Datamining-Methoden werden in der Regel eingesetzt, um die Exit-Rate von Kunden anhand externer Faktoren zu modellieren. Diese Klasse von Verfahren umfassen u. a. neuronale Netze und Entscheidungsbäume.[335]

Anhand einer Vielzahl von internen und externen Variablen werden Treiber für den CLV gesucht und mithilfe statistischer Maßzahlen signifikante Koeffizienten zur Prognose der Werte ausgewählt. Steiner zeigt beispielweise, dass mithilfe des Verfahrens innerhalb unterschiedlicher Industrien auf Basis von internen Unternehmensdaten Treiber für den CLV identifiziert werden können.[336] Neslin et al. zeigen, dass mit Hilfe von Entscheidungsbäumen gute Prognosen über bevorstehende Abwanderungen generiert werden können und dass diese vor allem die Cluster- und Faktorenanalysen in der Prognosegüte übertreffen.[337]

Datamining-Methoden haben bislang jedoch noch wenig Eingang in die CLV-Literatur gefunden. Weil die meisten Verfahren nicht theoriegestützt arbeiten, finden sie eine geringe Akzeptanz unter Akademikern. Ferner benötigen diese Verfahren nicht nur eine hohe rechnerische Leistung, sondern auch ein umfassendes statistisches Know-how, was die Anwendung in Unternehmen sehr erschwert.

Die folgende Tabelle 21 gibt eine Auswahl von Publikationen wider:

---

335 Gupta et al. (2006), S. 148, nennen noch weitere Verfahren: "*These include projection-pursuit models; neural network models; decision tree models; spline-based models such as generalized additive models (GAM), multivariate adaptive regression splines (MARS), classification and regression trees (CART); and support vector machines (SVM).*"

336 Vgl. Steiner (2008), S. 80.

337 Vgl. Neslin et al. (2006).

Autor	Untersuchungsgegenstand	Industrie	Empirische Basis
Ryals (2003)	Übersicht verschiedener Verfahren zur Berechnung von Wahrscheinlichkeiten und CLV-Treibern	Online-Handel, Bank, Versicherung	-
Neslin et al. (2006)	Vergleich unterschiedlicher Datamining-Methoden zur Prognose des CLV	Telekommunikation	n = 100.000 Kunden, t = 5 Monate
Lemmens und Croux (2006)	Identifikation von Treibern der Kundenabwanderung	Telekommunikation	n = 100.462 Kunden, Zeitpunktdaten
Wübben (2009)	Prognose der Kundenaktivität und des Kundenwerts in einem nicht-Vertragsverhältnis	Luftfahrt, Bekleidung, Online-Handel	n = 2.330, t = 20 Monate;; n = 2891, t = 4 Jahre; n = 2.357, t = 78 Wochen
Homburg et al. (2009)	Identifikation von kundenbeschreibenden CLV-Treibern	Bank, Telekommunikation, Chemie, Pharma	n =100.000 Kunden, t = 4 Jahre; n =300.000 Kunden, t = 5 Quartale; n =3422 Kunden, t = 4 Jahre; n =826 Kunden, t =4 Jahre

Tabelle 21: Ausgewählte Arbeiten zu Datamining-Modellen

Quelle: eigene Darstellung.

4.3.1.2.6 Markov- und Migrationsmodelle

Eine Ausnahme in dem Bereich der Modelle zur Prognose von Einkaufswahrscheinlichkeiten bilden die **Markov- und Migarationsmodelle**. Mithilfe dieser Modelle kann das Wechselverhalten von Kunden innerhalb bestimmter Stadien oder Segmenten in der Zukunft aufgrund einer zuvor geschätzten Wechselmatrix bestimmt werden. Hierbei wird weder die Anzahl noch die Höhe der zu erwarteten Transaktionen modelliert. Die Werte der Matrix können beispielsweise durch Beobachtung oder durch Logit-/Probit-Modelle bestimmt werden.[338]

Diese Verfahrensklasse wird insbesondere bei der Modellierung von Segmentwanderungen in einer Vielzahl von Publikationen verwendet, wie die folgende Tabelle 22 zeigt:

[338] Vgl. Rust et al. (2004b) oder Steiner (2008), S. 84.

Autor	Untersuchungsgegenstand	Industrie	Empirische Basis
Pfeifer und Carraway (2000)	Wechsel zwischen Recency-Zuständen als Basis für Kontaktstrategie	Versandhandel	-
Libai et al. (2002)	Konzeptionelles Vorgehen zur Modellierung	Allgemeines Modell	-
Johnson und Selnes (2004)	Migrationsmodell zwischen unterschiedlichen Beziehungsstufen	Keine Angabe	Simulation
Tirenni et al. (2007)	CLV als Basis zur Allokation von Ressourcen	Luftfahrtindustrie	n = 10.000 Vielflieger-Kunden, t = 3 Jahre
Netzer et al. (2008)	Modellierung von Spendebereitschaft auf Basis unterschiedlicher Aktivitätslevel	Universität	n = 1.256 Alumni, t = 26 Jahre
Dierkes et al. (2011)	Einfluss von Word-of-Mouth auf Kundenbindungsrate	Mobilfunk	n = 2.645 Kunden, t = 10 Monate

Tabelle 22: Ausgewählte Arbeiten zu Markov-Ketten-Modellen

Quelle: eigene Darstellung.

4.3.2 Das kombinierte Regressions-MBG/NBD-Modell zur Messung des CLV

Wie im vorigen Kapitel gezeigt, gibt es nur wenige Verfahren, die den CLV direkt prognostizieren. Diese Verfahren der linearen Regression und einfachen Wachstumsmodelle unterstellen stets einen linearen Zusammenhang zwischen den endogenen und exogenen Variablen. Dies ist allerdings nicht immer der Fall. Daher ist die Validität dieser Verfahrensklasse nur eingeschränkt gegeben. Dieses wichtige Kriterium muss aber als notwendige Bedingung an ein Modell erfüllt sein.

Mittelwert-, Wachstums- und Regressionsmethoden eignen sich aber hervorragend zur Kombination mit Verfahren, die Kaufwahrscheinlichkeiten prognostizieren. Dadurch wird die Schwäche der Modelle zur Prognose von Einkaufswahrscheinlichkeiten behoben.

Diese kann man unterscheiden in Verfahren, die den Einbezug externer Faktoren benötigen, und Verfahren, die nur auf Basis interner Faktoren Prognosen ermöglichen. In jedem Fall werden Daten zur Kaufhistorie benötigt. Diese sollten auch in einem Massenmarkt als gegeben angesehen werden. Jedoch ist die Fülle externer und beschreibender Daten wie Demographika oder Einstellungen nicht immer vorhanden. Daher gilt es, in jedem Einzelfall abzuwägen, ob diese Fülle an Daten zur Verfügung steht.

Insbesondere Logit- und Probit-Modelle sowie Hazard-Modelle haben sich in der Forschung als gute Verfahren zur Prognose der "customer lifetime" etabliert. Beide Verfahren sind strukturüberprüfend und eignen sich zur Prognose. Jedoch stellt neben den Anforderungen an die Daten auch die Komplexität der Hazard-Modelle, insbesondere in der Praxis, eine hohe Implementierungshürde dar.

Ähnlich verhält es sich mit Datamining-Methoden. Diese Verfahren haben zwar die große Stärke, strukturaufdeckend zu arbeiten und so komplexe Zusammenhänge zu erkennen, jedoch erreichen sie schnell eine hohe Komplexität. Diese Verfahren funktionieren i. d. R. nur, wenn ausreichend Variablen zur Analyse verfügbar sind. In der Wissenschaft werden diese Verfahren aufgrund des Mangels an theoretischen Überlegungen selten verwendet.

Diffusionsmodelle finden in der Praxis und Forschung kaum Verwendung zur CLV-Prognose. Die sehr stark vereinfachenden Annahmen über den gesamten Kundenstamm und der Mangel an Detailtiefe zur Auswertung sind große Nachteile der Verfahren. Daher werden diese Verfahren auch hier nicht in Betracht gezogen.

Wahrscheinlichkeitsmodelle im Bereich der nichtvertraglichen Kundenbindung leisten im Vergleich zu anderen Verfahren gute Prognosen. Die Vereinfachung des Pareto/NBD-Modells zum MBG/NBD-Modell liefert nicht nur minimal divergierende Prognosen, sondern ist wesentlich leichter zu implementieren. Daher ist zu erwarten, dass eine Methode, die in einer Tabellenkalkulationsumgebung implementiert werden kann, bald Zugang in die Praxis findet. Ferner benötigen diese Modelle nur die reine Kaufhistorie der Kunden. Allerdings können so keine kausalen Zusammenhänge mit anderen Faktoren überprüft werden. Nimmt man dies in Kauf und kombiniert es mit den linearen Regressionsverfahren zur Prognose der Roherträge, lässt sich jedoch eine gute Voraussage ableiten.

Werden Einzelkunden betrachtet und soll die Prognose Informationen über unterschiedliche Segmente enthalten, können Markov-Ketten als Ergänzung der Modellierung eingesetzt werden. Dies hängt von der angestrebten Tiefe der Modellierung ab.

Die folgende Tabelle 23 vergleicht noch mal die wesentlichen Eigenschaften der vorgestellten Methoden zur Berechnung des CLV:

	Mittelwert- und Wachstumsmodelle	Lineare Regression	VAR	Logit- und Probit-Modelle	Hazard-Modelle	Wahrscheinlichkeitsmodelle	Datamining	Diffusionsmodelle	Markov-Ketten
Zielsetzung	Prognose von Erträgen	Prognose von Erträgen	Messung von Interaktionseffekten	Prognose von Einkaufswahrscheinlichkeiten	Prognose von Einkaufswahrscheinlichkeiten	Prognose von Einkaufswahrscheinlichkeiten	Prognose von Abwanderungen, Identifikation von CLV Treibern	Prognose des Gesamtkundenstamms	Prognose von Wechselverhalten
Vorgehen	Fortschreibung historischer Werte in die Zukunft auf Basis von Mittelwerten oder Wachstumsfaktoren	Fortschreibung historischer Werte in die Zukunft auf Basis von Mittelwerten	Simultane Regression von endogenen und exogenen Zeitreihen	Regression von Wahrscheinlichkeiten anhand exogener Faktoren	Schätzung von Einkaufswahrscheinlichkeiten anhand Verteilungsannahmen und exogener Faktoren	Schätzung von Einkaufswahrscheinlichkeiten anhand Verteilungsannahmen sowie Recency und Frequency	Aufdecken von Strukturen innerhalb von Datensätzen mittels statistischer Verfahren und neuronaler Netze	Prognose von Kundenanzahl auf Basis von Verteilungsannahmen	Schätzung einer Wechselmatrix auf Basis historischer Wechselraten
Beurteilung der Analysemethode									
- Validität	0	0	0	+	+	+	0	+	+
- Reliabilität	+	+	+	+	+	+	+	+	+
- Objektivität	+	+	+	+	+	+	+	0	+
Beurteilung im Hinblick auf die Ziele der Arbeit									
- Kausale Zusammenhänge	-	+	+	+	+	-	-	-	-
- Monetäre Bewertung	+	+	+	-	-	-	0	-	-
- Anbieter- und Kundenperspektive	-	+	-	+	+	-	+	-	-
- Dynamisch und zukunftsorientiert	+	+	+	+	+	+	+	+	+
- Wirtschaftlich und operationalisierbar	+	+	-	+	0	+	0	+	+

"+" voll erfüllt, "0" teilweise erfüllt, "-" nicht erfüllt

Tabelle 23: **Bewertung der CLV-Methoden**

Quelle: **eigene Darstellung.**

4.3.3 Bewertung der Güte von Prognosemodellen

Die Prognosegüte der unterschiedlichen Verfahren muss anhand nachvollziehbarer Kriterien erfolgen. Dazu liegt sowohl in der Forschung als auch in der Praxis eine Reihe von Prognosegütemaßen vor. Die wichtigsten sollen nun kurz vorgestellt werden.[339]

Die einfachsten Maße vergleichen den Prognosewert mit dem tatsächlichen Wert und summieren die Fehler im Verhältnis zu der tatsächlichen Prognose auf. Die wichtigsten Maße hierbei sind der **Mean Squared Error** (*MSE*) und der **Root Mean Squared Error** (*RMSE*).[340]

(4-27) $$MSE = \frac{1}{T}\sum_{t=1}^{T}(\hat{x}_t - x_t)^2$$

(4-28) $$RMSE = \sqrt{MSE}$$

Wobei x_t die eingetretene Beobachtung zum Zeitpunkt *t*, $\hat{x}_t$ vorliegende Prognose zum Zeitpunkt *t*, *T* die Gesamtzahl der Beobachtungen, $t = 1,\ldots,T$ und *h* den Prognosehorizont darstellen.

Je geringer der *MSE* oder der *RMSE,* desto besser die Prognosegüte. Ein Wert von $MSE = 0$ oder $RMSE = 0$ würde den perfekten Fit der Prognose mit den tatsächlichen Beobachtungen bedeuten. Das heißt, dass die Abweichung der Prognose $\hat{x}_t$ von der tatsächlichen Beobachtung x_t in jeder Periode *t* gleich null ist.

Der Vorteil des *RMSE* gegenüber dem *MSE* ist, dass die Einheiten der Beobachtungen aus dem Quadrat wieder in die ursprüngliche Einheit zurückverwandelt werden und dadurch die Interpretierbarkeit verbessert wird.

---

[339] Für eine detaillierte Auflistung siehe Barrot (2007).

[340] Vgl. Wübben und Wangenheim (2008).

Ein etwas komplexeres und valides Maß ist der **Theilsche Ungleichungskoeffizient neuer Ordnung (U_2).**[341]

(4-29) $$U_2 = \frac{\sqrt{\frac{1}{T-h}\sum_{t=h+1}^{T}(\widehat{x_t}-x_t)^2}}{\sqrt{\frac{1}{T-h}\sum_{t=h+1}^{T}(x_t-x_{t-h})^2}}$$

Wobei auch hier x_t die eingetretene Beobachtung zum Zeitpunkt *t*, $\widehat{x_t}$ vorliegende Prognose zum Zeitpunkt *t*, *T* die Gesamtzahl der Beobachtungen, $t = 1,\ldots,T$ und *h* den Prognosehorizont darstellen.

Ist $U_2 = 0$, liegt eine perfekte Prognose vor. Auch hier würde es bedeuten, dass die Prognose in jedem Zeitpunkt genau der Beobachtung entspricht. Bei einem Wert von $U_2 = 1$ entspricht die Voraussage der "naiven" Prognose.[342]

Erreicht die Methode einen Wert von $U_2 < 1$, ist sie besser als die naive Prognose. Ein Wert von $U_2 > 1$ allerdings bedeutet, dass die Prognosemethode schlechter als die naive Prognose ist.[343]

4.4 Verfahren zur Effizienzmessung als Grundlage zur Steuerung des Kundenwerts

Im vorigen Unterkapitel wurden die methodischen Grundlagen zur Berechnung des CLV gelegt und Kriterien definiert, anhand derer die Güte der CLV-Modelle bewertet werden kann.

Im Folgenden sollen nun Verfahren vorgestellt werden, die sich zur Messung der Effizienz von Maßnahmen eignen. Das Ziel der Effizienzmessung ist die Ermöglichung der Accountability des Marketing. Damit sollen Marketingstrate-

341 Es existiert der Theilsche Ungleichungskoeffizient 1. und 2. Ordnung und wird im Englischen abgekürzt mit Theil's U oder U_1 und U_2. Letzterer ist besser interpretierbar und hat sich folglich durchgesetzt, vgl. Barrot (2007), S. 421.

342 Eine naive Prognose nimmt an, dass der historischer Wert in *t-h* als Prognose für den Zeitpunkt *t* dienen kann. Das würde beispielsweise bedeuten, dass man im Januar ($t = 1$) eines Jahres den Vorjahreswert (d. h. $h = 12$ Monate) als Prognosewert annimmt.

343 Vgl. Barrot (2007), S. 422.

gien und insbesondere operative Maßnahmen auf ihre Effizienz hin untersucht werden. Nur so ist es möglich, den Beitrag des Marketings zum Unternehmenserfolg darzustellen.

4.4.1 Übersicht gängiger Verfahren zur Effizienzmessung

Die Betrachtung von zueinander sachlogisch in Verbindung stehenden **Output- und Input-Kennzahlen** ist die traditionelle Form der Wirtschaftlichkeitsmessung. Dabei kann grundsätzlich auf drei verschiedene Arten vorgegangen werden:[344] Erstens eine reine Input-Betrachtung (z. B. Kosten, Preis, Produktqualität, Betriebsmitteleinsatz), zweitens eine reine Output-Betrachtung (z. B. Absatz, Umsatz, Marktanteil, Kundenzufriedenheit) sowie drittens eine Output/Input-Betrachtung (relative Effizienz).

Reine Input- oder Output-Betrachtungen sind hilfreich, um eine erste Indikation über den Erfolg und den Aufwand einer Maßnahme zu erlangen. Die Berechnung dieser Maße kann sehr einfach über Befragungen oder interne Controlling-Systeme erfolgen. Jedoch können nur Output/Input-Betrachtungen Aussagen über die Effizienz einer Maßnahme treffen.

Zur Bestimmung der relativen Effizienz von Maßnahmen können Ausgaben und Kosten als Inputfaktoren und der aus einer Aktion resultierende Rohertrag als Output gemessen werden. Somit kann eine Maßnahme, durch die ein Rohertrag X erwirtschaftet wurde, bei Kosten von Y als X/Y % effizient bezeichnet werden. In der Praxis erweist sich dies jedoch als recht schwierig, weil sich die Erfassung des Rohertrages nur auf Basis einer Aktion schwer nachprüfen lässt. Zudem kann nur eine Input-Größe in die Berechnung einbezogen werden.

Um dem entgegenzutreten, sind Verfahren entwickelt worden, die auch mehrere Input-Faktoren in Berechnungsmodelle überführen. Diese Modelle können in parametrische und nichtparametrische Verfahren unterschieden werden.

---

[344] Vgl. Reinecke und Janz (2007).

Allen Modellen ist jedoch gemein, dass sie auf Basis von Output- und Input-Paaren (X,Y) eine optimale Funktion schätzen.

Bei den **parametrischen Verfahren** wird eine solche Funktion a priori vorgegeben.[345] Diese ist im Fall der **Regressionsanalyse** linear. Mithilfe der Analyse lässt sich der Effekt eines Faktors (z. B. Ausgaben für Maßnahme X) auf die endogene Variable (z. B. Rohertrag in Kundengruppe Y) bestimmen. Als effizient gelten dann Output/Input-Kombinationen oberhalb oder auf der Regressionsgerade. Die Regressionsanalyse hat stark einschränkende Annahmen, wie die Annahme des linearen Zusammenhanges. Das bedeutet, dass eine Steigerung von x % der Ausgaben immer zu einer y % Steigerung der Einnahmen führt. Vielmehr ist in der betrieblichen Praxis jedoch zu beobachten, dass bei wiederholter Durchführung von Maßnahmen eine Sättigungskurve einsetzt und somit die Effekte nicht linear skalierbar sind.[346]

Eine weitere Form der parametrischen Verfahren sind der **Deterministic Frontier Approach (DFA)**[347] und der **Stochastic Frontier Approach (SFA)**.[348] Beide Verfahren lösen sich von der Annahme des linearen Zusammenhanges und unterstellen üblicherweise Funktionsformen vom Cobb-Douglas-Typ.[349] Beide Verfahren schätzen auf Basis der Input-/Output-Paare eine Randfunktion. Als effizient gelten Kombinationen, die direkt auf der Randfunktion liegen. Während bei der DFA keine positiven Abweichungen von der Randfunktion erlaubt sind, wird bei der SFA der Regressions-Fehlerterm in einen Zufallsanteil und einen systematischen Anteil unterteilt. Letzterer determiniert den Grad der systematischen Ineffizienz.

---

345 Vgl. Hammerschmidt (2006), S. 109.

346 Vgl. zur Sättigung von Kommunikationsmaßnahmen Homburg (2009), S. 746; zur Sättigung von Preisreduktionen siehe Marshall und Leng (2002); zur Sättigung abhängig von Qualität, Preis und Marktpotenzial siehe Narasimhan et al. (1993).

347 Vgl. Aigner und Chu (1968).

348 Vgl. Aigner et al. (1977).

349 Vgl. Hammerschmidt (2006), S. 113.

Bei einer impliziten Bestimmung der Verteilungsfunktion, ohne dass diese ex ante vorgegeben wird, spricht man von **nichtparametrischen Verfahren**.[350]

Dabei wird aufgrund von tatsächlich beobachteten Extrempunkten die Randfunktion berechnet. Dazu gehört vor allem die **Data Envelopment Analysis (DEA)**[351] und die **Free Disposable Hull (FDH)**.[352] Beide Verfahren berechnen aus der Kombination der effizientesten Input-/Output-Paare anhand linearer Gleichungen eine Randfunktion. Sie stellen kein statistisches Verfahren dar, sondern sind eine Anwendung mathematischer linearer Programmierung.[353] Die berechnete Randfunktion ist im Fall der DEA stetig. Das bedeutet implizit, dass die Input-Faktoren beliebig teilbar sind. Diese Annahme wird im Fall der FDH fallengelassen. Dies gilt zum Beispiel im Fall von Fixkosten, oder wenn der Input an der Anzahl der Mitarbeiter gemessen wird.

Die vorgestellten nichtparametrischen Verfahren haben den großen Vorteil, dass nicht nur eine Output-Größe Y betrachtet wird, sondern dass im Prinzip mehrere Y mit mehreren X kombiniert werden können.[354] Beide Verfahren haben ihre Stärke in der Anwendung auf Problemstellungen, die ein Benchmarking erfordern. Dies ist beispielsweise der Fall, wenn mehrere Marken hinsichtlich ihres Inputs (z. B. Kosten) und Outputs (z. B. Bekanntheit und Sympathie) miteinander verglichen werden sollen.[355] Aus diesem Vergleich lassen sich dann Empfehlungen für die einzelnen Marken ableiten.[356]

Letztlich müssen aber für alle vorgestellten Verfahren Fälle geschaffen werden, also Input-Output-Kombinationen, die sich im Hinblick auf die Ausprä-

---

350 Vgl. Hammerschmidt (2006), S. 109.

351 Vgl. Golany et al. (1990).

352 Vgl. de Borger et al. (1994).

353 Vgl. Blose und Tankersley (2004).

354 Vgl. Donthu et al. (2005).

355 Vgl. Donnevert (2009), S. 133.

356 Vgl. Hammerschmidt (2006), S. 258. Weitere Anwendungen, die dort diskutiert werden, sind die Effizienz von Mittelklassefahrzeugen aus Nachfragersicht anhand von Kosten und Leistungseigenschaften (S. 231) sowie die Effizienz von Vertriebsteams anhand Aufwand (z. B. Teamgröße und Werbemittel) gegenüber Umsatz und Erfolgsanteil (S. 275).

gungen von X und Y unterscheiden.[357] Angenommen X bezeichne eine Marketingmaßnahme (beispielsweise eine Werbemaßnahme oder Promotion), und Y sei der Rohertrag nach Durchführung der Maßnahme. Führt nun ein Unternehmen die Maßnahme X bei allen Kunden durch, dann wäre eine Zuordnung des Effektes – unabhängig vom Verfahren – nicht mehr möglich, denn der Input X wäre bei allen Kunden immer identisch und die Ausprägungen Y wäre mit nichts vergleichbar. Daher werden im Marketing Experimente durchgeführt.[358]

4.4.2 Experimente als geeignetes Mittel zur Generierung von Kennzahlen im Massenmarkt

Wyner definiert **Experimente** wie folgt: "*[...] comparing a population treated with marketing activities with one that was not*".[359] Unter einem Experiment versteht Sarris "*[...] einen systematischen Beobachtungsvorgang, auf Grund dessen der Untersucher das jeweils interessierende Phänomen erzeugt sowie variiert und dabei gleichzeitig systematische und/oder unsystematische Störfaktoren durch hierfür geeignete Techniken ausschaltet bzw. kontrolliert.*"[360]

Ziel eines Experimentes im Marketing ist es sicherzustellen, dass die durchgeführte Maßnahme ausschlaggebend für ein verändertes Verhalten der Kunden ist. Es wird der Einfluss einer oder mehrerer unabhängiger Variablen auf die abhängigen Variablen getestet.[361] Die unabhängigen Variablen sind somit die durchgeführten Maßnahmen, die abhängige Variable Einstellungs- oder Verhaltensänderungen.

---

357 Golany et al. (1990) sprechen in diesem Fall auch von "decision making units" (DMU).

358 Vgl. Hammann und Erichson (2000), S. 181.

359 Wyner (2007), S. 9.

360 Sarris (1990), S. 129.

361 Vgl. Rack und Christophersen (2007), S. 19.

Von dem Nachweis einer kausalen Wirkung kann gesprochen werden, wenn folgende Bedingungen erfüllt sind:[362]

- Es besteht ein Zusammenhang zwischen abhängiger und unabhängiger Variable.
- Die Änderung der unabhängigen Variablen erfolgt zeitlich vor der abhängigen Variablen.
- Mit Ausnahme der unabhängigen Variablen bleiben alle Einflussfaktoren im Untersuchungszeitraum konstant.

Generell sind Experimente sehr gute Verfahren zur Bestimmung von kausalen Zusammenhängen. Allerdings erfordern sie ein hohes Maß an Genauigkeit und das Aufstellen einer Kontrollgruppe.

Zur Effizienzmessung können die aus Experimenten gewonnenen Fälle dann genutzt werden, um

- einen Vorher-Nachher-Vergleich anhand von Kennzahlen durchzuführen. In diesem Fall wird der CLV vor und nach der Maßnahme verglichen und aus dem Delta der beiden Zeitpunkte die Effizienz berechnet,
- mithilfe Regressionsanalyse erklärende Faktoren zu schätzen, die den CLV treiben,
- und um mit DFA, SFA, DEA und FDH Kombinationen von Kosten und Roherträgen der Maßnahmen in eine effiziente Randfunktion zu überführen und die Effizienz anhand eines Benchmarkings zu vergleichen.

Während die DFA, SFA, DEA und FDH ihre Stärken im Benchmarking bestehender Vergleichswerte haben, sind sie für die Effizienzmessung im Massenmarkt nur bedingt geeignet. Als Input- und insbesondere als Output-Variable werden Werte gebraucht, die ohne Weiteres auf das Objekt der Betrachtung zurückgehen. Dies kann nur anhand eines Experimentes erfolgen. Wenn aber die Anzahl der Maßnahmen klein ist, lohnt sich das aufwändige Verfahren

[362] Vgl. Kaya (2007), S. 58.

nicht, weil es seine Stärken insbesondere für den Fall mehrerer Input- und Output-Größen hat.[363]

Im Fall der Regressionsanalyse sind zunächst die entscheidenden CLV-Treiber der Maßnahme zu identifizieren und die notwendigen Daten zu erheben. Liegen solche Daten vor, ist die Anwendung der Regressionsanalyse im Prinzip möglich und muss im Einzelfall überprüft werden.

Letztlich ist in jedem Fall ein Vergleich anhand von Kennzahlen möglich. Selbst für die Anwendung der komplexeren Verfahren müssen zunächst diese Werte erhoben werden. Durch die bereits hohe Komplexität der CPV- und CLV-Modelle wird für die Effizienzmessung ein möglichst einfaches Verfahren angestrebt. Daher bietet sich ein experimentelles Design mit einem Kennzahlenvergleich an. Es soll somit anhand eines Vorher-nachher-Vergleichs der wichtigsten Output-Variable CLV und der Input-Variable Kosten die Effizienz der Maßnahme gemessen werden. Dazu wird zunächst das Delta aus CLV mit Maßnahme und CLV ohne Maßnahme berechnet. Dieses Delta wird dann zu den Kosten der Maßnahme ins Verhältnis gesetzt. Es soll also der Customer Lifetime Value Return on Invest (CLVRoI) auf Basis eines Experimentes berechnet werden.[364]

4.4.3 Grundlagen von Experimenten zum Design von Feldversuchen

Dazu sollen im Folgenden nun noch wesentliche Grundlagen und Anforderungen von Experimenten diskutiert werden. Sarris unterscheidet zwei Arten von Experimenten.[365]

Erstere sind **Laborexperimente**, die in einem künstlichen, vom Beobachter generierten Umfeld stattfinden. Sie haben den Vorteil, dass der Beobachter sämtliche Störungseinflüsse kontrollieren und somit eine hohe interne Validität

---

363 Vgl. Schneider (2007), S. 101.

364 Vgl. dazu Unterkapitel 5.3.4 und Gleichung (5-1).

365 Vgl. im Folgenden Sarris (1990), S. 228 ff.

erzeugen kann. Allerdings ist dabei die Übertragbarkeit auf allgemeine Fälle i. d. R. stark eingeschränkt.

Die zweite Art von Experimenten sind **Feldexperimente**, welche in der natürlichen Umgebung stattfinden. Diese haben den Vorteil, dass die Versuchsteilnehmer nichts von dem Experiment ahnen und sich natürlich verhalten. Die Verallgemeinerung der Ergebnisse ist daher deutlich leichter. Jedoch haben diese Verfahren den Nachteil, dass nicht alle Störungsgrößen ausgeschlossen werden können. Die interne Validität ist daher i. d. R. geringer.

Bei einem Experiment ist es wichtig, systematisch vorzugehen, um sowohl die Objektivität, Reliabilität und Validität zu gewährleisten.[366] Zur Sicherstellung der Kriterien und Unterscheidung verschiedener Experimenttypen werden Versuchspläne als Mittel zur Gestaltung und Dokumentation von Experimenten vorgeschlagen. Dazu gehören nichtexperimentelle Versuchspläne, quasiexperimentelle Versuchspläne und experimentelle Versuchspläne.[367]

Nichtexperimentelle Versuchspläne begnügen sich mit einem einfachen Vorher-Nachher-Vergleich der abhängigen Variablen einer Testgruppe. Die Testgruppe ist bereits vor Untersuchungsbeginn existent und daher nicht zufällig zusammengestellt. Die Kontrolle von Störeinflüssen ist im Prinzip bei diesem Versuchsplan nicht möglich.

Quasi-experimentelle Versuchspläne sind grundsätzlich nicht in der Lage alle Störungseinflüsse auszuschließen bzw. zu kontrollieren. Diese können derart ausgestaltet sein, dass es eine Testgruppe und eine Kontrollgruppe gibt. Die Ausprägung der unabhängigen Variablen kann skaliert variiert werden, um eine Aussage über die Effektstärke zu ermöglichen. Dadurch verbessert sich die Möglichkeit zum Ausschluss von Störeinflüssen. Schließlich kann die Auswahl der Testgruppen-Individuen durch zufällige Auswahl erfolgen, so

366 Vgl. im Folgenden Rack und Christophersen (2007), S. 27.

367 Vgl. Rack und Christophersen (2007), S. 20 ff., für weitere Typologisierung siehe auch Venkatesan (1971), S. 49 ff.

dass sich etwaige systematische Fehler auf alle Test- und Kontrollgruppen verteilen.

Die letzte Gruppe sind **experimentelle Versuchspläne**, die eine umfassende Kontrolle aller Störeinflüssen ermöglichen. Die erste Grundbedingung ist, dass eine Testgruppe auf Basis von zufällig ausgewählten Individuen gebildet wird. Zusätzlich bedarf es mindestens einer Kontrollgruppe. Für beide Gruppen wird dann eine Vorher-nachher-Messung durchgeführt. Zudem ist es möglich, durch die Variation der unabhängigen Variablen die Effektstärke zu messen. Ferner erlauben zufällig gezogene Testgruppen, die Anzahl der abhängigen Variablen zu erhöhen und so multifaktorielle Effekte zu messen.

In der praktischen Anwendung erweisen sich jedoch oftmals quasi-experimentelle Versuchspläne als wesentlich leichter realisierbar. "*At these times it is necessary to approximate the ideal of an experiment, while omitting aspectes judged too costly in terms of time and money.*"[368]

Abschließend ergibt sich somit die folgende Übersicht in Tabelle 24.

---

368 Patzer (1996), S. 100.

Eigenschaften	Nichtexperimentielle Versuchspläne	Quasi-experimentelle Versuchspläne	Experimentelle Versuchspläne
Vorher-nachher-Messung der abhängigen Variable	Ja	Möglich: ja	Ja
Anzahl der Testgruppen	Eine	Möglich: Zwei (mit Kontrollgruppe)	Zwei (mit Kontrollgruppe)
Auswertung auf Basis von Individuen	Ja	Ja	Ja
Auswahl der Testgruppe anhand Zufallsgrößen (Randomisierung)	Nein	Möglich: ja	Ja
Anzahl Variation der unabhängigen Variable	Eine	Möglich: zwei und mehr	Zwei und mehr
Anzahl verschiedener abhängiger Variablen (multifaktoriell)	Nein	Nein	Ja
Kontrolle von Störeinflüssen	Keine	Teilweise	Vollständig

Tabelle 24: Vereinfachte Einordnung von Experimenten
Quelle: eigene Darstellung.

Um Experimente richtig anzuwenden, ist es notwendig, Arten und Gründe von Störeffekten zu kennen und im Experimentdesign auszuschließen. Störeffekte können nach Patzer die **interne Validität** von Experimenten reduzieren.[369] Dies bedeutet, dass die erhofften Ergebnisse nicht allein auf die durchgeführte Maßnahme zurückgehen. Die wesentlichen Effekte sind:

- *History Effect*: Exogene Veränderungen zwischen den Zeitpunkten vor und nach der Maßnahmendurchführung können die Einstellungen und das Verhalten nachhaltig verändern.
- *Maturation Effect*: Menschen altern und können so in Langzeitstudien ihre Einstellungen/ ihr Verhalten nachhaltig ändern, ohne dass dies auf die Maßnahme zurückgeht.
- *Testing Effect*: Menschen können auf Maßnahmen reagieren, lernen und ihre Einstellungen/Verhalten anpassen, ohne dass dies auf den eigentlich Zweck der Maßnahme zurückgeht.
- *Instrumentation Effect*: Veränderungen der Messinstrumente können die Ergebnisse der Messung beeinflussen. Beispielsweise kann ein veränderter Fragebogen zu verzerrten Ergebnissen führen.

[369] Vgl. Patzer (1996), S. 43 ff.

- *Statistical Regression Effect*: Extreme Werte tendieren dazu, sich im Zeitablauf zu normalisieren und können dadurch Ergebnisse verzerren.
- *Selection Effect*: Wenn die Auswahl der Testgruppe einen unbekannten Bias hinsichtlich gewisser Eigenschaften hat, können die Messergebnisse dadurch verzerrt sein.
- *Mortality Effect*: Die Teilnahmebereitschaft an Experimenten kann im Zeitablauf sinken und somit können die Ergebnisse der übriggebliebenen Teilnehmer von dem ursprünglichen Sample abweichen.

Hinzu kommen Störeffekte, die die **externe Validität** einschränken können. Dies bedeutet, dass die Ergebnisse des Experiments nicht auf die Allgemeinheit übertragen werden können:

- *Dissimilar Variables*: Die im Experiment kontrollierten Variablen sind nur ein Teil der exogenen Faktoren in der Realität.
- *Dissimilar Environments*: Die Umweltfaktoren bei Durchführung des Experimentes entsprechen nicht den Ausprägungen in der Realität.
- *Dissimilar Subjects*: Die Individuen, die für eine Teilnahme am Experiment gewonnen werden, entsprechen nicht der Zielgruppe (z. B. bei "Convenience-" oder "Student-Samples").

Bei der Durchführung von Experimenten sollte folglich neben der Generierung eines Versuchsplans auch die interne und externe Validität sorgfältig anhand dieser Effekte überprüft und diskutiert werden. Im Sinne der Effizienzmessung muss also eine Vorher-Messung des Rohertrages mit einer Nachher-Messung des Rohertrages verglichen werden. Im Idealfall würden eine Test- und eine Kontrollgruppe installiert, die sich in ihren Charakteristika absolut identisch sind. [370]

Damit wären alle methodischen Grundlagen zur Definition eines dualen CPV/CLV-Modells zur Effizienzmessung und Kundenwertsteuerung gelegt.

[370] Für eine exemplarische Auswahl von Marketingexperimenten siehe Hammann und Erichson (2000), S. 205 ff.

5 Definition des dualen CPV/CLV-Modells im Massenmarkt

In diesem Kapitel wird das duale CPV/CLV-Modell im Massenmarkt definiert. Ferner wird gezeigt, wie aus diesem Modell Maßnahmen abgeleitet werden können, und schließlich, wie dieses Modell anhand von Experimenten zur Berechnung der Effizienz der Maßnahmen genutzt werden kann. Die Abbildung 21 gibt darüber einen Überblick:

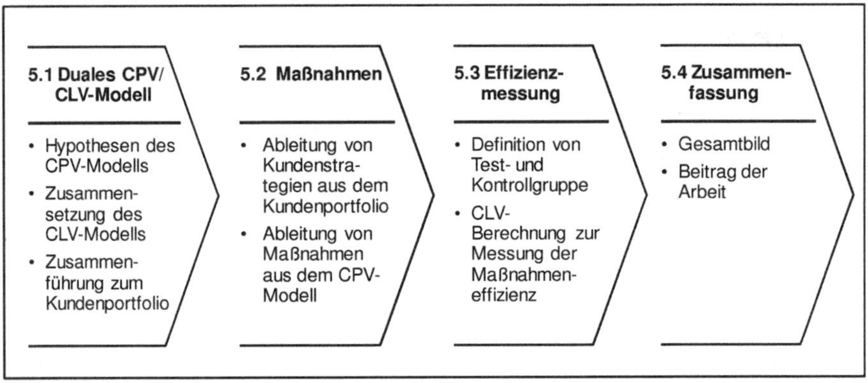

Abbildung 21: Vorgehen Kapitel 5

Quelle: eigene Darstellung.

Im ersten Teil gilt es zu klären, aus welchen Dimensionen sich der CPV zusammensetzt. Es werden dazu **Hypothesen zur Wirkung der CPV-Dimensionen** und weiterer mediierender Faktoren auf die Kundenzufriedenheit und die Loyalität gebildet. Dabei beruft sich die Arbeit auf bereits in anderen Zusammenhängen validierte Ergebnisse. Im folgenden Abschnitt werden die **Bestandteile des CLV-Modells** aus MBG/NBD und Mittelwert-Verfahren zusammengeführt. Abschließend wird gezeigt, dass sich die Ergebnisse des CPV/CLV in ein Kundenportfolio überführen lassen.

Wie aus diesem Kundenportfolio dann strategische Stoßrichtungen und konkrete **Maßnahmen** ableiten lassen, wird in Unterkapitel 5.2 diskutiert. Schließlich wird in Unterkapitel 5.3 besprochen, wie Experimente strukturiert sein müssen, um die **Effizienz** von abgeleiteten Maßnahmen zu messen und zu bewerten. Dabei nehmen die Beschaffenheit von Test- und Kontrollgruppen eine große Rolle ein. Anschließend wird detailliert beschrieben, wie die Quantifizierung des CLV als Grundlage der Effizienzmessung dienen kann. Bereits hier wird dann deutlich, welchen Vorteil diese Vorgehensweise bietet. Abschließend wird das Konzept des Modells zusammengefasst und diskutiert.

5.1 Modellierung des CPV und des CLV

5.1.1 Modellierung des CPV im Massenmarkt

Im letzten Kapitel wurde argumentiert, dass die zielführendste Form der CPV-Modellierung anhand von Strukturgleichungsmodellen durchzuführen ist. Dazu werden im Folgenden Hypothesen über Wirkungszusammenhänge zwischen den einzelnen CPV-Dimensionen, der Zufriedenheit und der Kundenbindung gebildet. Diese stützen sich auf Arbeiten, die den Zusammenhang dieser Konstrukte in anderen Kontexten bereits validiert haben.[371] Die Modellierung des CPV zielt an dieser Stelle nicht darauf ab, einen neuen theoretischen Beitrag über bereits diskutierte Zusammenhänge zu leisten. Vielmehr wird validiert, ob die bereits postulierten Zusammenhänge auch in einem Massenmarkt gelten. Dies ist insbesondere bei den Dimensionen interessant, die die Beziehung zwischen Kunden und Anbieter beschreiben.

5.1.1.1 Werttreiber des CPV-Modells im Massenmarkt

Wie im Abschnitt 3.3 gezeigt wurde, setzt sich der CPV aus ökonomischen und nichtökonomischen **Dimensionen** zusammen. Die wesentlichen Dimensionen sind der wahrgenommene Nutzen und Aufwand aus der Beziehung zum Anbieter. Die folgende Tabelle 25 gibt eine Übersicht über ausgewählte empirische Arbeiten zum CPV und den betrachteten Dimensionen:

[371] Vgl. Tabelle 13 und Tabelle 25. Daher sind einige Zusammenhänge Reproduktionen und keine neuartigen Hypothesen. Allerdings ist die Wirkung in einem Massenmarkt noch nicht untersucht worden.

Autor	Dimensionen	Wirkung	Empirische Basis	Methodik	Industrie
Bolton und Drew (1991)	Quality, Sacrifice, Performance, Characteristics, Expectations, Disconfirmation	Intentions	n = 1.408 Kunden, Befragung	Multiple Regression	Telekommunikation
Dodds et al. (1991)	Perceived Quality, Perceived Sacrifice	Willingness to buy	n = 585 Studenten, Befragung	Experiment, multiple Regression	-
Sheth et al. (1991)	Functional Value, Conditional Value, Social Value, Emotional Value und Epistic value	-	n = 145 Kunden, Befragte	Diskriminanzanalyse	Zigaretten
Cronin et al. (1997)	Service Quality, Service Sacrifices	Purchase Intention	n = 401; n = 396; n = 450; n = 167; n = 221; n = 309; Befragung	KFA, LISREL	Diverse B2C
Andreassen und Lindestad (1998)	Perceived Quality, Corporate Image	Customer Satisfaction	n = 600 Kunden, Befragung	KFA, LISREL	Reiseveranstalter
Grewal et al. (1998)	Perceived Quality, Internal Reference Price	Willingness to buy	n = 361 Studenten; n = 328 Mitarbeiter; Experiment	KFA, LISREL	Fahrräder
Oh (1999)	Perceived Price, Perceived Service Quality	Customer Satisfaction, Repurchase Intention, WOM	n = 545 Kunden, Befragung	KFA, LISREL	Hotel
Kashyap und Bojanic (2000)	Perceived Price, Quality (room, public areas, staff services)	Intention to revisit	n = 444 Kunden, Befragung	KFA, LISREL	Hotel
DeSarbo et al. (2001)	Perceived Price, Perceived Quality	-	n = 1.509, Befragung	Multiple Regression	Energieversorger
Teas und Agarwal (2000)	Perceived Quality, Perceived Sacrifice	-	n = 70 Studenten, Experiment	ANOVA	-
Sweeney et al. (1999)	Functional Service Quality, Technical Service Quality, Received Product Quality, Received Relative Price, Perceived Performance/Financial Risk	Willingness to buy	n = 609 und n = 459 Konsumenten; Befragung	KFA, LISREL	Elektroeinzelhandel
Ralston (2003)	Customer Service Quality, Brand Advertising, Real Price Competitiveness	-	n = 2.275 Kunden, Befragung	KFA, LISREL	Telekommunikation

Autor	Dimensionen	Wirkung	Empirische Basis	Methodik	Industrie
Chen und Dubinsky (2003)	Value of Experience, Perceived Product Quality, Perceived Risk, Product Price	Purchase Intention	n = 110 Studenten, Befragung	Multiple Regression	E-Retailing
Beverland (2003)	-	-	n =141 Interviews in 6 Jahren	Qualitative Interviewauswertung	Weinproduktion und Handel
Al-Sabbahy et al. (2004)	Perceived Acquisition Value, Perceived Transaction Value	-	n = 116; n = 120; Befragung	KFA, LISREL	Hotels, Restaurants
Heinonen (2004)	Technical, Functional, Temporal und Spatial	-	n =40 Studenten, n =37 Kunden	Conjoint	Bank
Kleijnen et al. (2004)	Perceived Risk, Relative Advantage, Compatibility, Complexity, Communicability, Critical Mass, Navigation, Payment Options	Adoption of Services	n =99 Kunden, Befragung	Conjoint	Telekommunikation
Wachter (2006), S. 22	Anbieterseitige Leistung (Produktqualität, Dienstleistungsqualität, Markenwahnehmung), nachfragerseitige Leistungen (Preiswahrnehmung, Aufwand)	Kundenzufriedenheit, Kundenbindung	n = 656, Befragung	MDS, KFA	Automobil
Vogel (2006), S.19	Funktionaler Nutzen, Markennutzen, Beziehungsnutzen	Zufriedenheit	n = 5.694 Kunden, Befragung + Transaktionen	KFA, AMOS	DiY
Ulaga und Eggert (2006)	Relationship Benefits; Relationship Costs	-	n = 10 Manager; n = 400 Senior Manager	Qualitative Interviews; PLS	Diverse Produktionsindustrie
Moliner et al. (2007)	Functional Value (installations, personnel, product, price), Emotional Value, Social Value	Zufriedenheit, Vertrauen, Committment	n = 201 Kunden für jeden Fall (2x)	KFA, LISREL	Reiseagentur, Keramikprodukte
Flint et al. (2002)	-	-	n = 22 OEM Manager	Means-End	Automobilhersteller

Tabelle 25: Ausgewählte empirische Arbeiten zu Dimensionen des CPV

Quelle: eigene Darstellung.

Aus den Arbeiten ist ersichtlich, dass die wesentlichen Dimensionen des CPV den **funktionalen Nutzen,** insbesondere in Form der Qualität der Leistung, den **Markennutzen** und letztlich auch den **Beziehungsnutzen** beinhalten.[372] In einigen Arbeiten wird die Rolle des wahrgenommenen Risikos modelliert. Wechselkosten werden nur teilweise nicht in Betracht gezogen, obwohl laut Theorie diese eine wichtige Rolle einnehmen. In dieser Arbeit soll nun ein umfassendes, alle wesentlichen Dimensionen beinhaltendes Modell für den Massenmarkt aus der Theorie abgeleitet, modelliert und empirisch validiert werden.

Die folgende Abbildung 22 gibt einen Überblick auf die zu untersuchenden Elemente des CPV-Modells und den Zusammenhang der verkürzten Kette des Relationshipmarketing. Diese greift auf die durch Hypothesen zu überprüfenden Zusammenhänge vor, die im Folgenden detailliert werden. Dabei ist zu beachten, dass das CPV-Modell lediglich die Kundenperspektive abbildet.

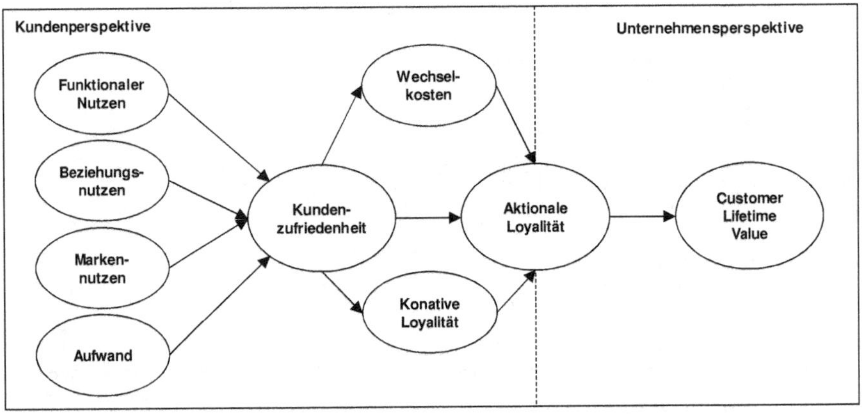

Abbildung 22: CPV-Modell in der verkürzten Kette des Relationshipmarketing

Quelle: eigene Darstellung.

[372] Ähnlich gehen auch Rust et al. (2004b) in einem dualen Modell vor. Treiber dort sind Value Equity, Relationship Equity und Brand Equity.

5.1.1.1.1 Funktionaler Nutzen

Der **funktionale Nutzen** beschreibt die Summe des wahrgenommenen ökonomischen Nutzens als Summe der erbrachten Leistung.[373] Dieser Teil des Nutzens ist stark kognitiv getrieben und wird durch die der Leistung inhärenten Merkmale determiniert. Der funktionale Nutzen umschreibt somit gemäß der Austauschtheorie die gesamte Erfahrung des ökonomischen Austausches.[374]

Je höher dieser funktionale Nutzen ist, desto höher ist die Zufriedenheit des Kunden mit der erbrachten Leistung gemäß dem Confirmation/ Disconfirmation-Paradigma.

Daraus leitet sich die erste Hypothese ab:

Hypothese 1a: Je höher der wahrgenommene funktionale Nutzen, desto höher die Kundenzufriedenheit.

Die funktionalen Nutzen setzen sich aus folgenden Dimensionen zusammen: Preiseinstellung, Qualität, Service und tangibles Umfeld.[375]

Für Kunden ist nach wie vor der **Preis** eine entscheidende Größe.[376] Bei der Bewertung des Angebotes ist dieser eine wichtige Determinante. Der Kunde nimmt eine Abwägung zwischen wahrgenommener Qualität und wahrgenommenem Preis vor.[377] Je positiver die wahrgenommene Preiseinstellung ist, desto größer ist demnach der wahrgenommene funktionale Nutzen.

Hypothesen 1b: Je positiver die wahrgenommene Preiseinstellung, desto höher der funktionale Nutzen.

---

373 Vgl. Rust et al. (2004b).

374 Vgl. Sirdeshmukh et al. (2002). Chaudhuri und Ligas (2009) sehen insbesondere die Qualität und dem Preis als die wesentlichen Bestandteile der Gesamtbeurteilung.

375 Vgl. Vogel (2006), S. 92.

376 Vgl. Grewal et al. (2006), S. 21, oder Zeithaml (1988).

377 Vgl. Chang und Wildt (1994).

Ein weiterer wichtiger Aspekt bei der Bewertung des erhaltenen Wertes ist die **Qualität** der erbrachten Leistung.[378] Der Kunde beurteilt die Leistung als solche. Qualität beschreibt in diesem Zusammenhang somit die Güte oder Leistungsfähigkeit des Produktes.[379] Die wahrgenommene Qualität ist dieser Definition nach die durch den Kunden beurteilte subjektive Leistungsfähigkeit.

Hypothese 1c: Je höher die wahrgenommene Qualität, desto höher der funktionale Nutzen.

Obwohl die wahrgenommene Serviceleistung als Teil der Qualität eingeordnet werden kann, wird diese hier als Teil des funktionalen Nutzens für Kunden erachtet. Dies folgt dem Ansatz von Sirohi et al., die zeigen, dass höhere Serviceleistung zu höherem wahrgenommenen Nutzen und Loyalitätsabsichten führt.[380]

Hypothese 1d: Je höher der wahrgenommene Service, desto höher der funktionale Nutzen.

Das wahrgenommene **tangible Umfeld** umfasst im Kern die Räumlichkeiten und das äußere Erscheinungsbild der Einkaufsstätte, sofern es eine solche gibt.[381] Es ist in einem Handelsumfeld entscheidend für den wahrgenommenen Nutzen.[382]

Die Arbeit von Bitner zeigt, dass Design und Umgebungsfaktoren einen positiven Einfluss auf das Image der Einkaufsstätte haben. Die Zufriedenheit mit dem tangiblen Umfeld sollte also positiv auf einen höheren funktionalen Nutzen wirken.

---

378 Vgl. Kordupleski et al. (1993), Chen und Dubinsky (2003), Teas und Agarwal (2000), Dodds et al. (1991), Zeithaml (1988).

379 Vgl. Dodds et al. (1991), Zeithaml (1988).

380 Vgl. Sirohi (1998).

381 Vgl. Bitner (1990).

382 Vgl. Baker et al. (2002) und Baker et al. (1994).

Hypothese 1e: Je besser das wahrgenommene tangible Umfeld, desto höher der funktionale Nutzen.

5.1.1.1.2 Beziehungsnutzen

Zu den affektiven Nutzenelementen gehört der Nutzen, den ein Kunde aus seiner Beziehung zum Anbieter generieren kann. Verschiedene empirische Arbeiten zeigen, dass ein höherer Nutzen aus Beziehungen zu höherer Kundenzufriedenheit führt.[383] Dies ist in einem Massenmarkt umso interessanter, weil Beziehungselemente i. d. R. nur eine nachgelagerte Rolle spielen.[384]

Der Beziehungsnutzen ist demnach definiert als die Beurteilung der Interaktion zwischen Kunde und Anbieter durch persönlichen Kontakt mit den Mitarbeitern. Dabei ist diese Sicht getrennt von der Art der Servicegestaltung zu verstehen. Wichtigstes Element des Beziehungsnutzens ist daher das entstandene Vertrauen des Kunden gegenüber dem Anbieter. Daraus folgt die folgende Hypothese:

Hypothese 2a: Je größer der wahrgenommene Beziehungsnutzen, desto höher die Kundenzufriedenheit.

Die Beziehung zum Kunden manifestiert sich zunächst durch den direkten Kontakt. Der soziale Kontakt zu den Mitarbeitern des Anbieters, der teilweise über die reine Erbringung der Leistung hinausgeht, ist hier maßgebend. Demnach ist der soziale Kontakt eine entscheidende Dimension des Beziehungsnutzens. Dazu gehört das persönliche Verhältnis zwischen Verkaufspersonal und Kunden.[385] Ein stärkerer sozialer Kontakt kann somit zu höherer Loyalität führen.[386]

---

383 Vgl. Rust et al. (2004b) und Vogel (2006).

384 Vgl. Bhattacharya und Bolton (2000).

385 Vgl. Berry (1995) und Crosby et al. (1990).

386 Vgl. Hennig-Thurau et al. (2002), Vesel und Zabkar (2010) und Brexendorf et al. (2010).

Dies ist vor allem in Bereichen beratungsintensiver Leistungen entscheidend. Ob dieser Effekt auch in einem Massenmarkt mit wenig erklärungsbedürftigen Gütern gilt, ist bislang nicht untersucht worden. Daher wird folgende Hypothese aufgestellt.

Hypothese 2b: Je stärker der soziale Kontakt, desto größer ist der Beziehungsnutzen.

Besondere Behandlung und Vorteile durch ein Bonusprogramm steigern ebenfalls den Beziehungsnutzen und sind somit die zweite wichtige Dimension.[387] Eine ganze Reihe von Arbeiten hat sich bereits mit dem Erfolg und dem Einfluss von Bonusprogrammen auf das Kaufverhalten beschäftigt.[388] Darin konnte gezeigt werden, dass Kunden, die ein Bonusprogramm nutzen, ihr Kaufverhalten entweder steigern oder zumindest beibehalten.

Hypothese 2c: Je besser der wahrgenommene Nutzen des Bonusprogramms, desto höher der Beziehungsnutzen.

5.1.1.1.3 Markennutzen

Gerade in Massenmärkten ist die Beziehung zu den Mitarbeitern "*nur noch schwach vorhanden, so dass unternehmensseitig Vertrauen über die Marke, als dem 'Beziehungspartner', hergestellt wird.*"[389] Der Beziehungsnutzen spielt somit eine geringere Rolle. Daher hat die Marke starken Einfluss auf den wahrgenommenen Wert der Leistung.[390] Nicht nur die Bekanntheit ist eine wichtige Einflussgröße auf die Zufriedenheit, sondern auch die Sympathie und die mit der Marke verbundenen (positiven) Assoziationen.[391] Dies ist insbesondere im Massenmarkt wichtig, weil die Marke durch Signalling eine Art Leuchtturmfunktion einnimmt.

---

387 Vgl. Vesel und Zabkar (2010) und Bridson et al. (2008).

388 Vgl. Liu und Yang (2009) und Liu (2007).

389 Wachter (2006), S. 73.

390 Vgl. Ralston (2003), Gupta und Stewart (1996), Dodds et al. (1991).

391 Vgl. Vogel (2006), S. 102.

Der in der Literatur häufig benutzte Begriff Brand Equity umfasst dabei den Wert einer Marke für den Kunden. "*Customer-based brand equity occurs when the consumer is familiar with the brand and holds some favorable, strong, and unique brand associations in memory.*"[392]

Die Brand Equity, oder der Markennutzen, setzt sich also aus der Bekanntheit und den (positiven) Assoziationen zusammen.[393] Die Bekanntheit der Marke reduziert die wahrgenommenen Risiken und erhöht dadurch den wahrgenommenen Nutzen.[394] Je höher der Nutzen der Marke für den Kunden ist, desto zufriedener ist dieser mit der Leistung des Unternehmens.

Hypothese 3: Je höher der wahrgenommene Markennutzen, desto höher die Kundenzufriedenheit.

5.1.1.1.4 Aufwand

Kunden nehmen, wie im theoretischen Teil gezeigt wurde, ebenfalls die eigenen Kosten der Transaktion wahr. Diese können sowohl monetär als auch nichtmonetär sein. Vor allem die Zeit und die verbundene Mühe mit dem Einkauf können signifikanten Einfluss auf die Wahl der Einkaufsstätte haben.[395] Das sind neben Suchkosten zum Auffinden der Einkaufsstätte auch Suchkosten für die Wahl des richtigen Artikels. Zusätzlich nimmt die Transaktion selbst für den Bezahlvorgang Zeit in Anspruch. Diese Vorgänge, also der **Aufwand**, können den wahrgenommenen Wert der Leistung reduzieren.

Hypothese 4: Je größer der wahrgenommene Aufwand, desto geringer die Kundenzufriedenheit.

---

392 Keller (1993), S. 2.

393 Vgl. Leonard L. Berry (2000) und Rust et al. (2004b).

394 Vgl. Donnevert (2009), S. 90.

395 Vgl. Berry et al. (2000).

5.1.1.2 Zufriedenheit und Loyalität als Ergebnis des wahrgenommenen Nutzens

Aus der Theorie des Relationshipmarketing folgt, dass Kunden, die mit der Leistung zufrieden sind, auch weiterhin Kunden bleiben und somit loyal im Sinne von wiederholten Transaktionen sind. Empirische Befunde unterstützen ebenfalls diese Hypothese.[396] Die Kundenbindung im Sinne des wiederholten Einkaufsverhaltens wird als aktionale Loyalität bezeichnet. Dies beinhaltet nicht nur die absolute Häufigkeit des Einkaufs beim Anbieter, sondern auch das relative Maß Share-of-Wallet. Dabei wird erhoben, wie hoch die Ausgaben des Kunden beim betrachteten Anbieter im Vergleich zu seinen gesamten Ausgaben sind.

Hypothese 5: Je höher die Kundenzufriedenheit, desto höher die aktionale Loyalität.

5.1.1.3 Konative Loyalität und Wechselkosten als mediierende Faktoren

Ferner gilt, dass die aktionale Loyalität durch die vorangehende konative Loyalität mediiert wird. Das heißt, dass der eigentlichen Handlung (in diesem Fall der Transaktion) ein Denk- und Verarbeitungsprozess vorangeht, der zur aktionalen Loyalität führt.[397]

Hypothese 6a: Je höher die Kundenzufriedenheit, desto höher die konative Loyalität.

Hypothese 6b: Je höher die konative Loyalität, desto höher die aktionale Loyalität.

In bisherigen empirischen Arbeiten wurden Wechselkosten als moderierende Einflussgröße in das CPV-Modell aufgenommen.[398] Dabei wurde postuliert,

---

396 Vgl. Babakus et al. (2004) und Seiders et al. (2005).

397 Vgl. Vogel (2006). S. 118, und S. 131; Blut (2008), S. 62 ff.

398 Vgl. Blut (2008), S. 77.

dass insbesondere der Zusammenhang zwischen Kundenzufriedenheit und Loyalität durch Wechselkosten moderiert wird. Die gängige Annahme dabei ist, dass der Zusammenhang zwischen diesen beiden Konstrukten geringer ist, je größer die Wechselkosten sind.[399] Das heißt, wenn Kunden Wechselkosten in Kauf nehmen müssen, bleiben sie beim bisherigen Anbieter, auch wenn sie nicht oder nur teilweise zufrieden sind.

Dieser Zusammenhang ist in einigen bisherigen Arbeiten empirisch überprüft worden. Allerdings kommen die Arbeiten zu sehr unterschiedlichen Ergebnissen.[400] Während einige Arbeiten den vermuteten Moderationseffekt nachweisen[401], können andere keine Signifikanz nachweisen.[402] Andere Arbeit kommen anhand des gleichen Modells, aber verschiedener empirischer Daten zu unterschiedlichen Ergebnissen.[403] Das zeigt, dass die Moderation nicht unbedingt den einzig sinnvollen Zusammenhang zwischen Zufriedenheit und Loyalität darstellt.

Diese Erkenntnis entspricht auch dem theoretischen Modell dieser Arbeit. Wie im Abschnitt 3.3 gezeigt, ist zu erwarten, dass sich die Beziehung zwischen Anbieter und Nachfrager im Laufe der Zeit stabilisiert, wenn positive Lerneffekte und steigende wahrgenommene Wechselkosten auftreten. Die bisherigen Arbeiten vernachlässigen daher den dynamischen Aspekt von wahrgenommenen Wechselbarrieren und den entstehenden Wechselkosten. Denn neben De-facto-Wechselkosten, wie beispielsweise Rabatten oder Kundenbindungsprogrammen beim bisherigen Anbieter, liegen auch psychische Wechselkosten, wie beispielsweise der empfundene Aufwand des Wechsels, vor.[404]

---

399 Vgl. Yang und Peterson (2004); Lam et al. (2004); Wangenheim (2003).

400 Vgl. Henseler (2006), S. 73.

401 Vgl. Henseler (2006), S. 153; Yang und Peterson (2004).

402 Vgl. Balabanis et al. (2006); Burnham et al. (2003).

403 Vgl. Blut (2008), S. 137, zu den nicht bestätigten Ergebnissen einer Studie im Baumarkt und S. 163 zu den bestätigten Ergebnissen einer Studie im Dienstleistungsbereich.

404 Vgl. Henseler (2006), S. 63.

Daher ist davon auszugehen, dass mit steigender Zufriedenheit die empfundenen Wechselkosten steigen und somit eine mediierende Wirkung auf die aktionale Loyalität haben.

Hypothese 7a: Je höher die Kundenzufriedenheit, desto höher die wahrgenommenen Wechselkosten.

Hypothese 7b: Je höher die wahrgenommenen Wechselkosten, desto höher die aktionale Loyalität.

5.1.1.4 Zusammenfassung des CPV-Modells

Übertragen in ein graphisches Modell, ergibt sich folgendes Bild:

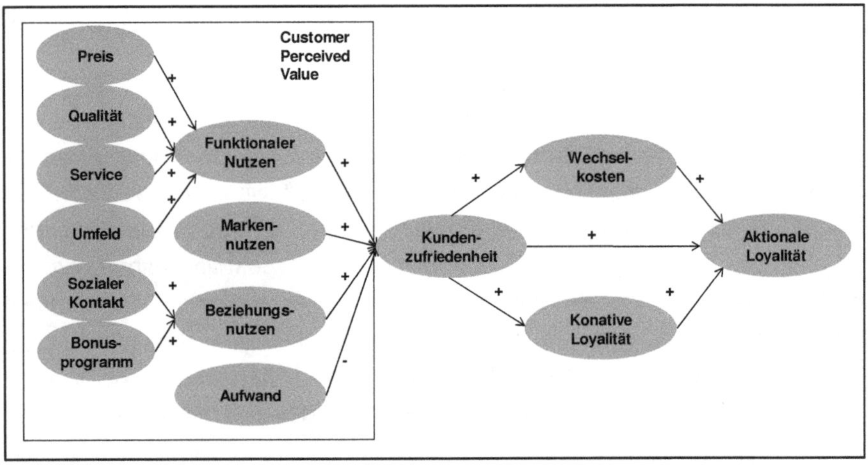

Abbildung 23: Kausalmodell zur aktionalen Loyalität basierend auf dem CPV
Quelle: eigene Darstellung.

Damit ist das Grundgerüst für die Validierung des CPV entwickelt worden. Dieses Modell kann anhand eines Strukturgleichungsmodells geschätzt und auf Basis der in Kapitel 4.2.3.2 vorgestellten Maße bewertet werden. Damit werden zwei Ziele verfolgt. Zum einen wird die verkürzte Kette des Relationshipmarketing in einem Massenmarkt validiert, zum anderen werden die einzelnen Dimensionen des CPV bewertet und ihr Einfluss auf die Zufriedenheit bestimmt. Letztere werden später zur Ableitung einer Kundenstrategie und konkreten Maßnahmen benötigt.

5.1.2 Modellierung des CLV im Massenmarkt

Zur Bestimmung des Customer Lifetime Value im Massenmarkt können verschiedene der in Kapitel 4 vorgestellten Verfahren genutzt werden.

Unabhängig von der Methode ist jedoch der künkftige Rohertragswert des Kunden in seine wesentlichen Bestandteile zu zerlegen und zu modellieren. Wie gezeigt wurde, sind dies bei der CLV-Berechnung die Anzahl der Transaktionen, der Zeitpunkt der Transaktionen und der erwartete Wert pro Transaktion.

Die Modellierung der Kosten pro Kunde kann vernachlässigt werden, weil in einem Massenmarkt keine direkten Kundenkosten anfallen. Liegen diese dennoch vor, können sie für jede Periode in das Framework eingefügt werden. Aus Vereinfachungsgründen wird dies in der vorliegenden Arbeit nicht betrachtet.

Der Rohertrag einer Periode basiert somit auf dem Rohertrag pro Transaktion und der Anzahl der Transaktionen in dieser Periode. Der **Rohertrag pro Transaktion** wird anhand des Rohertrages der einzelnen Warengruppen und der Anzahl der gekauften Produkte pro Warengruppe berechnet. Die Summe dieser Werte ergibt den durchschnittlichen Rohertrag pro Transaktion. Zudem muss die gesamte **Anzahl der Transaktionen** in der Periode prognostiziert werden.

Ferner ist festzulegen, welche **Perioden** sich zur Modellierung eignen. Dies hängt zum einen von der Verfügbarkeit der Daten ab, zum anderen aber auch von der üblichen Kauffrequenz der Kunden. Üblicherweise werden Perioden in Wochen, Monate, Quartale oder Jahre eingeteilt. Liegen beispielsweise Daten nur auf Quartalsebene vor, können die Perioden nicht auf wöchentlicher Basis berechnet werden. Oftmals liegen Transaktionsdaten auf Tagesbasis vor, so dass es dem Forscher überlassen bleibt, diese zu aggregieren. Nimmt ein Kunde Transaktionen im Wochenrhythmus vor, ist die Modellierung auf Wochenbasis sicherlich sinnvoll. Dies ist beispielsweise beim Einzelhandel der

Fall. Werden Transaktionen eher einmal im Jahr oder sogar seltener durchgeführt, wie beispielsweise bei Urlaubsreisen oder Luxusartikeln, ist eine wöchentliche oder monatliche Aggregation nicht sinnvoll, sondern nur eine Jahresbetrachtung relevant.

Die Auswahl der Methode, insbesondere sowohl für die Anzahl der Transaktionen als auch für die Prognose des Rohertrages, hängt stark von den **verfügbaren Daten** ab. Liegen exogene Variablen, wie beispielsweise Demographika oder kundengenaue Einstellungsdaten, vor, können diese genutzt werden, um anhand von Logit-/Probit-Modellen oder Hazard-Funktionen die Anzahl der Transaktionen zu prognostizieren. Ferner könnten diese Parameter auch zur Regression der durchschnittlichen Roherträge verwendet werden.

Allerdings ist dies insbesondere im Massenmarkt ein seltener Fall (wenn beispielsweise Kundenkartenprogramme vorliegen) und daher wird in dieser Arbeit im Folgenden nur der **datenminimale Ansatz** verwendet. Es werden im Folgenden keine weiteren Variablen außer der Transaktionshistorie der Kunden verwendet, um die Transaktionshöhe oder Anzahl der Transaktionen zu prognostizieren. Dies ist für den Fall, dass keine anderen Informationen außer der Transaktionshistorie vorliegen, das einzig zielführende Vorgehen.

Für die Durchführung dieser CLV-Modellierung sind also folgende detaillierte Daten erforderlich: die Kaufhistorie eindeutig zuordenbarer Kunden, die gekauften Warengruppen und die Roherträge pro Warengruppe. Zur Erfüllung dieser Anforderungen ist lediglich der Zugriff auf Daten des Point of Sale (POS) notwendig, die allen Anbietern mit direktem Kundenzugang im Datawarehouse zur Verfügung stehen.

5.1.2.1 Modellierung der Anzahl der Transaktionen

Für die Bestimmung der Anzahl der Transaktionen eignet sich das MBG/NBD-Modell, wie in Unterkapitel 4.3.2 gezeigt wurde. Dazu werden aus der Transaktionshistorie kundengenaue Transaktionsdaten gezogen. Mithilfe des MBG/NBD-Verfahrens wird dann auf Basis der Daten in einer Kalibrierungsphase eine Prognose über die zu erwartenden Transaktionen in der Validierungsphase erstellt. Die Abbildung 24 illustriert die Vorgehensweise:

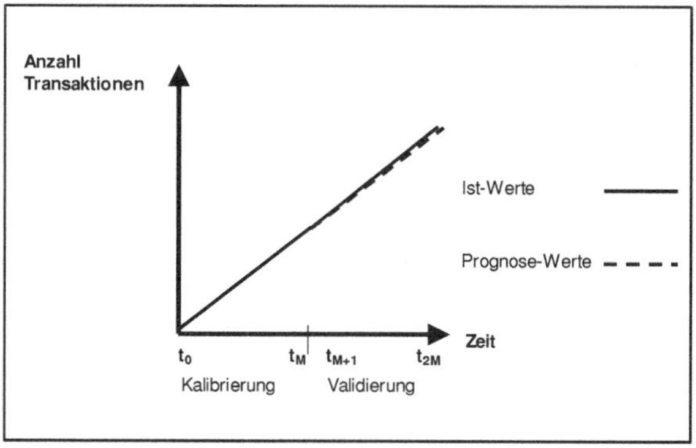

Abbildung 24: Illustration Prognose der Transaktionsanzahl anhand des MBG/NBD-Modells
Quelle: eigene Darstellung.

Somit kann für eine Kundenkohorte eine Prognose über die zu erwartenden Transaktionen in einem bestimmten Zeitraum erstellt werden.

5.1.2.2 Modellierung des durchschnittlichen Rohertrages pro Transaktion

Der durchschnittliche Rohertrag pro Transaktion hängt maßgeblich von den eingekauften Warengruppen ab. Es können unterschiedliche Transaktionstypen auf Basis der Warengruppen gebildet werden. Für diese Transaktionstypen kann der Rohertrag erfasst werden.

Ein Histogramm über den Rohertrag pro Transaktion liefert erste Hinweise über die geeignete Art der Modellierung der Transaktionshöhe. Dazu können pro Warengruppe die durchschnittlichen Roherträge pro Transaktion analysiert werden. Liegen eindeutige Ausreißer vor, die beispielsweise den Mittelwert stark verzerren, müssen die Daten von diesen Ausreißern befreit werden.

Als Nächstes muss untersucht werden, ob die Höhe der Transaktion von der Kaufhistorie des Kunden abhängig ist. Dabei kann ein einfacher Plot helfen, wie die nächste Abbildung 25 veranschaulicht:

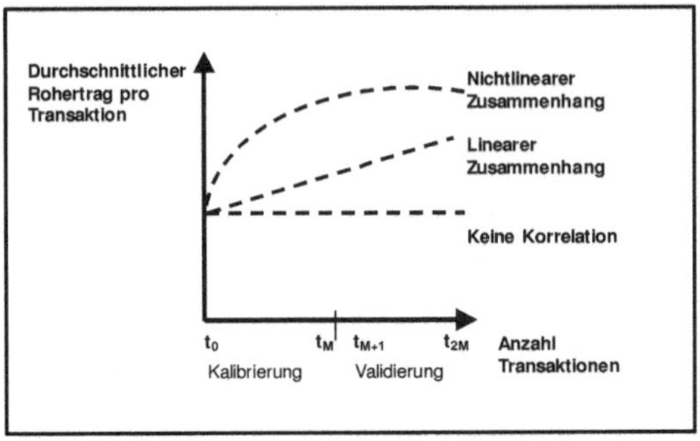

Abbildung 25: Illustration Zusammenhang zwischen Transaktionen und durchschn. Rohertrag

Quelle: eigene Darstellung.

Verhält sich ein Kunde loyal und das Unternehmen schöpft somit zumindest das Loyalitätspotenzial aus, können die Folgetransaktionen untersucht werden. Ein Kunde kann mit steigender Transaktionszahl mit dem Unternehmen einen höheren Wert pro Transaktion ausgeben. Liegt ein solcher Zusammenhang vor, kann dies zwei verschiedene Gründe haben. Daher gilt zu prüfen, ob mit steigender Loyalität

- Entwicklungspotenzial gehoben wird, d. h. mehr Umsatz in der gleichen Warengruppe generiert wird, oder
- Cross-Buying-Potenzial gehoben wird, d. h. Umsatz in neuen anderen Warengruppen generiert wird.

Liegt eine solche Korrelation vor, muss der Rohertrag anhand einer der Kurve entsprechenden Approximation berechnet werden (z. B. mithilfe linearer Regression). Für den Fall, dass mit steigender Loyalität keine Veränderung des Kaufverhaltens eintritt, kann der historische Durchschnitt pro Transaktion in die Zukunft projiziert werden (durch Mittelwertverfahren).

In allen Fällen ist dies mit einem Zeitreihenvergleich zu überprüfen. Das bedeutet, dass zunächst für einen Teil der Historie eine derartige Schätzung vorgenommen und mit der Zeitreihe außerhalb des Samples verglichen wird. Liegt dort die Approximation innerhalb eines vorher festgelegten Rahmens, sollte diese benutzt werden.

Somit wird das CLV-Modell aus den einzelnen Bestandteilen definiert. Und in der folgenden Abbildung 26 schematisch dargestellt:

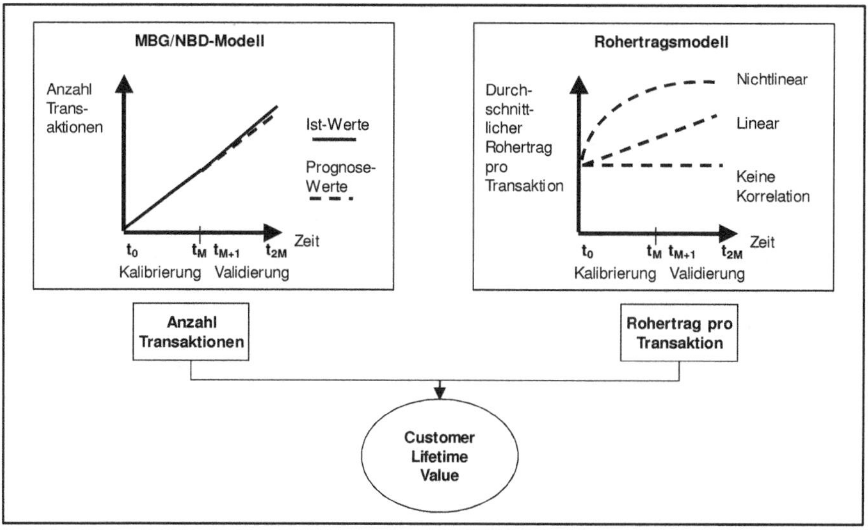

Abbildung 26: Zusammenfassung CLV-Modell

Quelle: eigene Darstellung.

5.1.3 Zusammenführung von Einstellung und Verhalten zum Kundenportfolio

Nachdem nun das Vorgehen der einzelnen Modelle aufgezeigt wurde, können das CPV- und CLV-Modell zusammengeführt werden. Dies könnte zunächst auf der Ebene des **Einzelkunden** geschehen, wenn ein direkter Abgleich der Transaktionshistorie mit der Befragung möglich ist. Dies ist beispielsweise der Fall, wenn Kunden anhand eines Kundenkartenprogramms sowohl befragt werden können, als auch deren Transaktionen vorliegen.[405] Dies übersteigt

[405] Ein solches Vorgehen liegt beispielsweise bei Fuchs (2010), S. 133, und Vogel (2006), S. 137 vor.

allerdings das datenminimale Vorgehen in dieser Arbeit und kann somit nicht konzeptionalisiert werden.

Ist ein direkter Abgleich nicht möglich, wird die Zusammenführung auf der Ebene des **Kundenstamms** durchgeführt. Es muss sichergestellt werden, dass die Kunden, die für das CPV-Modell befragt wurden, auch repräsentativ für die Kunden sind, deren Transaktionsdaten vorliegen.

Zur Erhebung des CPV-Modells werden Kunden ebenfalls nach ihrer aktionalen Loyalität befragt. Diese geben damit Auskunft über ihr tatsächliches Kaufverhalten. Mit der Annahme, dass sich diese weitestgehend mit den realen Transaktionen decken, können die beiden Modelle ineinander überführt werden. Somit kann aus der aktionalen Loyalität (gemäß Befragung) ein monetärer Wert für den Kunden anhand des CLV-Modells berechnet werden. Dadurch ist eine Approximation des Rohertrages möglich.

Die Abbildung 27 gibt einen Überblick über das duale Modell und enthält die wesentlichen Dimensionen und Wirkungszusammenhänge des CPV und CLV.

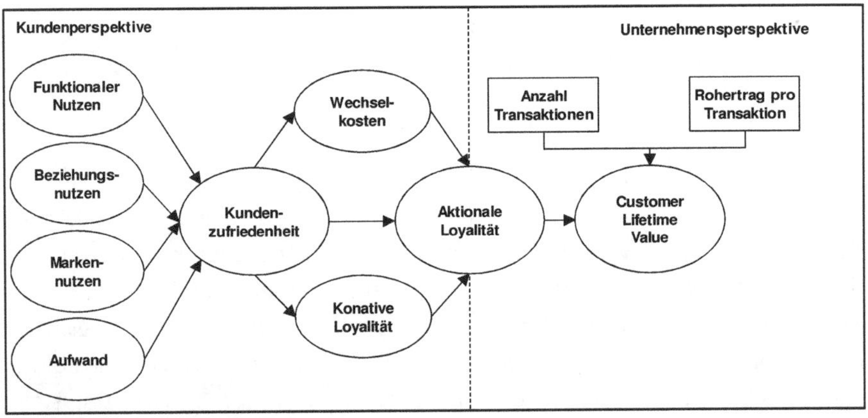

Abbildung 27: Das duale CPV/CLV-Modell

Quelle: eigene Darstellung.

Bislang wurde auf der Ebene des Kundenstamms argumentiert. Es ist jedoch möglich und zu empfehlen, die gleichen Analysen auf einer detaillierteren Ebene durchzuführen. Denn bei der Formulierung der Marketingziele "*[...] ist eine Unterteilung nach Kundensegmenten anzustreben, da die meisten Ziele des Relationshipmarketing nicht für sämtliche Zielgruppen des Unternehmens die gleiche Bedeutung haben."*[406] Kunden können aus der Kombination der Befragung mit den Verhaltensdaten in bewertete **Kundensegmente** bezüglich ihrer CPV-Dimensionen eingeteilt werden.

Aus dem tatsächlichen Verhalten, beobachtet anhand der Transaktionen, ergibt sich das Verhaltenssegment. Bei der Befragung für das CPV-Modell sollten auch Fragen zum tatsächlichen Verhalten gestellt werden, die sich in den Transaktionen abbilden. Dies können zum Beispiel Fragen zu häufigen Warengruppen, Preislagen oder der Promotionaffinität sein.

Das CPV-Modell lässt sich dann – bei ausreichender Datenbasis pro Verhaltenssegment – schätzen und mit den Transaktionsdaten abgleichen. Dadurch können die Kunden sowohl auf Basis der Transaktionsdaten als auch auf Basis der Befragungsdaten in gleiche Kundensegmente eingeteilt werden. Dieser Abgleich ermöglicht somit ein umfassenderes Bild der Kunden. Aus dem kundensegmentspezifischen CPV-Modell ergeben sich dann die wichtigen Treiber der Zufriedenheit und der Loyalität pro Verhaltenssegment. Auf diese Art werden dem Management die Motive und Einstellungen für bislang unerklärbares Kundenverhalten zugänglich.

Abschließend kann dann noch für die Segmente mithilfe der realen Transaktionsdaten der durchschnittliche CLV des Segments berechnet werden. Somit werden die Segmente nicht nur aufgrund ihrer Einstellungen und ihres Verhaltens beschrieben, sondern noch zusätzlich monetär bewertet.

Diese Zusammenführung stellt eine **sinnvolle Erweiterung** bisheriger Verfahren dar und ermöglicht die segmentspezifische Gestaltung des Marketings. Dadurch können zielgerichtete Maßnahmen definiert und durchgeführt werden. Ferner ermöglicht ein solches Vorgehen auch die spätere Messung der Wirkungseffekte pro Kundensegment.

---

[406] Bruhn (2009), S. 103.

Die folgende Matrix hilft dabei, das Kundenportfolio anhand der wichtigsten Kriterien Einstellung (CPV), Verhalten (Kaufhistorie) und durchschnittlicher CLV darzustellen:

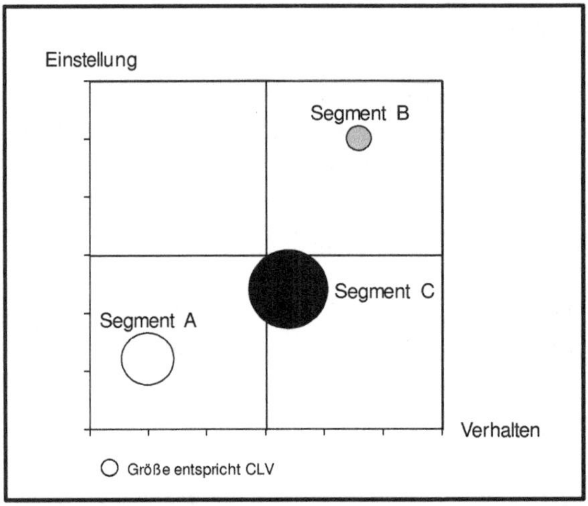

Abbildung 28: Schematische Darstellung des Kundenportfolios

Quelle: eigene Darstellung.

Sowohl die Einstellungsachse, als auch die Verhaltensachse werden durch kategoriale Variablen charakterisiert. Es geht also nicht darum, die Segmente auf diesen Achsen in eine bewertete Reihenfolge zu bringen, sondern vielmehr darum, sowohl für Verhalten als auch für Einstellungen sinnvolle Kategorien zu bilden. Bei den Einstellungen kann dies anhand der CPV-Dimensionen erfolgen (z. B. Beziehungsorientierte vs. Markenorientierte). Bei den Verhaltenskategorien kann eine Einteilung anhand der für die Segmentierung zugrunde gelegten Kriterien erfolgen (z. B. Premiumkäufer vs. Promotionkäufer)

Anhand des Kundenportfolios lassen sich die Kundensegmente gut beschreiben und priorisieren. Die gewonnenen Erkenntnisse können dann genutzt werden, um strategische Entscheidungen zu treffen und taktische Maßnahmen abzuleiten. Dies wird im folgenden Abschnitt 5.2 erläutert.

5.2 Ableitung von Maßnahmen aus dem Kundenportfolio

Für die Ableitung von Marketingmaßnahmen können die Determinanten des CPV-Modells anhand der Pfadkoeffizienten des Strukturgleichungsmodells analysiert werden. Diese geben wider, welche Konstrukte zu höherer Zufriedenheit und Loyalität führen. Maßnahmen müssen daraufhin abzielen, die einzelnen CPV-Dimensionen zu erhöhen.

Zunächst werden die vier Dimensionen des CPV (funktionaler Nutzen, Markennutzen, Beziehungsnutzen und Aufwand) auf ihre Wirkung hin bewertet.

Im Fall des funktionalen Nutzens wird überprüft, welche Treiber (Preis, Qualität, Service und tangibles Umfeld) den größten Einfluss auf den funktionalen Nutzen haben. Für den Beziehungsnutzen werden das Bonusprogramm und der soziale Kontakt evaluiert.

Dabei kommt der Operationalisierung der Nutzentreiber eine große Bedeutung zu. Je genauer die Items definiert sind, desto besser lassen sich aus den Ergebnissen Handlungsempfehlungen definieren. Dazu muss der Marketing-Manager konkrete Maßnahmen ableiten. Eine gute Preiswahrnehmung kann beispielsweise durch eine bessere Preiskommunikation erreicht werden. Eine Erhöhung des empfundenen Markennutzens kann durch gezielte Kampagnen, die den Markenkern stärken, erzielt werden. Schließlich kann der empfundene Aufwand durch bessere Transaktionsprozesse und eine erhöhte Erreichbarkeit der Einkaufsstätte reduziert werden. Das Modell liefert somit Hinweise, welche Bereiche verbessert werden sollten.

Letztlich bedarf es einer gewissen Kreativität, um aus den einzelnen Items der Konstrukte die richtige Maßnahme aus den klassischen 4 P's des Marketingmix und dem Relationshipmarketing zu definieren.

Die folgende Abbildung 29 beinhaltet einige taktische Stoßrichtungen für die Ableitung von Maßnahmen aus dem CPV-Modell:

Maßnahme

- Funktionaler Nutzen
  - Verbesserung der Preiswahrnehmung
  - Verbesserung der Qualitätswahrnehmung
  - Verbesserung der Servicewahrnehmung
  - Verbesserung des tangiblen Umfelds
- Markennutzen
  - Verbesserung der Markenbekanntheit
  - Verbesserung der Markensympathie
- Beziehungsnutzen
  - Verbesserung des persönlichen Kontakts
  - Einführung/Erweiterung Bonusprogramm
- Aufwand
  - Reduktion Such- und Wartezeiten

Abbildung 29: Maßnahmen zur Verbesserung des CPV

Quelle: eigene Darstellung.

Für die Maßnahmen sollten allerdings sogenannte Maßnahmenblätter erstellt werden, die Auskunft über die zu erwartende Wirkung geben. Dazu gehören neben der Beschreibung des Zielsegmentes auch die zu erwartenden monetären Größen auf Basis des CPV-Pfadkoeffizienten. Die direkte Umrechnung vom CPV auf den CLV erweist sich als recht schwierig. Jedoch sollte aus den Pfadkoeffizienten des CPV-Modells eine Implikation folgender Form abgeleitet werden: "Eine Steigerung der Dimension A um x % führt zu einer Steigerung der Zufriedenheit um z %. Dieser Effekt führt zu einer Erhöhung der Loyalität um y %". Diese Größe dient zur Ex-ante-Bewertung bei Bestandskunden und sollte später mit der tatsächlichen Effizienz verglichen werden.

5.3 Messung der Effizienz anhand des CLV

5.3.1 Kriterien zur Auswahl einer Test- und Kontrollgruppe

Ist eine Maßnahme identifiziert und durchgeführt worden, muss die Effizienz gemessen werden. Nur durch die konsequente Anwendung einer Vergleichsmethode kann das Marketing seinen Wertbeitrag herausstellen und den Nachweis der Wertsteigerung erbringen. Wie bereits gezeigt wurde, eignen sich Experimente am besten zur Messung der Effizienz. In der betrieblichen Praxis kann dies aber nicht für alle Maßnahmen und in vollem Umfang erfolgen. Anbieter müssen daher abwägen, welchen Aufwand sie betreiben wollen, um eine realistische Effektgröße abzuschätzen.

Die Bewertung der unterschiedlichen Maßnahmen kann nur am POS durchgeführt werden. Je nach implementierter Distributionspolitik sind dies unterschiedliche interne und externe Kanäle. Diese sind in der Regel Shops und das Internet.

Hat der Produzent direkten Zugang zu seinen Kunden, kann er seine POS-Daten nutzen, um die Effizienz seiner Maßnahmen zu bewerten. Ist ein Händler zwischengeschaltet, ist die Datensammlung für den Produzenten recht schwierig und erfordert eine explizite Kooperation zwischen Handelsunternehmen und Hersteller zum Datenaustausch, soweit dies rechtlich möglich ist.[407] Andererseits kann der Einzelhandel seine eigenen Daten zur Effizienzmessung der Marketingmaßnahmen nutzen, ohne den Produzenten zu involvieren. Dabei gilt es jedoch, neben der Einhaltung gesetzlicher Bestimmung mit einer gewissen Sensibilität Kundendaten zu erheben, zu pflegen und zu nutzen.[408]

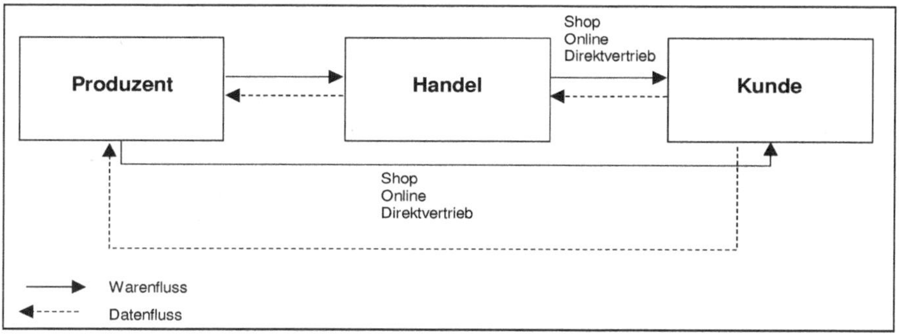

Abbildung 30: Waren- und Datenfluss im Massenmarkt

Quelle: eigene Darstellung.

Zur Messung der Effizienz von Maßnahmen auf Produzenten- oder Händlerebene sollten nach Möglichkeiten Daten der drei Hauptkanäle konsolidiert

---

407 Vgl. Seischab (2009), S. 171 ff., zur Datenschutzproblematik im Austausch mehrerer Partner sowie S. 216 ff. zur Speicherung und Nutzung von Daten zur Marktforschung und Analyse. Dabei gilt es, dem Gebot der Datenvermeidung und Datensparsamkeit (§ 3a, BDSG) zu folgen.

408 Vgl. Bell et al. (2002).

werden. Dies kann beispielsweise durch die Kombination von Zahlungsmittelkarten am POS und im Online-Shop erfolgen.[409]

Werden Maßnahmen durchgeführt, bei denen der Kunde direkt angesprochen wird, können sehr leicht Kontrollgruppen gebildet werden. Dies ist dann der Fall, wenn eine hohe Individualisierung der Kommunikation möglich ist (z. B. durch Direct Mailings). Falls die Aktionen der Kunden mithilfe Kundenkarten direkt kontrollierbar sind, lässt sich der Effekt durch Nachverfolgung dieser Kunden leicht nachmessen.[410]

Ist dies nicht möglich, ist die Messung wesentlich schwieriger. Dies ist beispielsweise der Fall, wenn die Kommunikation und/oder Durchführung von Maßnahmen nicht individualisiert werden kann. Dann liegen Daten praktisch nur auf Ebene der Einkaufsstätten vor. Wie dieses Problem gelöst werden kann, wird im folgenden Abschnitt gezeigt.

5.3.2 Definition der Test- und Kontrollgruppe

Wird im Massenmarkt eine Ebene betrachtet, in der eine Produzenten-Kunden-Beziehung oder eine Händler-Kunden-Ebene vorliegt, wird folgendes Design vorgeschlagen: Hat ein Anbieter verschiedene Einkaufsstätten, die er nutzen kann, um seine Leistungen zu verkaufen, kann er eine **Testgruppe** aus Märkten definieren, die dem gesamten Sample der Einkaufsstätten möglichst ähnlich sind. Dazu gehören die Parameter:

- Größe der Einkaufsstätte
- Sortimentsbreite und -tiefe
- Preissetzung
- Wettbewerbsumfeld
- Öffnungszeiten

In diesen Testeinkaufsstätten wird fortan eine Maßnahme durchgeführt. Um den tatsächlichen Effekt zu messen, muss allerdings noch eine **Kontrollgrup-**

409 Eine einfachere Art wäre natürlich auch hier die Nutzung einer Kundenkarte, die auch zur Identifikation in den anderen Kanälen genutzt wird.

410 Vgl. Nies und Natter (2010).

pe definiert werden, die bei den bereits erwähnten Parametern eine ähnliche Ausprägung aufweist.

Da eine Kontrolle der Konsumenten hierbei schwierig ist, kann ein einfacher Vorher-nachher-Vergleich keine validen Werte liefern. Beispielsweise könnte der Umsatz vor und nach der Aktion nicht nur alleine von der Aktion abhängen, sondern auch von Veränderungen im Umfeld (z. B. durch Wettbewerbsveränderungen oder das Wetter). Zudem kann sich der CLV pro Kunde und Einkaufsstätte erheblich unterscheiden. Kauft ein Kunde beispielsweise immer in einer kleineren Einkaufsstätte ein, in der das Sortiment sehr beschränkt ist, wird er weniger Umsatz generieren und einen geringeren CLV vorweisen, als ein Kunde, der sich sehr loyal zu einer Einkaufsstätte mit größerer Auswahl verhält. Daher ist ein direkter Vergleich des durchschnittlichen CLV der Testgruppe mit der Kontrollgruppe nicht immer ratsam. Dieses Problem kann gelöst werden, wenn das CLV-Modell genutzt wird, um die Effizienz der Maßnahmen zu messen. Dieses Vorgehen wird im Folgenden vorgestellt.

5.3.3 Berechnung des durchschnittlichen CLV der Kontrollgruppe

Als erstes wird der Zeitpunkt der durchgeführten Maßnahme t_{M+1} erfasst. Dann erfolgt zunächst eine ausschließliche Betrachtung der Kontrollgruppe.

Der Datensatz der Transaktionshistorie wird eingeteilt in eine Kalibrierungsphase und eine Validierungsphase. Die Kalibrierungsphase beginnt zum Zeitpunkt t_0 und endet zum Zeitpunkt t_M. Die Validierungsphase beginnt zum Zeitpunkt t_{M+1} und endet zum Zeitpunkt t_{2M}. Dadurch wird sichergestellt, dass beide Perioden gleich lang sind.

Es wird dann eine Kohorte von Kunden ausgewählt, die zum Beginn der Kalibrierungsphase t_0 zum ersten Mal mit dem Unternehmen interagieren. Dies ist entscheidend, weil ansonsten eine wichtige Annahme des MBG/NBD-Modells missachtet wird. Diese Kundenkohorte muss zudem den Anforderungen des MBG/NBD-Modells bezüglich der Kohortengröße N genügen. Dies hängt zwar von der Transaktionsrate der Kunden ab, als Mindestanforderung kann aber ein $N > 1.500$ dienen.[411]

Für diese Kunden wird die Transaktionshistorie (Anzahl Transaktionen, Zeitpunkt des letzten Einkaufs, gekaufte Warengruppen, Roherträge pro Transaktion) aus dem Datawarehouse des Anbieters extrahiert und ausgewertet.

Mithilfe des CLV-Modells wird anschließend auf Basis der Daten der Kalibrierungsphase eine Prognose über den durchschnittlichen CLV der Kunden in der Validierungsphase erstellt.

Anhand dieses Vorgehens wird die Prognosegüte des CLV-Modells für die Kontrollgruppe nachgewiesen. Im Idealfall erreicht das Modell nur minimale Abweichungen der Prognose vom Ist-Wert. Dabei wird die Prognosegüte unterteilt in Prognose der Anzahl der Transaktionen mithilfe des MBG/NBD-Modells und der Prognose des Rohertrages pro Transaktion.

411 Vgl. Hoppe und Wagner (2010) zu Mindestanforderungen an das Pareto/NBD-Modell. Diese Werte können als Richtwerte für das verwandte MBG/NBD-Modell dienen.

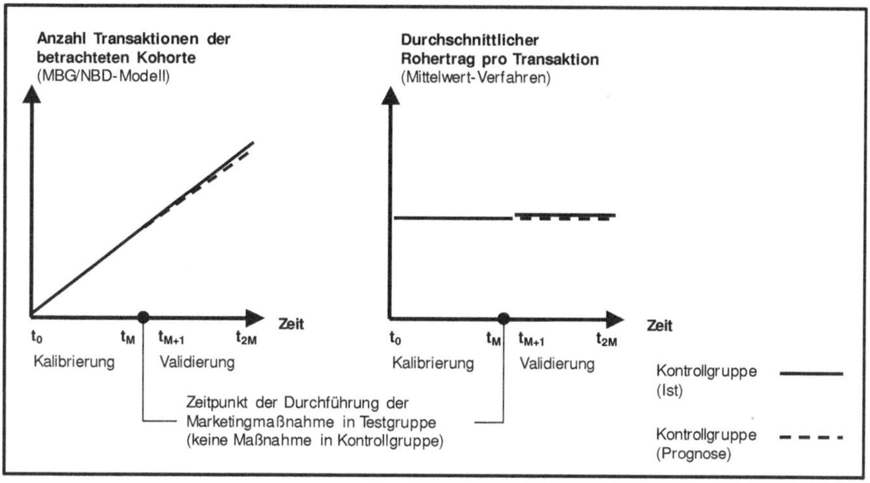

Abbildung 31: CLV-Berechnung Kontrollgruppe

Quelle: eigene Darstellung.

Die obige Abbildung 31 zeigt den erhofften Ausgang der Transaktionszahl-Modellierung der Kontrollgruppe (links) und der Rohertragsmodellierung (rechts).[412]

5.3.4 Effizienzberechnung auf Basis des durchschnittlichen CLV in der Testgruppe

Im nächsten Schritt wird für die Testgruppe das gleiche Vorgehen angewendet. Es wird also auch hier eine Kundenkohorte mit Startzeitpunkt t_0 ausgewählt. Die Transaktionsdaten dieser Kohorte werden ausgewertet und eine CLV-Prognose auf Basis der Kalibrierungsphase wird durchgeführt.

Allerdings wird erwartet, dass die Prognose diesmal von den Ist-Werten abweicht. Im Idealfall sollten die Ist-Werte über den Prognosewerten liegen. Das liegt daran, dass zum Beginn des Prognosezeitraums in t_{M+1} eine Maßnahme

---

412 Aus Illustrationsgründen wird hier nur das Mittelwert-Verfahren dargestellt.

durchgeführt wurde. Jede Abweichung des prognostizierten CLV vom Ist wird auf die Maßnahme zurückgeführt.

Die folgende Abbildung 32 gibt einen Überblick über die Durchführung des Vergleiches anhand des CLV-Modells. Links wird der Gewinn der Transaktionsanzahl ausgewiesen und rechts der Gewinn des durchschnittlichen Rohertrags. Natürlich ist es auch möglich, dass durch eine Maßnahme nur die durchschnittlichen Roherträge steigen (z. B. durch Preissteigerungen) oder nur die Anzahl der Transaktion steigern (z. B. durch Plakataktionen).

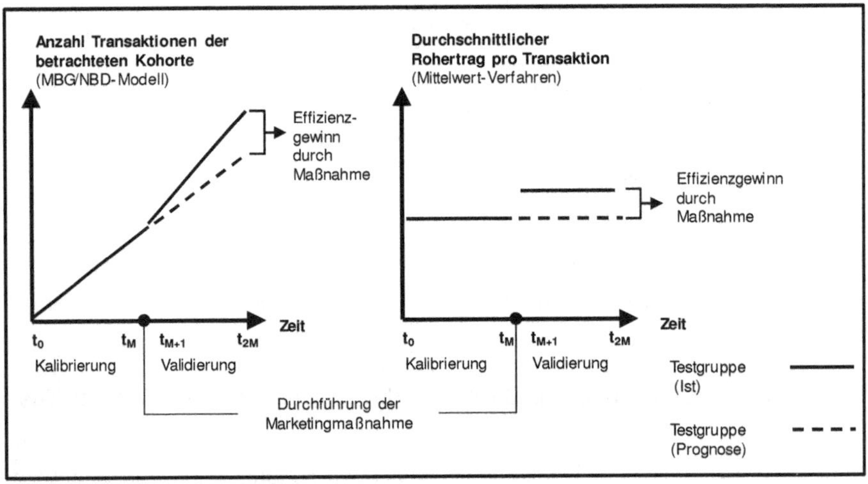

Abbildung 32: CLV Berechnung Testgruppe
Quelle: eigene Darstellung.

Letztlich wird sowohl für die Kontrollgruppe als auch für die Testgruppe der durchschnittliche CLV berechnet und werden die beiden Werte einander gegenüber gestellt. Für die Kontrollgruppe wird erwartet, dass diese Wert identisch ist. In der Testgruppe wird der Effizienzgewinn von +X % durch die Abweichung zur Prognose berechnet und stellt den zusätzlichen Rohertrag durch die durchgeführte Maßnahme dar.

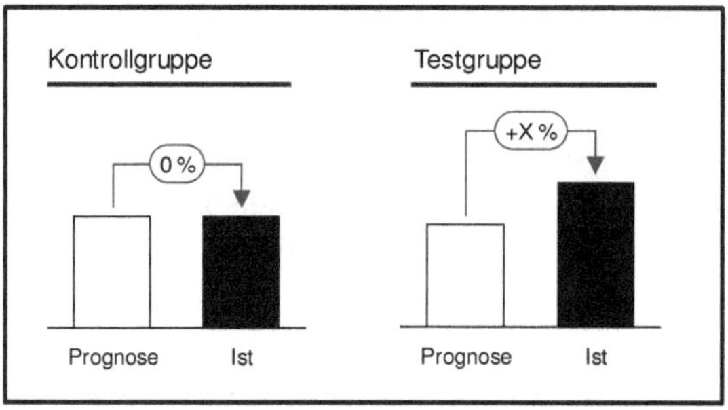

Abbildung 33: Vergleich durchschnittlicher CLV Testgruppe und Kontrollgruppe
Quelle: eigene Darstellung.

Der CLVRoI kann somit anhand des Quotienten aus dem Effizienzgewinn der Maßnahme und den Kosten der Maßnahme in der Testgruppe berechnet werden.

(5-1) $$\boldsymbol{CLVRoI} = \frac{\boldsymbol{CLV_{IST} - CLV_{PRG}}}{\boldsymbol{K}}$$

Dabei gilt:

CLV_{IST}, tatsächlicher, durchschnittlicher CLV der Testgruppe

CLV_{PRG}, prognostizierter, durchschnittlicher CLV der Testgruppe

K, Kosten der Maßnahme pro Kunde

5.3.5 Beurteilung der Validität der Effizienzmessung

Es gilt zu bedenken, dass nicht alle Maßnahmen geeignet sind, um auf diese Art und Weise auf ihre Effizienz hin überprüft zu werden. Daher gilt es, zunächst einige Vorüberlegungen über die Art von Maßnahmen anzustellen, die mithilfe solcher Experimente überhaupt sinnvoll bewertet werden können und sollen.

Es sei daran erinnert, dass der Effekt auf den durchschnittlichen CLV gemessen werden soll. Dazu eignen sich in erster Linie Maßnahmen, von denen ein **langfristiger Effekt** zu erwarten ist. Von einer einmaligen Promotion, bei der für wenige Tage oder Wochen der Preis gesenkt wird, kann kein langfristiger

Effekt über Monate oder gar Jahre erwartet werden.[413] Ferner muss sichergestellt werden, dass die Maßnahme **zeitlich genau erfasst** werden kann.

Dazu kommt, dass die erwartete Veränderung **nicht** derart **marginal** ist, dass keine objektive Messung mehr möglich ist.[414] Das könnte beispielsweise das Training einzelner Mitarbeiter sein, das durchaus Effekte auf die wahrgenommene Freundlichkeit oder Verkaufsberatung haben kann, aber deren Messung durch andere Effekte leicht überlagert wird.[415]

Ferner muss die Dauer der Messung innerhalb eines **sinnvollen Rahmens für das Management** sein. Wird ein zu langer Zeitraum zur Messung ausgewählt, kann dies entscheidende Nachteile hervorrufen. Dazu gehört beispielsweise die Imitation durch den Wettbewerb, falls die Maßnahme allem ersten Anschein nach erfolgreich ist, noch bevor eine fundierte CLV-Analyse vorliegt.[416] Zum anderen kann bei einer Maßnahme, deren Erfolg sich erst nach mehreren Jahren zeigt, der Wille zur Durchführung verlorengehen und diese eingestellt werden. Daher eignet sich keine Maßnahme, für deren Messung mehrere Jahre zur Kalibrierung und Validierung notwendig sind.

Schließlich hängt die **Dauer der Betrachtung** für das Modell von der Datenqualität, der vorliegenden Kundenbindungsrate und der Transaktionsrate der Kunden ab. Bei einer niedrigen Kundenbindungs- und Transaktionsrate wird ein längerer Zeitraum benötigt, um valide Veränderungen zu messen. Bei einer hohen Kundenbindungs- und Transaktionsrate sind durchaus kürzere Zeiträume zur Kalibrierung und Validierung ausreichend.[417]

---

413 Vgl. Pauwels et al. (2002) zum Effekt auf Umsätze bei Konsumgüter; Pauwels et al. (2004) zum Effekt auf Erträge in der Automobilindustrie; Srinivasan et al. (2004) zur Unterscheidung des Effekts auf Hersteller- und Einzelhändlerebene.

414 Vgl. Gupta und Cooper (1992) zu unterschiedlichen Grenzwerten bei Preis-Promotions im Einzelhandel.

415 Vgl. Nikandrou et al. (2008) zeigen, dass in modernen Industriestaaten der reine Trainingsaufwand kaum zur Erklärung der Unternehmenserfolges beiträgt. Dies gilt allerdings nicht in Staaten mit sehr niedrigem Bildungsstand.

416 Vgl. Steenkamp et al. (2005) zu Wettbewerbsreaktionen bei Promotions und Werbeaktionen.

417 Vgl. für das MBG/NBD-Modell Abschnitt 4.3.1.2.3

Abschließend soll nun noch nachgeprüft werden, ob das vorgeschlagene Design zur experimentellen Effizienzmessung den Anforderungen an ein **valides Experiment** genügt. Es müssen sowohl die interne als auch externe Validität nachgewiesen werden.[418]

Als erstes werden die entscheidenden Störfaktoren für die **interne Validität** betrachtet und ausgeschlossen:

- *History Effect*: Exogene Veränderungen zwischen den Zeitpunkten sind zwar möglich, werden aber durch die Auswahl der Einkaufsstätten und der Kontrollgruppe nivelliert.
- *Maturation Effect*: Aufgrund eines empfohlenen Beobachtungszeitraums von maximal wenigen Jahren ist dieser Effekt minimal, zumal der Effekt durch die Kontrollgruppe nivelliert wird.
- *Testing Effect*: Ein sich verstärkender Lerneffekt kann je nach Maßnahmenart eintreten. Dies ist im Einzelfall zu prüfen und kann durch das allgemeine Vorgehen nicht ausgeschlossen werden.
- *Instrumentation Effect*: Da nur Transaktionsdaten ausgewertet werden, tritt keine Veränderung der Messinstrumente auf.
- *Statistical Regression Effect*: Bei Transaktionsdaten ist dies nicht relevant.
- *Selection Effect*: Da Kunden das beobachtete Objekt sind, aber die Auswahl indirekt über die Einkaufstätten erfolgt, ist dies prinzipiell möglich. Durch eine repräsentative Auswahl der Einkaufsstätten sollte dieser Effekt jedoch nivelliert werden.
- *Mortality Effect*: Da Kunden nicht wissen, dass sie an einem Experiment teilnehmen, ist eine sinkende Teilnahmebereitschaft kein Problem. Der Rückgang der Teilnehmer ist vielmehr ein Ergebnis des tatsächlichen Verhaltens und daher eine zu modellierende Entwicklung.

Dies gilt auch für die **externe Validität**:

- *Dissimilar Variables*: Ist prinzipiell durch Wettbewerbsveränderungen oder Änderungen der Einkaufsstättenumgebung möglich, kann aber bei einer Ex-post-Auswahl der Einkaufsstätten der Test- und Kontrollgruppen ausgeschlossen werden.

---

[418] Vgl. Kapitel 4.4.3.

- *Dissimilar Environments*: Die Umweltfaktoren bei Durchführung des Experimentes an der Einkaufsstätte stellen die Realität dar und daher ist dieser Effekt ausgeschlossen.
- *Dissimilar Subjects*: Die Individuen dieses Experiments sind die Zielgruppe und daher ist dies kein Problem für die externe Validität.

Das Experimentdesign erfüllt folglich die notwendigen Anforderungen, um Störeffekte zu kontrollieren. Somit können für den Anbieter die Ergebnisse aus dem Experiment verallgemeinert werden.

5.4 Zusammenfassung des Modells

Das duale Modell definiert zunächst Kundensegmente auf Basis des aus Transaktionsdaten beobachteten Verhaltens. Diese werden mithilfe einer Kundenbefragung um deren Einstellungen erweitert und anhand des CLV-Modells bewertet.

Mithilfe des Strukturgleichungsmodelles werden für die Segmente die Dimensionen des CPV erhoben, die zu gestiegener Kundenzufriedenheit und damit zu höherer aktionaler Loyalität führen.

Die Ergebnisse des CPV- und CLV-Modells werden in einem Kundenportfolio zusammengeführt. Diese Zusammenführung bildet einen umfassenderen Blick auf die Kundensegmente ab und ermöglicht dem Management die Definition einer Kundenstrategie zur Verbesserung der Effektivität. Die Bereiche zur Verbesserung des CPV können aus den signifikanten CPV-Dimensionen abgeleitet werden.

Darauf basierend ist es dem Manager möglich, Maßnahmen zu beschließen und in einem Sample aus Einkaufsstätten durchzuführen. Ziel dieser Testdurchführung ist der Nachweis der Effizienz der Maßnahmen.

Dazu werden historische Transaktionsdaten dieser Einkaufsstätte für eine Kundenkohorte erhoben (Testgruppe). Der durchschnittliche CLV dieser Kundenkohorte wird auf Basis der Daten bis zur Durchführung der Maßnahme geschätzt und mit den tatsächlichen Transaktionen in einer Validierungsphase nach Durchführung der Maßnahme verglichen. Das Delta wird der Wirkung der

Maßnahme zugesprochen. Dieses Delta stellt den Effizienzgewinn durch die Maßnahme dar und kann als CLVRoI ausgewiesen werden.

Zur Vergleichbarkeit der Ergebnisse und Sicherstellung der Validität wird ein anderes Sample aus Einkaufsstätten ausgewählt, in denen keine Maßnahmen durchgeführt wurden. Auch dort wird zum gleichen Zeitpunkt eine Kundenkohorte ausgewählt und anhand des CLV-Modells eine Prognose auf Basis der Transaktionshistorie bis zum Zeitpunkt der Maßnahmendurchführung erstellt. Hier wird erwartet, dass die Prognose und die Ist-Werte nur minimal abweichen und dass dadurch der Nachweis erbracht wird, dass das Prognosemodell valide arbeitet.

Das duale CPV/CLV-Modell vereint somit drei wesentliche Bereiche des Marketings. Es verbindet die Modellierung des CPV mit der Modellierung des CLV und nutzt diesen ganzheitlichen Blick, um Maßnahmen für das Marketing zu definieren. Gleichzeitig gelingt es dem Modell durch die Betrachtung des durchschnittlichen CLV, die Zielgrößen der wertorientierten Unternehmenssteuerung zu berücksichtigen und für die Priorisierung von Maßnahmen zu nutzen. Zuletzt wird gezeigt, wie anhand dieses Vorgehens die Effizienz der Maßnahmen nachgewiesen und zur Accountability beigetragen wird. Dieser in der bisherigen Forschung einzigartige Ansatz zeigt, wie auf Basis fundierter Kundenanalysen sowohl die Effektivität als auch die Effizienz des Marketings verbessert werden können.

Die folgende Abbildung 34 gibt einen Überblick über die Vorgehensweise des Modells und dient zugleich als Anleitung für die Validierung des Modells im Massenmarkt, welches im anschließenden Kapitel vorgenommen wird.

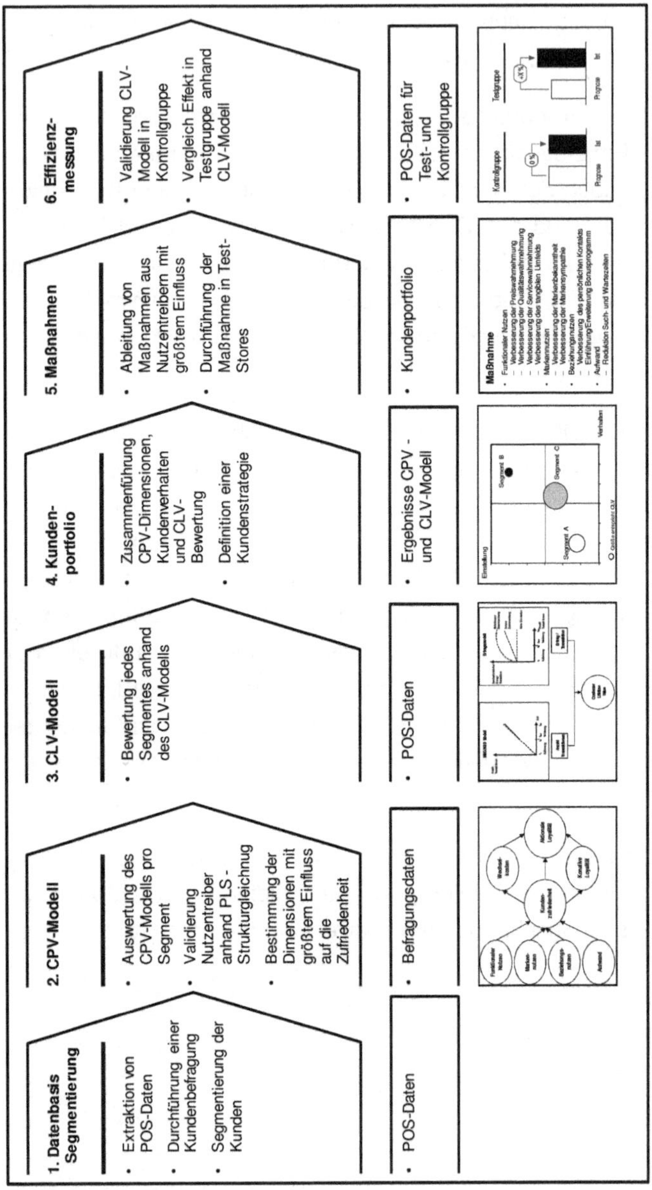

Abbildung 34: Zusammenfassung des dualen CPV/CLV-Modells

Quelle: eigene Darstellung.

6 Empirische Validierung des dualen Modells

Für den empirischen Teil der vorliegenden Arbeit konnte eine Kooperation mit einem internationalen Ölkonzern eingegangen werden, der im deutschen Tankstellenmarkt operiert. Das Unternehmen stellte nicht nur interne Daten aus dem Kassensystem zur Verfügung, sondern führte im Rahmen der Kooperation eine qualitative und quantitative Kundenbefragung durch. Diese Daten sind die Basis für das CPV/CLV-Modell. Ferner wurden Maßnahmen identifiziert, die anhand des Modells auf ihre Effizienz hin bewertet wurden. Der Konzern operiert in Deutschland mit einem einheitlichen Marktauftritt, so dass für den Kunden eine Unterscheidung zwischen Hersteller und Absatzmittler nicht möglich ist.

Im nun vorliegenden Teil der Arbeit werden der **Tankstellenmarkt** und die Treiber der Kaufentscheidung vorgestellt. Zudem wird gezeigt, dass der Tankstellenmarkt ein Massenmarkt ist und es werden die Besonderheiten des Tankstellenmarktes aufgrund von industriespezifischen Befragungen und Studien herausgearbeitet. Ferner wird gezeigt, dass der Tankstellenmarkt ein Grenzbereich für die Anwendung von Relationshipmarketingmaßnahmen darstellt.

Anschließend findet eine **Anwendung** und Validierung des in Kapitel 5.4 vorgestellte Modells statt. Dazu werden zunächst der vorliegende Datensatz und die implementierten Maßnahmen des Tankstellenbetreibers in einer Form beschrieben, dass keine wirtschaftlich kritischen Informationen des Unternehmens veröffentlicht werden, aber die wissenschaftliche Aussagekraft sichergestellt ist. Danach werden die einzelnen Schritte der Implementierung beschrieben und Teilergebnisse besprochen. Dazu gehört, dass auf Basis der POS-Daten drei Verhaltenssegmente gebildet werden. Diese werden mit den Ergebnissen des CPV-Modells zu einem Kundenportfolio zusammengeführt. Anschließend werden daraus resultierende Maßnahmen betrachtet. Anhand von Experimenten und des CLV-Modells wird dann die Effizienz zweier implementierter Maßnahmen gemessen.

Zuletzt werden die Ergebnisse diskutiert und **interpretiert**.

6.1 Das Tankstellengeschäft als Untersuchungsgegenstand

6.1.1 Charakteristika des deutschen Tankstellenmarktes

Innerhalb der Wertschöpfungskette von Ölunternehmen werden zwei Hauptbereiche unterschieden. Die Exploration von Ölfeldern und die Produktion von Öl wird als Upstream-Bereich bezeichnet und umfasst im Wesentlichen die Entdeckung und Förderung von Öl. Der zweite Bereich, der sogenannte Downstream, umfasst die Verarbeitung des Öls in der Raffinerie und die Vermarktung der Ölprodukte einschließlich des Tankstellengeschäftes. Dies ist die letzte Stufe der Wertschöpfungskette von Ölunternehmen.[419]

In Deutschland operieren vierzehn Raffinerien, die im Besitz der in Deutschland tätigen Ölgesellschaften sind.[420] Der deutsche Tankstellenmarkt wird dominiert von internationalen Ölmultis (BP, Shell, Exxon), die in fast allen Märkten der Industrieländer aktiv sind. Dazu kommen internationale Multis, die sich nur auf einige Länder fokussieren (Conoco Phillips, Total, Agip) und einige nationale Champions (Orlen, OMV). Mittelständische Tankstellenbetreiber (Tamoil, OIL!) sowie der Bund Freier Tankstellen (BFT) komplettieren den Markt.

Der Markt hat in den letzten Jahren deutliche **Strukturveränderungen** hingenommen. Dazu zählen die Übernahme von Aral durch BP, die Übernahme von DEA durch Shell sowie der Markteintritt nationaler Champions wie OMV (Österreich) und Orlen (Polen). Dies ist trotz einer deutlich sinkenden Anzahl von Tankstellen geschehen: Ende 1980 gab es deutschlandweit 27.628 Tankstellen, während es 2010 nur noch 14.407 waren.[421] Dazu kommt, dass der Kraftstoffverbrauch seit Jahren stagniert und mittlerweile rückläufig ist. Wurden 2006 noch 54.940 Mio. Liter abgesetzt, lag der Verbrauch 2009 bei 54.418 Mio. Litern.[422] Dabei heben sich zwei Trends gegenseitig auf: Steigende Fahrleistungen von PKWs führen zu einer höheren Anzahl gefahrener Kilometer,

---

419 Vgl. Deutsche Bank (2010), S. 176.

420 Vgl. Mineralölwirtschaftsverband e.V. (2011c).

421 Vgl. Energie Informationsdienst (2011).

422 Vgl. Datamonitor (2010).

jedoch geht der Durchschnittsverbrauch der Kraftfahrzeuge stark zurück.[423] Für die nächsten Jahre wird ein weiterer Rückgang des Mineralölabsatzes in Deutschland erwartet.[424]

Tankstellen werden anhand **fünf verschiedener Geschäftsmodelle** geführt, auf die im Folgenden eingegangen wird.[425]

Die ersten drei Modelle werden auch als "Farbentankstellen" bezeichnet, die Kraftstoffe eines Großanbieters unter dessen "Farbe" verkaufen. Die Hauptunterscheidungsmerkmale sind der Besitz der Tankstelle und die Art der Führung. Wenn eine Tankstelle der Ölgesellschaft gehört und sie auch von der Ölfirma geführt wird, spricht man von der "Eigenanlage der Konzerne". Gehört die Tankstelle zwar der Ölgesellschaft, vermietet sie diese aber an einen Pächter, der die Tankstelle führt, spricht man von "Pächter ohne Eigentum der Tankstelle". Letztlich kann auch die Tankstelle einem Partner gehören, wird jedoch von diesem unter der "Farbe" der Ölgesellschaft geführt. Dieser Fall wird als "Partner mit Eigentum der Tankstelle" bezeichnet.

Die anderen beiden Geschäftsmodelle umfassen alle markenungebundenen Tankstellen, die sich noch durch die Bedeutung des Kraftstoffverkaufs für das Unternehmen differenzieren lassen. Zum einen sind dies die freien mittelständischen Tankstellen, die zwar von den gleichen Raffinerien beliefert werden, aber den Verkauf ohne die Farbe einer Ölgesellschaft betreiben. Das verbleibende Modell sind Tankstellen an Supermärkten und Autohäusern, die überwiegend sehr niedrige Preise anbieten und das Kraftstoffgeschäft eher als einen Zusatzverdienst und Frequenztreiber für das Hauptgeschäft betrachten.

In dieser Arbeit werden Daten einer "Farb-Ölgesellschaft" genutzt. Somit liegen im Prinzip die ersten drei Modelle im Fokus der Betrachtung. In allen Fällen liefert die Ölgesellschaft der Tankstelle den Treibstoff und je nach Vertragseigenschaften operiert der Tankstellenbetreiber auf eigene Rechnung

---

[423] Vgl. Statistisches Bundesamt (2010).

[424] Vgl. Mineralölwirtschaftsverband e. V. (2011b).

[425] Vgl. PSR Rating et al. (2010), S. 27.

oder wird an dem Gewinn des Treibstoffverkaufes mit einer Kommission beteiligt.[426]

Als **Wettbewerbsstrategien** versuchen sich sogenannte A-Gesellschaften (wie beispielsweise Aral und Shell) mit den höchsten Preisen über Premiumangebote des Treibstoffes, einen großen Shop, Kundenbindungsprogramme oder ein Bistro zu differenzieren.[427] Die B-Gesellschaften (wie beispielsweise Jet und star) operieren mit einer klassischen Niedrigpreisstrategie am Markt, die konsequent mindestens 1 ct/Liter unter dem der A-Gesellschaften bleibt.

Nicht zuletzt wegen des sinkenden Absatzes und der gleichen Anzahl der Anbietern sprechen die Ölkonzerne von einem starken Wettbewerb. Allerdings steht die Branche im Verdacht, **illegale Preisabsprachen** durchzuführen. So nennt das Bundeskartellamt die fünf großen Mineralölkonzerne BP (Aral), ConocoPhilipps (Jet), ExxonMobil (Esso), Shell und Total "*marktbeherrschend*".[428]

Kunden sind in der Wahl ihrer Tankstelle teilweise beschränkt. Je nach Motor des Fahrzeugs kann zwischen Diesel oder Ottokraftstoff unterschieden werden. Aufgrund der begrenzten Reichweite eines Fahrzeuges wird von lokalen Oligopolen der Anbieter ausgegangen. Die Preissetzung innerhalb dieser lokalen Märkte wird von den Ölgesellschaften kontrolliert und orientiert sich an den nationalen Anbietern.[429] Kunden haben jedoch innerhalb dieser lokalen Märkte die Auswahl, an welcher Tankstelle sie tanken und/oder einkaufen möchten.

Der Tankstellenmarkt kann anhand der betrachteten Eigenschaften als Massenmarkt identifiziert werden. Zum einen gibt es mit über 36 Millionen privaten

---

426 Die generierten Kassendaten erfassen die Umsätze und Absätze aller Tankstellen unter der Farbe. Da der Kunde die Besitzverhältnisse nicht wahrnimmt, ist dies eine plausibles Vorgehen.

427 Vgl. Reiber (2009), S. 28, und PSR Rating et al. (2010), S. 19.

428 Bundeskartellamt (2011), S. 19.

429 Iyer und Seetharaman (2008).

PKW eine sehr große Anzahl potenzieller Kunden,[430] zum anderen operieren in Deutschland mit 13 Anbietern ausreichend Wettbewerber.[431] Schließlich verkaufen Tankstellen als Hauptprodukt Kraftstoff, der ein homogenes Gut darstellt. Denn er lässt sich vom Kunden weder sachlich, zeitlich noch persönlich unterscheiden. Anbieter versuchen seit Jahren, eine sachliche Differenzierung durch die Einführung von Premiumkraftstoffen zu erreichen. Diese Produkte, wie beispielsweise Shell V-Power oder Aral Ultimate, spielen im Absatz allerdings nur eine sehr kleine Rolle. Shell V-Power beispielsweise erreicht beim Benzin nur einen Absatz von ca. 6 %.[432] Die räumliche Homogenität des Produktes kann aufgrund regionaler Preissetzung deutlich eingeschränkt sein.[433] Jedoch spielt dies in Ballungsgebieten nur eine untergeordnete Rolle. Verschiedene Untersuchungen zeigen, dass Tankstellen oftmals nicht alleine, sondern in direkter Nachbarschaft zum Wettbewerber stehen.[434]

6.1.2 Treiber der Kaufentscheidung im Tankstellenmarkt

Der Gesamtverbrauch eines Kunden pro Jahr hängt zunächst vom gefahrenen Fahrzeugtyp, dessen Durchschnittsverbrauch und von der Fahrleistung pro Jahr ab. Das Tankverhalten wird durch eine ganze Reihe von nicht durch die Tankstellenbetreiber beinflussbaren Faktoren bestimmt. Dazu gehört hauptsächlich das Fahrverhalten einzelner Kunden. Der Autofahrer entscheidet sich ab einer bestimmten Tankmenge für die nächstgelegene Tankstelle, um sich nicht dem Risiko eines leeren Tanks auszuliefern. Allein durch eine hohe Netzabdeckung kann eine Tankstellenfirma eine hohe Kundenbindung erreichen.

---

430 Vgl. Statistisches Bundesamt (2010).

431 Vgl. PSR Rating et al. (2010), S. 13.

432 Mit V-Power aus der Ölabhängigkeit (2011), zumal die versprochene Leistungsfähigkeit dieser Premiumkraftstoffe nicht zweifelsfrei nachgewiesen wurde. Siehe dazu u. a. Wie viel Kraft steckt im Wundersprit? (2003).

433 Vgl. Reiber (2009), S. 34; Bohmann (2011), S. 147, sieht vor allem fehlende soziale und persönliche Nutzenkomponenten zur Unterscheidung von Kraftstoffen.

434 Vgl. Kim (2011); Eckert und West (2004).

Hat der Kunde jedoch einen ausreichend gefüllten Tank, so dass er sich frei und unabhängig für eine Tankstelle entscheiden kann, hängt die Wahl der Tankstelle von mehreren Faktoren ab, die im Folgenden besprochen werden.

6.1.2.1 Auswahl externer Studien zu den Treibern der Kaufentscheidung

Zum Verhalten von Kunden an Tankstellen gibt es eine Reihe von Untersuchungen, die zu sehr ähnlichen Ergebnissen kommen. Zwei davon sollen exemplarisch vorgestellt werden.

Befragt man Kunden direkt nach den Gründen für die Wahl ihrer Tankstelle, ist das Ergebnis in beiden Studien sehr eindeutig. Bei der Tankstellenauswahl steht Convenience im weitesten Sinne im Vordergrund, wie die Studie von Meffert und Lasslop zeigt: räumliche Nähe ist das am häufigsten genannte Kriterium. Interessanterweise ist Preis ein deutlich nachgelagertes Kriterium.[435]

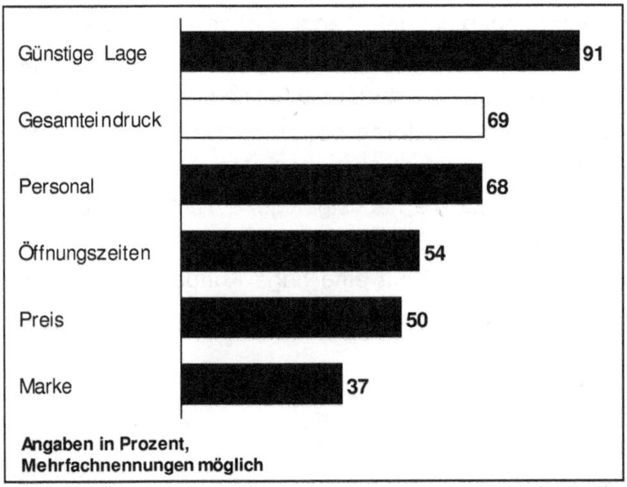

Abbildung 35: Auswahlkriterien für Stammtankstelle Studie 1

Quelle: Meffert und Lasslop (2005), S. 724.

---

[435] Vgl. Meffert und Lasslop (2005), S. 724.

Als wichtigere Aspekte vor dem Preis werden überraschenderweise das Personal und die Öffnungszeiten genannt. Diese Studie liefert Indikationen über die Wahlentscheidung der Konsumenten, die über die reine Preisorientierung hinausgehen.

Eine weitere Studie der abh Market Research kommt zu ganz ähnlichen Ergebnissen. Auch dort wird die Lage/Erreichbarkeit der Tankstelle als wichtigstes Kriterium genannt. Zudem gilt auch hier, dass das Personal das zweitwichtigste Entscheidungskriterium darstellt.

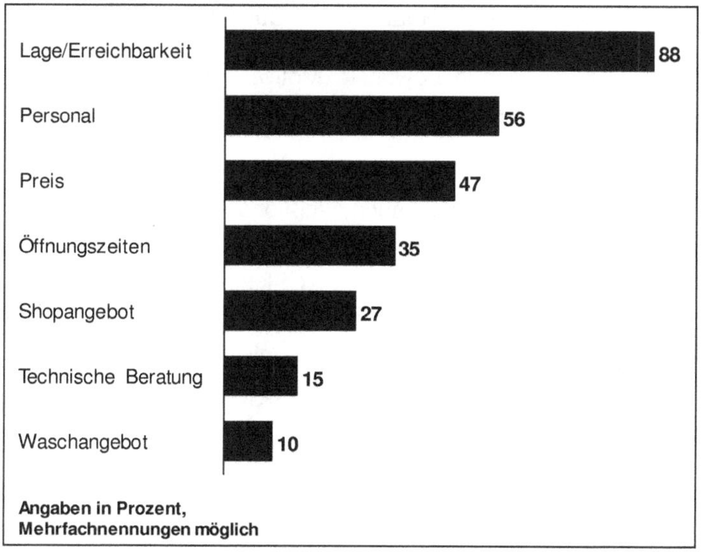

Abbildung 36: Auswahlkriterien für Stammtankstelle Studie 2

Quelle: abh Market Research (2008).

Im bereits vorgestellten CPV-Modell sind somit schon wesentliche Treiber der Kaufentscheidung des Tankstellenmarktes enthalten. Dazu gehören die Treiber des funktionalen Nutzens (Preis und Öffnungszeiten), der Beziehungsnutzen (in Form des persönlichen Kontakts zum Personal) und der wahrgenommene Aufwand (bei einer ungünstigen Lage).

6.1.2.2 Interne Studie zur Erfassung der Treiber der Kaufentscheidung

Um diese ersten Indikationen zu verifizieren und das CPV-Modell auch qualitativ besser einzugrenzen, wurden in Kooperation mit einer externen Agentur sechs Fokusgruppen mit entweder zehn Männern oder zehn Frauen befragt. Ziel der Fokusgruppen war es, **Motive**, **Emotionen** beim Besuch sowie **Barrieren** und die **Wahrnehmung des Marktes** qualitativ zu erarbeiten.

Alle Befragten waren zu dem Zeitpunkt im Besitz eines PKWs und entschieden selbst über die Wahl der Tankstelle. Es konnten aus den Analysen zwei Cluster herausgearbeitet werden: Markentanker und Günstigtanker.

Für Erstere sind vor allem folgende bewusste Motive entscheidend: Nähe, Qualität und das Einkaufserlebnis. Für die Günstigtanker ist es vor allem der Preis und die Nähe der Tankstelle.

Neben dem funktionalen Nutzen wurden auch Emotionen beim Besuch einer Tankstelle besprochen. Es wurden genannt: sich und dem Auto was Gutes tun, Auszeit aus dem hektischen Alltag nehmen, sich kleine Sünden erlauben, Spaß beim Tanken als Spiel, Menschen beobachten, Ort der Verwöhnung, menschliche Nähe, schlau sein und sparen, Sparen als Spiel, Emanzipation. Folgende Barrieren konnten herausgearbeitet werden: Dreck, Schlangen an den Säulen, totale Automatisierung, Tanken ohne Shop.

Somit können auch hier sowohl funktionale als auch beziehungsorientierte Merkmale identifiziert werden, die die Entscheidung für oder gegen eine Tankstelle treiben. Ferner wurde aus qualitativer Sicht bestätigt, dass die Marke einer Tankstelle Einfluss auf das Tankverhalten einer Kundengruppe hat.

6.1.3 Anwendbarkeit des Relationshipmarketing im Tankstellenmarkt

Abschließend gilt es zu prüfen, ob der Massenmarkt des Tankstellengeschäfts die Anforderungen für ein funktionierendes Relationshipmarketing erfüllt.

Der Vergleich der diskutierten Bedingungen für die Durchführung von Relationshipmarketing mit dem Profil des Untersuchungsgegenstandes dieser Arbeit liefert einige interessante Hinweise, die im Folgenden diskutiert werden. Es kann festgestellt werden, dass diese Bedingungen nur teilweise erfüllt werden.[436] Diese Einschätzungen entsprechen im Übrigen auch den Ergebnissen von Coviello und Brodie, die zeigen, dass Manager von Retail Commodities (insb. Tankstellen) den Grundhypothesen des Relationshipmarketing kaum zustimmen.[437]

Im Detail beleuchtet zeigt sich aber, dass zumindest die **Kernbedingung** für ein funktionierenden Relationshipmarketing voll erfüllt wird. Ein Kunde kann durchaus immer wieder die gleiche Tankstellenmarke oder lokale Tankstelle besuchen und hat aufgrund dessen eine inhärente Beziehung zur Tankstellenmarke. Somit ist eine über eine einzelne Transaktion hinausgehende Dauer der Kundenbeziehung möglich.

Bezüglich der **kundenseitige Bedingungen** lassen sich grundsätzlich einige Punkte positiv bewerten. Es existiert insbesondere beim Treibstoff ein hohes wahrgenommenes Risiko auf Kundenseite. Dies wurde zuletzt bei der Einführung vom E10-Treibstoff deutlich.[438] Zudem liegen zwischen den regionalen Tankstellenmärkten durchaus Wechselkosten vor, die den regionalen Einzug einer Tankstelle mindern. Jedoch kann innerhalb der Region jede Tankstelle ausgewählt werden, damit kann nur von teilweise vorhandenen Wechselkosten ausgegangen werden. Wie in der qualitativen Untersuchung gezeigt wurde, liegt auch durchaus eine emotionale Nähe der Kunden zu dem Produkt vor. Diese ist aber nur für einen Teil der Kunden relevant, während andere lediglich den Preis und die Nähe als Hauptkriterien für die Tankstellenwahl betrachten.

Allerdings wird ein Punkt in Bezug auf die Anwendbarkeit aus Kundensicht nicht erfüllt. Die Produkte sind in diesem Markt absolut homogen und können als Commodities beschrieben werden.[439] In der Praxis sprechen die Öl-

---

[436] Vgl. Tabelle 3.

[437] Vgl. Coviello und Brodie (1998).

[438] Vgl. Problematik der E10-Einführung und wahrgenommenes Risiko in Mineralölwirtschaftsverband e. V. (2011a). Drei Monate nach Einführung von E10 lehnten 64 % der Befragten E10 ab. Davon begründeten 52 % der Befragten dies mit der "Angst vor einem Motorschaden".

[439] Vgl. Bohmann (2011), S. 147.

Unternehmen selbst von "*homogenen Massengütern*".[440] Somit haben Kunden diesbezüglich einen geringeren Anreiz, eine Beziehung einzugehen, als in anderen Märkten.

Zusammenfassend lässt sich aber festhalten, dass aus Kundensicht einige Punkte durchaus dafür sprechen, eine Beziehung mit dem Anbieter einzugehen.

Die **anbieterseitigen Bedingungen** werden ebenfalls zumindest teilweise erfüllt. Zunächst einmal handelt es sich beim Tankstellenmarkt um einen gesättigten Markt, der nicht nur stagniert, sondern auch rückläufig ist. Daher haben Unternehmen einen hohen Anreiz, Wege der Kundenbindung zu finden und zu implementieren. Zum anderen zeigten sich bereits in der qualitativen Befragung durchaus heterogene Wünsche der Kunden. Diese Ergebnisse werden von quantitativen Studien zur Segmentierung des Tankstellenmarktes unterstützt.[441]

Eine weitere wichtige Bedingung wird jedoch nicht erfüllt. In diesem Markt hat ein einzelner Tankstellenkunde kaum eine hohe strategische Relevanz. Daher ist ein Relationshipmarketing auf der Einzelkundenebene nicht zielführend. Vielmehr ist es angebracht deshalb Kunden mit ähnlichen Bedürfnissen zu gruppieren und auf dieser Segmentebene zu bearbeiten.

Die **technischen Anforderungen** werden jedoch nur sehr begrenzt erfüllt, sodass dem operativen Einsatz des Relationshipmarketing enge Grenzen gesetzt sind. Eine Individualisierung der Leistung ist momentan im Tankstellenmarkt nicht möglich. Die angebotene Produktpalette, insbesondere Treibstoffe und Shop-Produkte, lässt sich nicht individualisieren. Allerdings könnte es in naher Zukunft durch mobile Smartphone-Anwendungen oder im Rahmen von Werbeaktionen kundenindividuelle Preissetzungen für besonders loyale Kunden geben. Dies ist aber momentan noch in einer frühen Diskussionsphase.

---

440 Reiber (2009), S. 35.

441 Vgl. Meffert und Lasslop (2005), S. 725; data2face (2008) und Lekkerland (1998).

Ähnlich verhält es sich mit interaktiven Kommunikationsmöglichkeiten. Diese sind nur im Fall von Kundenkartenprogrammen und durch die Nutzung der Online-Seite der Anbieter möglich. Ferner ist zu überprüfen, ob nicht mittelfristig einige Anbieter in Social Networks stärker aktiv werden.[442]

Die letzte Bedingung wird jedoch erfüllt, weil es den Anbietern teilweise möglich ist, auf kundengenaue Daten zurückzugreifen. Einige Tankstellenbetreiber, wie beispielsweise Aral mit Payback und Shell mit Clubsmart, führen ein Kundenkartenprogramm und können so individuelle Daten nutzen. Alle anderen Anbieter können kundengenaue Transaktionen auf Basis von EC- oder Kreditkartenzahlungen verfolgen und haben somit eine breite Datenbasis der Transaktionshistorie. Jedoch wird ein großer Teil der Transaktionen auch mit Bargeld ausgeführt und ist dann nicht für die Betreiber direkt nachvollziehbar. Es muss im Einzelfall geprüft werden, wie breit und repräsentativ die Datenbasis letztlich ist.[443]

Zusammenfassend gilt somit, dass eine prinzipielle Anwendung des Relationshipmarketing im Tankstellenmarkt möglich ist, wie die Tabelle 26 zeigt.

Dennoch ist zu beachten, dass es sich hierbei um einen Grenzbereich handelt, der nicht alle Aspekte eines Marktes, der absolut dafür geeignet ist, erfüllt. Dadurch ist aber der Tankstellenmarkt als Beispiel eines Massenmarktes durchaus interessant. Denn sollten in diesem Feld, das nur eingeschränkt die Voraussetzungen des Relationshipmarketing erfüllt, die Methoden dieses Ansatzes und das duale CPV/CLV-Modell funktionieren, kann davon ausgegangen werden, dass eine Anwendung in anderen Massenmärkten mit weniger Einschränkungen noch erfolgreicher sein kann.

---

[442] Beispielsweise seien Shell und PKN Orlen genannt. Shell führt bereits eine Karriereseite in Facebook. PKN Orlen führt unter "Oscar" eine eigene Facebook-Seite (Stand September 2011).

[443] Vgl. im empirischen Teil Kapitel 6.2.1.1 , wo beim vorliegenden Datensatz die Eigenschaften der Kartenzahlung und der Barzahlung verglichen werden.

Kernbedingung	Tankstellenmarkt
Dauer der Kundenbeziehung über Einzeltransaktionen hinaus	Ja

Kundenseitige Bedingungen	Tankstellenmarkt
Emotionale Nähe des Kunden an Leistung	Für einen Teil der Kunden
Hohe Produktheterogenität	Nein
Hohes wahrgenommenes Risiko	Ja
Hohe Wechselkosten	Ja

Anbieterseitige Bedingungen	Tankstellenmarkt
Gesättigter oder volumenbeschränkter Markt	Ja
Hohe strategische Relevanz des Einzelkunden	Nein
Hohe Heterogenität der Kundenstruktur	Ja

Technische Anforderungen	Tankstellenmarkt
Verfügbarkeit von Daten auf Einzelkundenebene	Ja, durch Kunden- oder EC-Karte
Individualisierbarkeit des Leistungspaketes	Nein
Interaktive Kommunikationsmöglichkeiten	Teilweise

Tabelle 26: Anwendbarkeit des Relationshipmarketing im Tankstellenmarkt

Quelle: eigene Darstellung.

6.2 Anwendung des Modells im Tankstellenmarkt

6.2.1 Beschreibung der Daten

Zur Berechnung des CPV/CLV-Modells wurden primäre und sekundäre Daten erhoben. Die primären Daten wurden durch eine Online-Befragung erhoben und für das CPV-Modell genutzt. Die sekundären Transaktionsdaten wurden für das CLV-Modell verwendet. Diese sollen zunächst vorgestellt werden.

6.2.1.1 Kassendaten zur Berechnung des CLV

Für die Durchführung des Forschungsprojektes stellte der Tankstellenbetreiber seine Kassendaten für alle Tankstellen zur Verfügung. Historisch konnten damit auf alle Transaktionen aus den Flottenkarten, Zahlungen der EC- und Kreditkarten im Zeitraum Anfang Januar 2007 bis Ende Juli 2011 zurückgegriffen werden. Barzahlungen standen nur für eineinhalb Jahre, von Anfang Januar 2010 bis Ende Juli 2011 zur Verfügung.

Die **Kassendaten** erfassen Informationen über die Tankstelle, die Transaktionsnummer, das Datum und die Uhrzeit des Einkaufs, den Warengruppen-Code, die abgesetzte Menge sowie den Bruttowert des Postens. Zusätzlich werden bei EC-Kartentransaktionen die Bankleitzahl und die Kontonummer verschlüsselt angegeben.

Die Warengruppen erfassen 11 unterschiedliche Kraftstoffarten von Benzin, Diesel und Erdgas, sowie 35 Nichtkraftstoffe. Dazu gehören diverse Motoröle und Schmierstoffe, Autowäsche, aber auch Shopkategorien wie beispielsweise Tabakwaren, Zeitschriften, Getränke, Fast Food und Süßwaren.

Tankstelle	Transaktions-ID	Kassenbelegdatum	Zeit	Position	Warengruppe	Absatz	Bruttowert [EUR]	Bankleitzahl	Kontonummer
456	116297841	01.01.09	17:39	1	3	17,50	18,01	00174c540f8335	280d598cbc13a
456	116297842	01.01.09	17:44	1	5	40,61	43,01	030fc5e0710e88	775b1ead428da
456	116297842	01.01.09	17:44	2	19	1,00	4,00	030fc5e0710e88	775b1ead428da
456	116297842	01.01.09	17:44	3	21	1,00	0,70	030fc5e0710e88	775b1ead428da
456	116297842	01.01.09	17:44	4	21	1,00	0,70	030fc5e0710e88	775b1ead428da
456	116297843	01.01.09	17:44	1	19	1,00	4,80	6cf02d842526e2	23bf1671bc81dd
458	116297908	01.01.09	20:08	1	18	1,00	1,25	e7f07623314a1a	1ac8dc3601d99
458	116297908	01.01.09	20:08	2	32	1,00	0,25	e7f07623314a1a	1ac8dc3601d99
458	116297908	01.01.09	20:08	3	22	2,00	3,38	e7f07623314a1a	1ac8dc3601d99
458	116297908	01.01.09	20:08	4	19	1,00	3,70	e7f07623314a1a	1ac8dc3601d99
458	116297908	01.01.09	20:08	5	31	1,00	15,00	e7f07623314a1a	1ac8dc3601d99

Tabelle 27: Beispiel Kassendaten

Quelle: eigene Darstellung.

Die Tabelle 27 zeigt beispielhaft vier verschiedene Kassenbons. Der erste Kunde hat lediglich 17,5 Liter Diesel (Warengruppe 3) getankt, der zweite Kunde hat zusätzlich zu Benzin (Warengruppe 5) noch Süßwaren eingekauft, der dritte Kunde hat nur eine Packung Tabakwaren mitgenommen und der letzte Kunde hat verschiedene Getränke, Tabakwaren und Telefonkarten eingekauft.

Diese Daten wurden zunächst analysiert, um zu überprüfen, ob aus den Daten ein Bild über das Kaufverhalten der Einzelkunden generiert werden kann. Tabelle 28 stellt die möglichen Datenquellen einander gegenüber und vergleicht den Informationsgehalt für die Analyse des Kundenverhaltens.

Die einfachste Form des Bezahlens ist die **Bargeld**-Transaktion. Dabei wird im System lediglich der Kassenbon erfasst, jedoch nicht welcher Kunde die Transaktion getätigt hat. Hierbei spricht man von anonymen Transaktionsdaten, bei denen keine Identifizierung einzelner Kunden möglich ist.

EC-Karten und **Kreditkarten** können bei jedem Einkauf eingesetzt werden, um sowohl Tankkosten als auch Shop-Einkäufe zu begleichen. Diese können, müssen aber nicht, bei jedem Bezahlvorgang genutzt werden. Möchte man alle Transaktionen der Kunden verfolgen, ist die Aussagefähigkeit über das Kundenverhalten auf Basis der EC- und Kreditkarten daher leicht eingeschränkt.

Während aber die Kreditkarte alle Jahre ausgetauscht wird und eine neue Nummer bekommen kann, bleibt die EC-Karte selbst beim Austausch dennoch anhand der dahinter liegenden Kombination aus Kontonummer und Bankleitzahl eindeutig identifizierbar. Somit ist die unverzerrte Beobachtung des Kundenverhaltens anhand der EC-Karte über einen längeren Zeitraum besser möglich als bei der Kreditkarte. Bei beiden Kartenarten hat der Tankstellenbetreiber keinerlei zusätzliche personalisierte Informationen über Name, Geschlecht, Wohnort oder Geburtsdatum.[444] Die Kartennummern können hier lediglich genutzt werden, um den Einzelkunden bei seiner Transaktion zu identifizieren. In diesem Fall spricht man von pseudonymen Daten.[445]

---

444 Dem Bundesdatenschutzgesetz (§ 3, Abs. 1) nach sind "*personenbezogene Daten Einzelangaben über persönliche oder sachliche Verhältnisse einer bestimmten oder bestimmbaren natürlichen Person*". Wird in der Datenbank lediglich ein verschlüsselter Code aus der EC-Kartennummer oder Kreditkartennummer abgespeichert, handelt es sich demnach nicht um personalisierte Daten.

445 Vgl. Schröder und Rödl (2004), S. 522.

Flottenkarten sind im Tankstellengeschäft eine besondere Art der Bezahlung. Sie werden insbesondere für Transport- oder Firmenfahrzeuge vergeben. Mit diesen Karten kann der Fahrer direkt bezahlen, die Abwicklung läuft über die Zentrale seiner Firma. Kunden mit Flottenkarten benutzen diese bei jedem Tankvorgang, weil sie auf diese Art keine Auslagen für den Treibstoff tätigen müssen. Da eine Flottenkarte eine eindeutige Nummer hat, ist prinzipiell die Beobachtung des Tankverhaltens anhand der Flottenkarte ebenfalls möglich.

Kriterium	Bargeld	EC-Karte	Kreditkarte	Flottenkarte	Kundenkarte
Kundentyp	Privat	Privat	Privat/ geschäftlich	Geschäftlich	Privat
Herausgeber	-	Bank	Bank	Ölgesell-schaft	Ölgesell-schaft, Koo-perations-partner
Austausch	-	Wechsel der Bank	Wechsel der Kreditkarte	Kontrolliert beim Betrei-ber	Kontrolliert beim Kun-denkartenbe-treiber
Einsatz	Kunde ent-scheidet	Kunde ent-scheidet	Kunde ent-scheidet	Bei jedem Kauf	Kunde ent-scheidet
Bezahlte Ar-tikel	Alle Artikel	Eher Tanken	Eher Tanken	Tanken und Waschen	Alle Artikel
Zuorden-barkeit	Anonym	Pseudonym	Pseudonym	Personalisiert	Personalisiert

Tabelle 28: Transaktionsarten
Quelle: eigene Darstellung.

Ein weiterer Fall ist der Gebrauch einer **Kundenkarte.** Dabei kann der Betreiber demographische Daten erheben und durch Aktionen immer wieder aktualisieren. Auch kann er den Wechsel der Karte selbst steuern und so kontinuierlich das Verhalten des Kunden aufzeichnen.[446] Allerdings wird hierbei die Annahme getroffen, dass der Kunde bei seinen Transaktionen auch wirklich die Kundenkarte vorzeigt. Kundenkarten und Flottenkarten haben gemein, dass bei beiden Formen der Name des Einzelkunden und seine Zusatzinformationen, wie z. B. demographische Daten, vorhanden sein können. Daher ist die Identifikation eines Kunden ohne weiteres möglich.

---

[446] Dies ist nach dem Bundesdatenschutzgesetz (§ 28, Abs. 3) aber nur rechtens, wenn der Kunde ausdrücklich dazu einwilligt. Siehe auch zur Problematik Seischab (2009), S. 212 ff.

Das betrachtete Unternehmen verfügt über kein Kundenbindungsprogramm und somit konnten lediglich die Kassendaten ausgewertet werden. Allerdings steigt seit Jahren der Anteil der Kartenzahlungen im Einzelhandel in Deutschland von ehemals 23 % im Jahr 2000 auf über 38 % im Jahr 2010.[447] So dass diese Daten eine breite Basis für die Analyse liefern und es zu erwarten ist, dass der Umfang in den nächsten Jahren noch weiter steigt.

Folgende Übersicht vergleicht die tatsächlichen Umsatzanteile pro Bezahlart nach den wichtigsten Warengruppen im Jahr 2010.

Warenobergruppe	Bargeld	Girokarte	Kreditkarte	Flottenkarte
Kraftstoff	79,3 %	94,2 %	95,1 %	99,7 %
Tabakwaren	11,9 %	3,7 %	3,2 %	0,0 %
Getränke	2,0 %	0,2 %	0,2 %	0,0 %
Telefonkarten	1,6 %	0,5 %	0,3 %	0,0 %
Fast Food	1,3 %	0,1 %	0,1 %	0,0 %
Waschen	0,8 %	0,3 %	0,3 %	0,1 %
Karten, Bücher, Zeitschriften	0,7 %	0,1 %	0,1 %	0,0 %
Süßwaren	0,5 %	0,2 %	0,2 %	0,0 %
Kaffeeautomat	0,4 %	0,0 %	0,0 %	0,0 %
Pfand	0,4 %	0,3 %	0,1 %	0,0 %
Autozubehör	0,3 %	0,1 %	0,2 %	0,2 %
Sonstige	0,6 %	0,2 %	0,2 %	0,0 %
Durchschnittlicher Umsatz	17,52 €	41,10 €	49,91 €	100,95 €
Anteil am Gesamtumsatz	42 %	38 %	7 %	13 %

Tabelle 29: Umsatzanteil nach Bezahlarten 2010

Quelle: eigene Darstellung.

Aus dieser Analyse lassen sich einige wichtige Punkte ableiten. Zuerst ist zu erkennen, dass Bar-Transaktionen mit 42 % den größten Anteil am Umsatz des Tankstellenbetreibers ausmachen. 80 % des Umsatzes der Bargeldtransaktionen werden im Bereich der Kraftstoffe getätigt. Die zweitwichtigste Warengruppe stellen Tabakwaren mit knapp 12 % dar. Der Durchschnittsbon ist mit 17,5 EUR deutlich niedriger als bei den anderen Bezahlarten. Dies entspricht bisherigen Forschungen, die zeigen, dass Kunden bei niedrigeren Be-

[447] Vgl. EHI Retail Institute (2011).

trägen die Bartransaktion bevorzugen.[448] Der vergleichsweise niedrige Kraftstoffanteil ist ein Grund für den niedrigeren Durchschnittsbon.

EC-Karten und Kreditkarten machen zusammen 45 % des gesamten Umsatzes aus und sind sich in der Warengruppenstruktur sehr ähnlich. Der Kraftstoffanteil beträgt ca. 95 %. Das führt automatisch zu deutlich niedrigeren Anteilen der anderen Warengruppen. Allerdings sind auch hier die Tabakwaren mit jeweils über 3 % zweitgrößte Warengruppe. Bei beiden Bezahlarten liegt der Durchschnittsbon über 40 EUR. Allerdings ist der durchschnittliche Umsatz bei Kreditkartenzahlungen noch mal höher. Dies ist recht plausibel, weil Kunden in Deutschland erst bei höheren Beträgen dazu neigen, die Kreditkarte zu nutzen.[449]

Abschließend ist zu erwähnen, dass Flottenkarten bei diesem Anbieter nur einen Anteil von 13 % ausmachen und sich sowohl in der Warengruppenaufteilung als auch in der Höhe des Durchschnittbons stark von den anderen Bezahlarten unterscheiden. Ferner werden die Flottenkartendaten ausgeschlossen, weil es sich bei diesem Segment primär um B2B-Kunden handelt, die nicht im Fokus der Betrachtung stehen.

Für das CLV-Modell werden die EC-Kartendaten verwendet. Diese ermöglichen die pseudonyme Zuordnung der Kunden und unterscheiden sich nur geringfügig von den Kreditkartentransaktionen. EC-Karten haben zudem den Vorteil, dass die Identifizierbarkeit des Kunden durch einen Kartenwechsel nicht abreißt. Gesamtaussagen über das Kundenverhalten müssen danach aber stets mit den Bardaten abgeglichen werden, weil sich diese in ihrer Struktur unterscheiden. Insgesamt beinhaltet der Datensatz über 4,5 Millionen EC-Kartenkunden pro Jahr, die an den Tankstellen des Betreibers Transaktionen getätigt haben.

---

[448] Vgl. Raab (1998), S. 160.

[449] Vgl. Raab (1998), S. 160.

6.2.1.2 Internetbasierte Befragung zur Erhebung der CPV-Komponenten

Im Januar und Februar 2011 wurde auf der Homepage des Tankstellenbetreibers eine Anzeige geschaltet, die Kunden dazu aufrief, an einer Online-Befragung teilzunehmen. Als Anreiz zur Teilnahme wurden 20 Tankgutscheine im Wert von jeweils 50 EUR für die Tankstellenmarke angeboten. Innerhalb von 5 Wochen kam es zu 773 gestarteten Fragebögen, von denen 508 vollständig ausgefüllt wurden.

Eingangs wurden allgemeine Fragen zum Thema Tanken und den Erfahrungen mit dem Tankstellenbetreiber gestellt. Daraufhin wurden nur Kunden mit Tank- oder Shop-Erfahrungen in den letzen sechs Monaten zum Rest des Fragebogens weitergeleitet. Dadurch wurde sichergestellt, dass nur Kunden, die die Marke kennen, an der Befragung teilnehmen konnten. Das Sample reduzierte sich somit auf eine Gesamtanzahl von n = 451 Befragten.

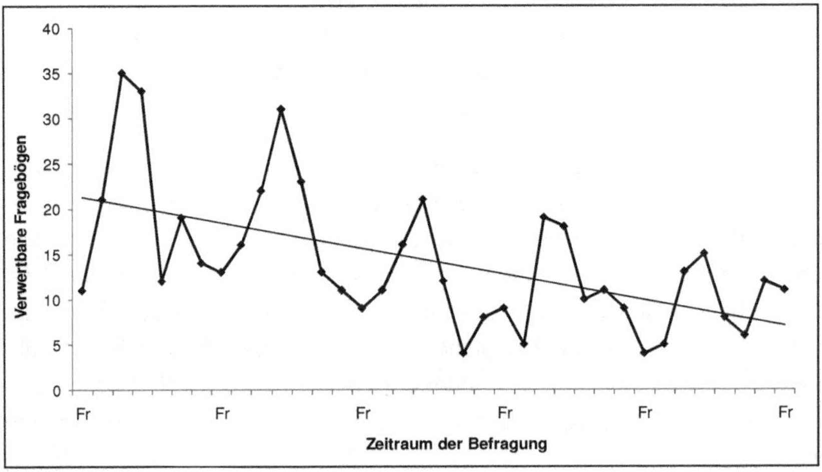

Abbildung 37: Rücklauf von verwertbaren Fragebögen

Quelle: eigene Darstellung.

Die Internetseite des Betreibers wird von Kunden vor allem dazu genutzt, die lokalen Tankstellenpreise abzufragen. Daher sind vor allem Kunden mit einem großen Interesse an der Marke und höherer Kundenbindung an dieser Seite interessiert. Durch dieses Vorgehen konnten somit hauptsächlich Stammkunden, die die Marke und das Angebot gut kennen, für die Befragung gewonnen werden.[450] Das steigert die Aussagefähigkeit des Modells enorm, weil Bestandskunden bezüglich der CPV-Dimensionen aussagefähiger sind als Einmalkunden oder sporadische Kunden. Das Modell kann also auf Basis dieses Samples gut die Wirkung der verkürzten Relationshipmarketing-Kette für Bestandskunden aufzeigen.[451]

6.2.2 Segmentierung der Kunden nach Verhalten auf Basis der Transaktionsdaten

Das in Kapitel 5 vorgestellte Modell kann auf den gesamten Kundenstamm angewendet werden. Allerdings ist es durchaus möglich, das CPV/CLV-Modell zur Effizienzmessung auch auf der Ebene der Kundensegmente durchzuführen. Dadurch werden nicht nur der Informationsgehalt und die Detailtiefe der Analysen verbessert, sondern auch die Ableitung von Maßnahmen ist besser durchführbar. Es werden somit zunächst Kundensegmente gebildet. Nach Bagozzi und Oetjen sind verhaltensbasierte Kundensegmente die erfolgreichste Segmentierung in der Praxis.[452] Libai et al. definieren drei verschiedene verhaltensbasierte Segmentierungsvariablen: Recency Frequency Monetary Value (RFM), Promotion-Verhalten und Einkaufskorb.[453]

In dieser Arbeit werden die RFM-Variablen bereits zur Bewertung der Kunden anhand des CLV-Modells genutzt. Daher eignen sich diese nicht für die Segmentierung. Das Tankstellenunternehmen führt nur wenige Promotions durch und diese sind auch nur auf einzelne Artikel des Shop-Sortiments beschränkt. Aus diesem Grund wird eine solche Segmentierung ebenfalls ausgeschlossen. Somit wird eine Segmentierung auf Basis der Einkaufskörbe durchgeführt. Die einfachste Form der Segmentierung beruht auf der Kombination der wichtigs-

---

450 Es gaben 72 % der Befragten an, dass die untersuchte Marke ihre Stammtankstelle ist.

451 Kunden, die nicht gebunden werden konnten, sind nur ein kleiner Teil des Samples. Für eine detaillierte Analyse der Gründe für die Nichtbindung einiger Kunden müsste getrennt eine sogenannte Critical-Incident-Studie durchgeführt werden. Dies ist aber nicht der Fokus dieser Arbeit.

452 Vgl. Bagozzi und Oetjen (2000), S. 306.

453 Vgl. Libai et al. (2002).

ten Kategorien: Kraftstoff und Shop. Hierfür wurden die Kundendaten über das gesamte Jahr 2008 ausgewertet.

Zunächst wurden alle Transaktionen in drei verschiedene Typen klassifiziert: "Kraftstoff", "Shop" und "Kraftstoff + Shop". Danach wurden für jeden Kunden die gesamte Anzahl von Transaktionen und der Anteil an den verschiedenen Transaktionstypen berechnet. [454]

Waren bei einem Kunden mehr als 66 % seiner Transaktionen reine Kraftstofftransaktionen, wurde er dem Segment "**Kraftstoff**" zugeordnet. Eine Kunde mit mehr als 66 % Shop-Transaktionen wurde dem Segment "**Shop**" zugeordnet. Alle anderen Kunden wurden dem Segment "**Kraftstoff + Shop**" zugeordnet.

	"Kraftstoff"	"Kraftstoff + Shop"	"Shop"
Anteil Kundenanzahl	70 %	26 %	4 %
Anteil Transaktionen	67 %	30 %	4 %
Anteil Umsatz	70 %	29 %	1 %
Anteil Rohertrag	59 %	36 %	5 %

Tabelle 30: Kunden und Umsatzverteilung nach Segmenten in 2008 auf Basis EC-Karten

Quelle: eigene Darstellung.

Tabelle 30 gibt eine Übersicht über die erhaltenen Werte. Das Segment der "Shop"-Kunden macht nur 4 % der gesamten Kunden aus, ist aber für 5 % des Rohertrages verantwortlich. "Kraftstoff"-Kunden stellen zwar 70 % der Kunden, allerdings sind sie nur für 59 % des Rohertrages verantwortlich. Schließlich sind die "Kraftstoff + Shop"-Kunden das mittlere Segment, mit 26 % Kundenanteil aber 36 % Rohertragsanteil.

Anhand der Transaktionsdaten lassen sich noch mehr Informationen über das Kundenverhalten gewinnen. Die üblichen Tank- und Einkaufszeiten am Tag und im Wochenverlauf lassen sich anhand der Kassendaten abbilden.

---

[454] Mögliche negative Aggregationseffekte auf Marken- und Preisebene sind für diese Art der Datenaggregation nicht entscheidend. Vgl. hierzu Andrews und Currim (2005).

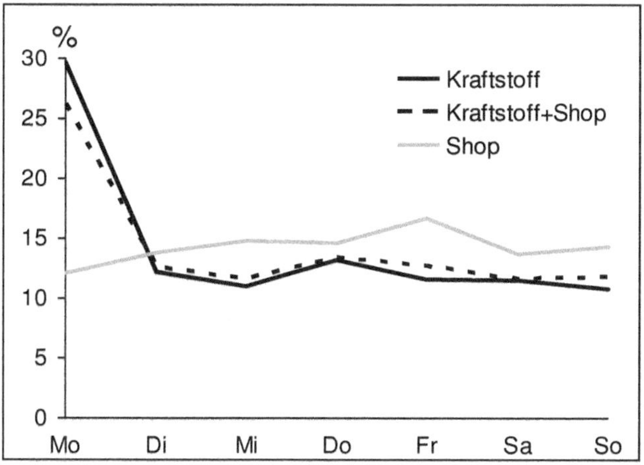

Abbildung 38: Umsatzanteil nach Wochentag
Quelle: eigene Darstellung.

Die "Shop"-Kunden tendieren dazu im Wochenverlauf konstant ihre Einkäufe zu erledigen. Es gibt lediglich einen kleinen Peak am Freitag. Bei den "Kraftstoff"- und "Kraftstoff + Shop"-Kunden gestaltet sich der Wochenverlauf deutlich anders. Es gibt einen hohen Andrang Anfang der Woche. Dort sind i. d. R. auch die niedrigsten Kraftstoffpreise der Woche an der Zapfsäule zu erwarten. Die Preise steigen im Wochenverlauf an, was zu einer auffällig niedrigeren Frequentierung führt.

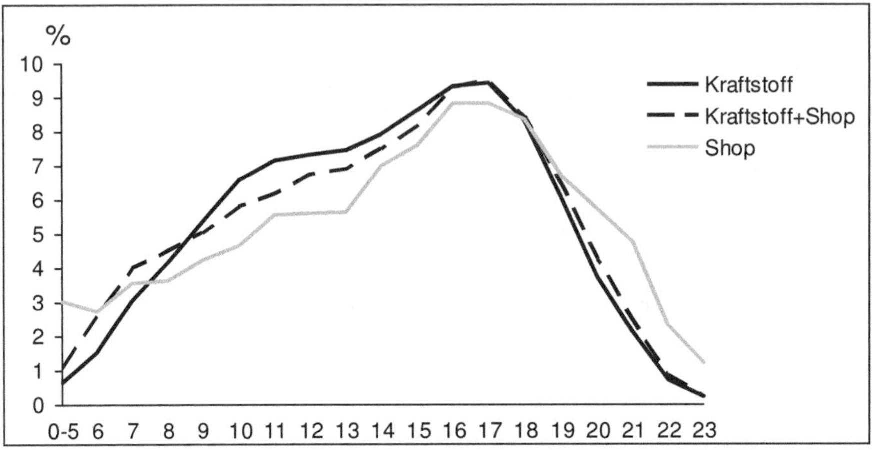

Abbildung 39: Umsatzanteil nach Uhrzeit

Quelle: eigene Darstellung.

Die Umsatzanteile nach Uhrzeit sind weniger auffällig. Lediglich in den späten Abend- und Nachtstunden (zwischen 21 und 5 Uhr) haben "Shop"-Kunden einen vergleichsweise hohen Umsatzanteil. Bezüglich der Uhrzeiten sind auch hier die "Kraftstoff"- und "Kraftstoff + Shop"-Kunden ähnlich.

Abschließend lässt sich somit folgendes über das Verhalten der Kunden festhalten:

- "Kraftstoff"-Kunden machen mit 70 % den größten Anteil an Kunden aus und sind mit 70 % für den größten Umsatzanteil verantwortlich. Sie tendieren dazu insbesondere montags zu tanken. Die übliche Einkaufszeit ist zwischen 9 und 18 Uhr.
- "Kraftstoff + Shop"-Kunden machen mit 26 % den zweitgrößten Kundenanteil aus und sind mit 29 % am Umsatz beteiligt. Sie tendieren ebenfalls dazu, insbesondere montags zu tanken. Die übliche Einkaufszeit ist zwischen 7 und 19 Uhr.
- "Shop"-Kunden machen nur einen Kunden-Anteil von 4 % aus und sind auch nur mit 5 % am Gesamtumsatz beteiligt. Innerhalb der Woche sind die Einkaufszeiten gleichmäßig verteilt. Auch im Tagesverlauf zeigen diese Kunden den gleichmäßigsten Verlauf, allerdings ist insbesondere der vergleichsweise hohe Anteil an Einkäufen zu später Stunde auffällig.

6.2.3 Validierung der CPV-Dimensionen pro Segment anhand von Strukturgleichungsmodellen

Im nächsten Schritt erfolgt die Auswertung der Kundensegmente mithilfe der Befragungsergebnisse. Dazu wird zunächst das Sample mit n = 451 Befragten in die drei vorangehend vorgestellten Einkaufssegmente eingeteilt.

		Tanken:				
		Gar nicht	Weniger als einmal pro Monat	Einmal pro Monat	Mehrmals pro Monat	Jede Woche
Shop:	Gar nicht		26	34	59	27
	Weniger als einmal pro Monat	2	17	25	60	26
	Einmal pro Monat	1		16	37	23
	Mehrmals pro Monat			4	46	23
	Jede Woche			1	4	20

Tabelle 31: Aufteilung Befragte nach Kundensegmenten

Quelle: eigene Darstellung.

Die Einteilung erfolgt nach Selbstauskunft der Kunden zu ihrem Einkaufsverhalten auf die Fragen:

- Wie oft waren Sie in den letzten sechs Monaten bei XXX tanken?
- Wie oft haben Sie in den letzten sechs Monaten etwas bei XXX im Shop gekauft?

Damit sind die Befragten im Sample nicht ganz repräsentativ für die beobachteten Kunden mit EC-Kartenzahlung. Da aber nicht angestrebt wird, Aussagen über die Größe der Segmente zu treffen, ist die proportionale Verteilung kein Kriterium zur Bewertung der Samplezusammenstellung.

Kundensegment	Anzahl Befragte	Anteil
Kraftstoff	255	56 %
Kraftstoff + Shop	192	43 %
Shop	4	1 %
Total	451	100 %

Tabelle 32: Kundensegmentanteil der Befragten

Quelle: eigene Darstellung.

Die reinen "Shop"-Kunden sind allerdings nicht nur unterrepräsentiert, über diese können auch keine statistisch validen Aussagen getroffen werden. Daher wird dieses Segment im Folgenden für die CPV-Modellierung nicht weiter betrachtet.[455]

Die Befragten wurden zusätzlich nach ihrem demographischen Hintergrund befragt. Der überwiegende Teil der Befragten ist männlich, zwischen 30 und 49 Jahre alt und lebt in einem 2-3-Personenhaushalt. Es konnte zudem anhand der erhobenen Postleitzahlen sichergestellt werden, dass die Befragten regional repräsentativ für das Tankstellennetz sind.[456]

Die Ergebnisse des CPV-Modells wurden mit smartPLS 2.0 ausgewertet und werden nun für die **"Kraftstoff"-** und **"Kraftstoff + Shop"-**Kunden vorgestellt.

6.2.3.1 Ergebnisse "Kraftstoff"-Kunden

Als erstes wird überprüft, ob das **reflektive Messmodell** die Anforderungen erfüllt. Die notwendigen Kriterien werden erreicht, so dass von einer guten Reliabilität ausgegangen werden kann.

Lediglich die Wechselkosten unterschreiten knapp das DEV-Kriterium. Ferner hat der funktionale Nutzen trotz einer hohen Faktorreliabilität ein recht niedriges Cronbachs Alpha. Diese leichten Unterschreitungen der Anforderungen sind jedoch nicht kritisch. Denn alle anderen Werte erfüllen hervorragend die notwendigen Kriterien, so dass von einem guten Gesamtfit ausgegangen werden kann.

---

455 Für die CLV-Modellierung im nächsten Schritt werden diese jedoch weiterhin berücksichtigt. Es ist nur auf Basis der Datenlage nicht möglich, für diesen Kundensegment valide Aussagen zum CPV zu machen.

456 Für eine detaillierte Übersicht der Demographika und regionalen Aufteilung siehe Anhang B.

Konstrukt	Faktor-reliabilität	Cronbachs Alpha	DEV	Diskriminanzvalidität nach Fornell und Larcker	Diskriminanz-validität
Aufwand	0,9	0,86	0,59	Ja	Ja
Beziehungsnutzen	0,96	0,92	0,93	Ja	Ja
Bonusprogramm	0,92	0,84	0,86	Ja	Ja
Funktionaler Nutzen	0,81	0,66	0,6	Ja	Ja
Konative Loyalität	0,88	0,79	0,7	Ja	Ja
Markennutzen	0,93	0,91	0,74	Ja	Ja
Preis	0,88	0,8	0,72	Ja	Ja
Qualität	0,84	0,71	0,63	Ja	Ja
Service	0,91	0,85	0,77	Ja	Ja
Sozialer Kontakt	0,94	0,91	0,84	Ja	Ja
Tangibles Umfeld	0,91	0,88	0,68	Nein, Zufriedenheit	Ja
Wechselkosten	0,8	0,70	0,44	Ja	Ja
Zufriedenheit	0,92	0,89	0,75	Ja	Ja

Tabelle 33: Ergebnisse reflektives Messmodell "Kraftstoff"-Kunden

Quelle: eigene Darstellung.

Das **formative Messmodell** besteht lediglich aus dem Konstrukt aktionale Loyalität. Dieses wird anhand der Pfadkoeffizienten und des VIF bewertet. Beide Kriterien werden erfüllt.

Pfad	Koeffizient	T-Statistik	VIF
Akt_Loy_1 -> Aktionale Loyalität	0,828	9,1	2,4
Akt_Loy_2 -> Aktionale Loyalität	0,642	5,4	4,3
SOW_1 -> Aktionale Loyalität	0,847	10,0	2,0
SOW_2 -> Aktionale Loyalität	0,619	5,3	3,9

Tabelle 34: Ergebnisse formatives Messmodell "Kraftstoff"-Kunden

Quelle: eigene Darstellung.

Schließlich wird das **Strukturgleichungsmodell** bewertet. Alle R^2-Werte sind recht hoch. Dies gilt insbesondere für die Kundenzufriedenheit ($R^2 = 0{,}759$) und den funktionalen Nutzen ($R^2 = 0{,}637$).

Alle Pfade sind signifikant, bis auf die Wirkung des tangiblen Umfelds auf den funktionalen Nutzen und die direkte Wirkung von Kundenzufriedenheit auf die aktionale Loyalität.

Den größten Effekt auf die Kundenzufriedenheit hat der Beziehungsnutzen. Dies ist sehr überraschend, weil es sich bei dem Untersuchungsobjekt um einen Massenmarkt handelt. Damit konnte empirisch belegt werden, dass es auch in Massenmärkten nicht nur einen reinen funktionalen Nutzen und eine Beziehung zur Marke gibt, sondern dass auch der persönliche Kontakt und ein Kundenbindungsprogramm einen Effekt auf die Zufriedenheit haben.[457] Kundenzufriedenheit hat keinen direkten Effekt auf die aktionale Loyalität und wird über die konative Loyalität und vor allem durch die Wechselkosten mediiert. Das bedeutet, dass in diesem Markt trotz einer hohen Zufriedenheit nicht unbedingt direkt Loyalität und Bindung erzielt werden können.

Schließlich zeigt die aktionale Loyalität mit einem R^2= 0,204 einen relativ niedrigen Wert. Sie erfüllt aber die Mindestanforderung an das Modell. Somit kann von einer schwachen Erklärung des Modells ausgegangen werden.

[457] Das Bonusprogramm hat einen negativen Effekt, weil das Unternehmen kein Programm anbietet. Die Kunden wurden gefragt, ob sie Unternehmen mit einem Bonusprogramm bevorzugen. Daher wird der Pfad als "Kein Bonusprogramm" hat negativen Einfluss auf den Beziehungsnutzen interpretiert.

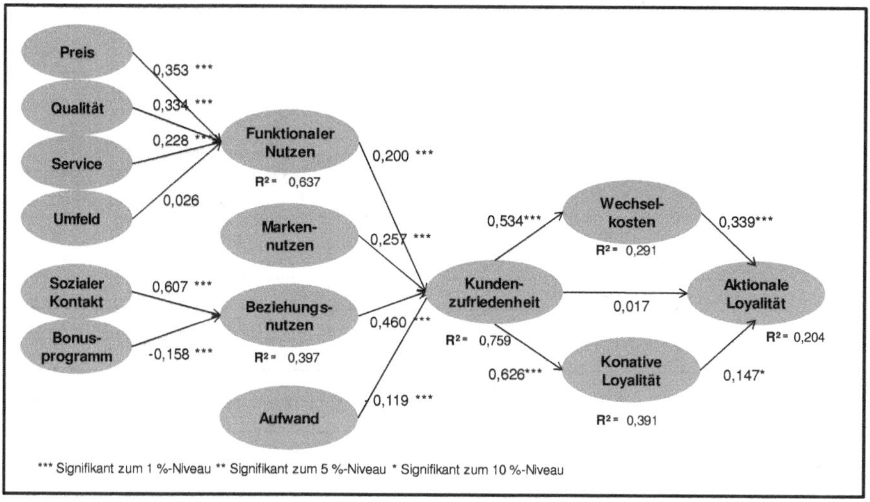

Abbildung 40: Ergebnisse Strukturmodell "Kraftstoff"-Kunden
Quelle: eigene Darstellung.

Es gilt zu bedenken, dass hier der Kauf von Kunden modelliert wird. Es ist daher nicht zu erwarten, dass dies in einem absolut linearen Zusammenhang geschieht. Das Verhalten von Individuen ist nicht einfach anhand linearer Gleichungen vollkommen erfassbar. Ein $R^2 > 0,19$ weist aber darauf hin, dass das Modell imstande ist, die wesentlichen Treiber der Kaufentscheidung zu erfassen. Die Werte des Modells liegen auch im Rahmen der üblichen Ergebnisse solcher Untersuchungen.[458]

6.2.3.2 Ergebnisse "Kraftstoff + Shop"-Kunden

Das **reflektive Messmodell** erfüllt auch bei den "Kraftstoff + Shop"-Kunden weitestgehend die erforderlichen Gütekriterien. Lediglich die Wechselkosten haben einen vergleichsweise geringen Wert.

---

[458] Blut (2008), S. 121, $R^2 = 0,146$ für aktionale Loyalität; Vogel (2006) S. 171, $R^2 = 0,301$ für aktionale Loyalität; Chen und Dubinsky (2003), S. 338, adjustiertes $R^2 = 0,24$ für Wiederkaufsabsicht als Annäherung für Loyalität.

Das tangible Umfeld weist eine hohe Korrelation mit dem Service auf und erfüllt in diesem Modell nicht das Fornell-Larcker-Kriterium. Dennoch wird es im Gesamtmodell beibehalten, weil alle anderen Gütekriterien erfüllt werden.

Konstrukt	Faktor-reliabilität	Cronbachs Alpha	DEV	Diskriminanzvalidität nach Fornell und Larcker	Diskriminanz-validität
Aufwand	0,96	0,95	0,8	Ja	Ja
Beziehungsnutzen	0,98	0,96	0,96	Ja	Ja
Bonusprogramm	0,96	0,92	0,93	Ja	Ja
Funktionaler Nutzen	0,91	0,85	0,77	Ja	Ja
Konative Loyalität	0,91	0,84	0,76	Ja	Ja
Markennutzen	0,95	0,93	0,78	Ja	Ja
Preis	0,92	0,87	0,79	Ja	Ja
Qualität	0,91	0,86	0,78	Ja	Ja
Service	0,95	0,91	0,85	Ja	Ja
Sozialer Kontakt	0,95	0,93	0,87	Ja	Ja
Tangibles Umfeld	0,94	0,92	0,77	Nein, Service	Ja
Wechselkosten	0,81	0,72	0,47	Ja	Ja
Zufriedenheit	0,96	0,94	0,84	Ja	Ja

Tabelle 35: Ergebnisse reflektives Messmodell "Kraftstoff + Shop"-Kunden

Quelle: eigene Darstellung.

Das **formative Konstrukt** der aktionalen Loyalität erfüllt hier nicht alle notwendigen Anforderungen an die Größe des Gewichtes und die Höhe der Signifikanz. Das Share-Of-Wallet-Item 1, das die Transaktionen im Kraftstoffbereich misst, leistet keinen signifikanten Beitrag zum Konstrukt der aktionalen Loyalität. Das zweite Share-of-Wallet-Item hat zwar einen ausreichend hohen Wert, ist aber nur zu 10 % signifikant. Erfreulich ist, dass der VIF bei allen Items auch hier kleiner als fünf ist und somit Multikollinearität ausgeschlossen werden kann.

Pfad	Koeffizient	T-Statistik	VIF
Akt_Loy_1 -> Aktionale Loyalität	0,463	2,1	4,0
Akt_Loy_2 -> Aktionale Loyalität	0,438	2,4	3,0
SOW_1 -> Aktionale Loyalität	0,019	0,1	2,0
SOW_2 -> Aktionale Loyalität	0,198	1,3	1,4

Tabelle 36: Ergebnisse formatives Messmodell "Kraftstoff + Shop"-Kunden

Quelle: eigene Darstellung.

Schließlich wird das gesamte **Strukturmodell** bewertet. Die R^2 haben, ähnlich wie bei den "Kraftstoff"-Kunden, allesamt sehr hohe Werte. Hervorzuheben sind auch hier die Kundenzufriedenheit, die zu 83 % erklärt wird, und der funktionale Nutzen, der zu 74 % erklärt wird.

Die Pfadkoeffizienten des CPV-Modells für die "Kraftstoff + Shop"-Kunden unterscheiden sich jedoch von denen der "Kraftstoff"-Kunden. Der Einfluss des Services auf den funktionalen Nutzen ist nicht signifikant, das tangible Umfeld dafür umso mehr. Der funktionale Nutzen hat allerdings generell nur einen bedingten Einfluss auf die Zufriedenheit. Des Weiteren ist der Aufwand nicht signifikant. Dies ist sehr überraschend. Vielmehr sind hier der Beziehungsnutzen und der Markennutzen entscheidend für die Zufriedenheit. Letzterer hat in diesem Kundensegment auf die aktionale Loyalität einen größeren Einfluss, auch wenn diese teilweise durch Wechselkosten mediiert wird.

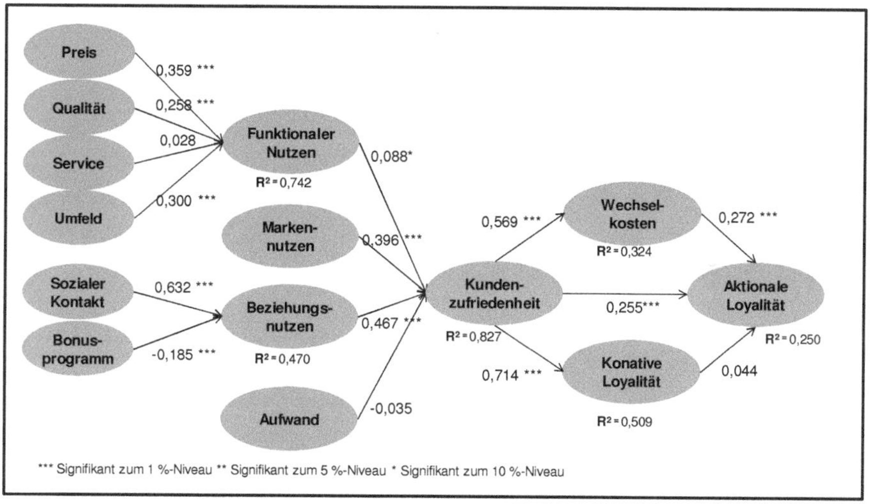

Abbildung 41: Ergebnisse Strukturmodell "Kraftstoff + Shop"-Kunden
Quelle: eigene Darstellung.

6.2.3.3 Zusammenfassung des CPV-Modells für beide Segmente

Zusammenfassend lässt sich festhalten, dass das CPV-Modell für beide Segmente gut funktioniert. Die wichtigsten Konstrukte des CPV-Modells (Dimensionen des CPV, Kundenzufriedenheit und aktionale Loyalität) werden ausreichend gut erklärt. Die Zusammenhänge sind größtenteils signifikant und haben einen hohen Pfadkoeffizienten.

Für die Kunden aus dem Segment der reinen **"Kraftstoff"-Kunden** konnte gezeigt werden, dass das tangible Umfeld keinen Einfluss auf den funktionalen Nutzen hat. Ferner konnte gezeigt werden, dass die Steigerung der Zufriedenheit nicht direkt zu höherer Loyalität führt. Die Beziehung zwischen Zufriedenheit und Loyalität wird für dieses Segment komplett durch die wahrgenommenen Wechselkosten und die konative Loyalität mediiert. Für Kunden aus dem Segment konnten anhand des Modells also folgende CPV-Dimensionen identifiziert werden, die den größten Einfluss auf die Loyalität und somit den CLV haben: der Beziehungsnutzen, der Markennutzen, der funktionale Nutzen, der Aufwand und die Wechselkosten.

	Kundensegment	
Hypothese	**"Kraftstoff"**	**"Kraftstoff + Shop"**
Hypothese 1a: Je höher der wahrgenommene funktionale Nutzen, desto höher die Kundenzufriedenheit.	Ja	(Ja)
Hypothese 1b: Je positiver die wahrgenommene Preiseinstellung, desto höher der funktionale Nutzen.	Ja	Ja
Hypothese 1c: Je höher die wahrgenommene Qualität, desto höher der funktionale Nutzen.	Ja	Ja
Hypothese 1d: Je höher der wahrgenommene Service, desto höher der funktionale Nutzen.	Ja	Nein
Hypothese 1e: Je besser das wahrgenommene tangible Umfeld, desto höher der funktionale Nutzen.	Nein	Ja
Hypothese 2a: Je größer der Beziehungsnutzen, desto höher die Kundenzufriedenheit.	Ja	Ja
Hypothese 2b: Je stärker der soziale Kontakt, desto größer ist der Beziehungsnutzen.	Ja	Ja
Hypothese 2c: Je besser der wahrgenommene Nutzen des Bonusprogramms, desto höher der Beziehungsnutzen.	Ja	Ja
Hypothese 3: Je höher der Markennutzen, desto höher die Kundenzufriedenheit.	Ja	Ja
Hypothese 4: Je größer der wahrgenommene Aufwand, desto geringer die Kundenzufriedenheit.	Ja	Nein
Hypothese 5: Je höher die Kundenzufriedenheit, desto höher die aktionale Loyalität.	Nein	Ja
Hypothese 6a: Je höher die Kundenzufriedenheit, desto höher die konative Loyalität.	Ja	Ja
Hypothese 6b: Je höher die konative Loyalität, desto höher die aktionale Loyalität.	Ja	Nein
Hypothese 7a: Je höher die Kundenzufriedenheit, desto höher die wahrgenommenen Wechselkosten.	Ja	Ja
Hypothese 7b: Je höher die wahrgenommenen Wechselkosten, desto höher die aktionale Loyalität.	Ja	Ja

Tabelle 37: Hypothesen des CPV-Modells

Quelle: eigene Darstellung.

Für Kunden aus dem Segment der **"Kraftstoff + Shop"-Kunden** konnte überraschenderweise nicht gezeigt werden, dass Service einen Einfluss auf den funktionalen Nutzen hat. Dafür ist aber das tangible Umfeld wiederum ein signifikanter Treiber. Dies kann durch das Kaufverhalten im Shop begründet werden. Der Beziehungsnutzen und der Markennutzen sind auch für "Kraftstoff +

Shop"-Kunden die wichtigsten Treiber der Kundenzufriedenheit. Allerdings hat der Aufwand keinen signifikanten Effekt und der funktionale Nutzen nur einen schwachen Effekt auf die Zufriedenheit. Dieser schwache Zusammenhang ist überraschend. Während es bei den "Kraftstoff"-Kunden keinen direkten Einfluss von Kundenzufriedenheit auf Loyalität gab, ist dieser bei den "Kraftstoff + Shop"-Kunden direkt ausgeprägt. Er wird nur teilweise von den Wechselkosten mediiert. Die konative Loyalität hat keinen direkten Einfluss.

Es zeigt sich also, dass sich beide Segmente stark voneinander unterscheiden und nicht durch die gleichen CPV-Dimensionen getrieben werden. Für die reinen "Kraftstoff"-Kunden sind alle Dimensionen des CPV relevant. Insbesondere der funktionale Nutzen, der Aufwand und die Wechselkosten sind für die Modellierung der Loyalität sehr wichtig. Im Gegensatz zu den "Kraftstoff + Shop"-Kunden, die wesentlich stärker durch die Marke und die Beziehung getrieben sind, sind "Kraftstoff"-Kunden stärker durch die Leistungserstellung "Tanken" und ihren eigenen Aufwand getrieben.

"Kraftstoff + Shop"-Kunden haben dagegen offensichtlich Bedürfnisse, die viel stärker durch emotionale Aspekte und Faktoren, die über den reinen Tankvorgang hinausgehen, determiniert sind. Es ist somit sicherlich kein "Zufall", wenn bei fast jedem Tankstellenbesuch noch etwas Zusätzliches gekauft wird. Die Ergebnisse der qualitativen Befragung zeigte, dass die emotionalen Aspekte wie "sich und dem Auto was Gutes tun", "Auszeit aus dem hektischen Alltag nehmen" oder "sich kleine Sünden erlauben" eine Rolle bei der Auswahl der Tankstelle spielen. Da die reinen "Kraftstoff"-Kunden nachweislich "nur" tanken, spielen bei diesen Kunden diese Faktoren eine geringere Rolle. Die "Kraftstoff + Shop"-Kunden sind eher bereit, Ausgaben zu tätigen, die ihren emotionalen Wünschen entgegenkommen und somit ist es letztlich erklärbar, warum das Verhalten dieses Kundensegments so stark vom Marken- und Beziehungsnutzen determiniert wird.

6.2.4 Ableitung von Maßnahmen aus dem Kundenportfolio

Die Ergebnisse des CPV-Modells und der Verhaltensdatenanalyse können anhand der Kundenportfolio Matrix zusammen gefasst werden.

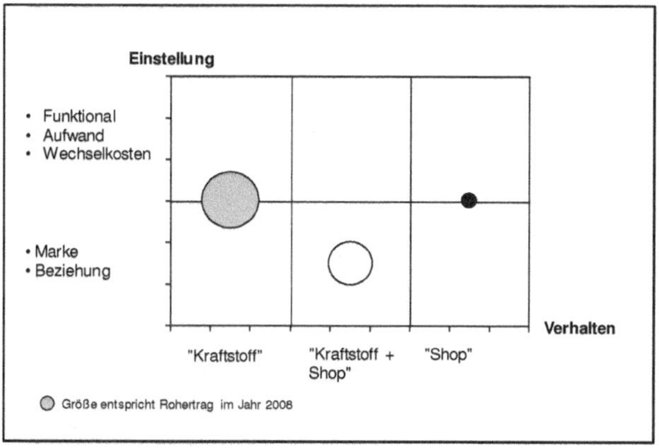

Abbildung 42: Zusammenführung Einstellung und Verhaltenssegmente im Kundenportfolio

Quelle: eigene Darstellung.

Diese Matrixdarstellung erlaubt die Beurteilung der Kundensegmente. Alle wesentlichen Informationen, die bisher erhoben wurden, sind in dieser Matrix erfasst.

Es wird klar, dass die Loyalität der **"Kraftstoff"-Kunden** vor allem durch die Dimensionen Markennutzen und Beziehungsnutzen, aber auch durch den funktionalen Nutzen, den Aufwand und Wechselkosten determiniert wird. Das Verhalten dieser Kunden ist demnach nicht nur aus einem einfachen Motiv ableitbar. Das macht diese Kundengruppe auf der einen Seite zwar anspruchsvoller, auf der anderen Seite bietet es für das Unternehmen viele Möglichkeiten, durch kundenorientierte Verbesserungen eine höhere Loyalität zu erzeugen.

Bei den **"Kraftstoff + Shop"-Kunden** ist dies weniger umfangreich. Das Verhalten dieses Segments wird vor allem durch den Beziehungsnutzen und den Markennutzen beeinflusst. Um die Loyalität dieser Kunden zu erhöhen, müssen vor allem diese Dimensionen angesprochen werden. Wechselkosten hingegen spielen eine deutlich geringere Rolle, der Aufwand spielt sogar keine Rolle. Auf eine kausalanalytische Auswertung der **"Shop"-Kunden** wurde aufgrund des zu kleinen Samples verzichtet. Diese wurden dennoch der Vollständigkeit halber ad hoc in die Graphik integriert, um die Rohertragsgröße des Segmentes im Vergleich deutlich zu machen.

Letztlich gibt die Rohertragsgröße der Segmente einen Hinweis darauf, auf welche Kunden Maßnahmen stärker fokussiert werden sollten.

Gemeinsam mit dem Tankstellenbetreiber wurden Maßnahmen identifiziert, die den Nutzen der Kundensegmente steigern würden. Ferner wurde Wert darauf gelegt, dass die Maßnahmen möglichst trennscharf auf die einzelnen Segmente wirken. Dies ist im Massenmarkt besonders schwierig, weil im Prinzip keine kundengenaue Kommunikation durchgeführt werden kann. Wie im Kapitel 6.1.1 gezeigt wurde, werden nichtgewerbliche PKW-Fahrer ausschließlich durch Tankstellen beliefert.[459] Weitere Kanäle wie Internet oder Direktvertrieb sind somit aus der Betrachtung ausgeschlossen und vereinfachen die Datensammlung und Konsolidierung.

Als zu überprüfende Maßnahmen wurden basierend auf den obigen Erkenntnissen folgende zwei Maßnahmen definiert:

1) Aufstellen von neuen Preismasten zur besseren und deutlicheren Kommunikation von Preisen. Im Rahmen der Maßnahme erfolgte der Austausch eines alten analogen Preismastes mit kleinen Ziffern (ca. 20-25 cm) durch einen hochmodernen LED-Mast mit bis zu 7 m Höhe und 47 cm großen leuchtenden Ziffern. Dadurch wird eine extrem erhöhte Sichtbarkeit schon aus mehreren hundert Metern erreicht.

Es wird von der Maßnahme erwartet, dass insbesondere "Kraftstoff"-Kunden dadurch angesprochen werden und sich die Preiswahrnehmung verbessert. Der Anbieter operiert i. d. R. mit einem ca. 1 ct/Liter günstigeren Preis im Vergleich zu den A-Marken. Daher sollte sich die verbesserte Wahrnehmung des Preises in höherer Kundenbindung bei Bestandskunden niederschlagen. Bei 1

[459] Vgl. Kapitel 5.3 zu unterschiedlichen Datenquellen und POS im Massenmarkt.

% Erhöhung der Nutzenwahrnehmung sollte sich somit die aktionale Loyalität der "Kraftstoff"-Kunden um 0,02 % erhöhen.[460]

Es wird erwartet, dass diese Maßnahme keinen Effekt auf die "Kraftstoff + Shop"-Kunden hat.

2) Rebranding von Tankstellen zur besseren und deutlicheren Kommunikation der Marke. Die Maßnahme umfasst die Umflaggung von einer bestehenden alten A-Marke auf die aktuelle Marke des Tankstellenbetreibers. Dabei wird das Erscheinungsbild der Station überarbeitet. Es werden Malerarbeiten an der Attika, dem Gebäude und den Waschanlagen vorgenommen, die sich positiv auf das Gesamterscheinungsbild auswirken. Zusätzlich wird der Preis um einen Cent pro Liter gesenkt. Dieser Abstand zu A-Marken wie z. B. Aral oder Shell wird penibel eingehalten.

Es wird von der Maßnahme erwartet, dass insbesondere "Kraftstoff + Shop"-Kunden dadurch angesprochen werden. Die neue Preissetzung und Kommunikation müsste zu einer höheren Kundenbindung bei diesen Kunden führen. Bei 1 % Erhöhung der Wahrnehmung des tangiblem Umfelds sollte sich damit die aktionale Loyalität der "Kraftstoff + Shop"-Kunden um 0,01 % erhöhen.[461]

Das verbesserte tangible Umfeld dürfte jedoch nicht zu einem weiteren Effekt bei den "Kraftstoff"-Kunden führen.

6.2.5 Messung der Maßnahmeneffizienz anhand des CLV-Modells

Die vorgestellten Maßnahmen werden nicht parallel bei allen Tankstellen durchgeführt und erlauben es somit, anhand eines Quasi-Experimentes untersucht zu werden. Diese Vorgehensweise entspricht den Anforderungen an einen Store-Test. Dabei werden in *"[...] ausgewählten Testgeschäften die Wirk-*

---

[460] 0,02% = (1%) x (0,353 x 0,200) x (0,534 x 0,339 + 0,017 + 0,626 x 0,147), siehe Abbildung 40.

[461] 0,01 % =(1 %) (0,028 x 0,088) x (0,714 x 0,272 + 0,255 + 0,714 x 0,044), siehe Abbildung 41.

samkeit von Marketingmaßnahmen geprüft, die sich hinsichtlich dieser Testgeschäfte differenzieren lassen." [462]

	Kontrollgruppe		Testgruppe	
Hypothese	**Kraftstoff**	**Kraftstoff + Shop**	**Kraftstoff**	**Kraftstoff+ Shop**
M1: Durch die Maßnahme neuer LED- Mast wird der CLV der Kraftstoffkunden gesteigert	CLV bleibt konstant	CLV bleibt konstant	CLV steigt	CLV bleibt konstant
M2: Durch die Maßnahme Rebranding wird der CLV der "Kraftstoff +Shop"-Kunden gesteigert	CLV bleibt konstant	CLV bleibt konstant	CLV bleibt konstant	CLV steigt

Tabelle 38: Hypothesen zur Durchführung der Maßnahmen

Quelle: eigene Darstellung.

Für die Kunden in den Testgruppen sind bereits die Hypothesen formuliert. Bei den Kontrollgruppen wird davon ausgegangen, dass es keine Veränderungen der Loyalität und somit des CLV gibt.

Zur Bildung von **Kontroll- und Testgruppen** wurde wie folgt vorgegangen. Es wurden Tankstellen ausgesucht, bei denen die Maßnahmen bereits im Jahr 2009 durchgeführt wurden. Für beide Maßnahmen wurde je eine Kontrollgruppe gebildet, die in den Eigenschaften der Tankstellen möglichst der Testgruppe ähnlich waren. Dies umfasste neben dem Absatz vor der Maßnahme im Jahr 2008 eine ähnliche Preissetzung, eine ähnliche Shop-Größe, eine ähnliche Platzierung der Tankstelle und das gleiche Betreibermodell.

Nach Analyse der Daten wurde als die relevante Periodengröße nicht eine Aggregation auf Wochen- oder Monatsbasis gewählt. Vielmehr wurden die **Perioden** für das CLV-Modell auf zwei Wochen gesetzt. Dies entspricht in etwa der durchschnittlich zu erwartenden Frequenz von Tankstellenbesuchen.

Als erstes wurden die **Daten** aus dem Datawarehouse für diese Tankstellen ausgelesen und in Microsoft Access aufbereitet. Die Bankleitzahl und Kontonummern wurden verschlüsselt übertragen, so dass diese nicht mehr erkenn-

---

[462] Hammann und Erichson (2000), S. 212.

bar sind, aber dennoch ein-eindeutig im Datensatz vorliegen. Die Implementierung des CLV-Modells erfolgte in Microsoft Excel.

Zur Berechnung der Effizienz für beide Maßnahmen wurde eine **Kundenkohorte** mit Start der Kundenbeziehung t_0 Anfang 2008 ausgewählt. Dadurch wird automatisch das Jahr 2007 zur Filterung der Daten verwendet und somit sichergestellt, dass nur wirkliche Neukunden in das Sample kommen. In der Kohorte sind alle Kunden mit der ersten Transaktion beginnend am 31.12.2007 und endend am 24.02.2008. Dies entspricht genau 4 Perioden und garantiert eine hohe Anzahl von Kunden (n > 1.500), die notwendig ist, damit der MBG/NBD-Teil des CLV-Modells stabile Prognosen liefert.[463]

Der Datensatz wurde daraufhin in die Kalibrierungs- und Validierungsphase eingeteilt. Auf Basis der Kalibrierungsdaten wird für jeden Kunden ermittelt, wie viele Transaktionen und welche Art von Transaktionen er durchgeführt hat. Danach werden die Kunden gemäß der Regel für die Segmentierung in die drei Verhaltenssegmente eingeteilt.[464] Diese Segmentzuordnung bleibt stabil in der Zeit und wird im Laufe der Validierungsphase nicht verändert. Damit ist eine Wanderung zwischen den Segmenten ausgeschlossen.

6.2.5.1 Effizienzmessung LED-Mast-Maßnahme

6.2.5.1.1 Beschreibung der Kontroll- und Testgruppe

Die Maßnahme wurde im Juni 2009 an neun Tankstellen im Netz des Tankstellenbetreibers durchgeführt. Die Tankstellen sind im gesamten Bundesgebiet verteilt, so dass keine Verbundeffekte zu erwarten sind.

Die folgende Tabelle stellt die Charakteristika der ausgewählten Test- und Kontrollgruppen-Tankstellen gegenüber. Die Größe des Shops, die Absätze

---

463 Im Folgenden wird zu sehen sein, dass sich die Daten durch eine hohe Heterogenität der Kundenstruktur $CV_P > 1,5$ und eine niedrige Transaktionsrate $\lambda < 0,1$ auszeichnen. Daher wird gemäß der Ergebnisse der Untersuchung von Hoppe und Wagner (2010) eine Samplegröße von n > 1.500 angestrebt. Vergleiche auch hierzu Abschnitt 4.3.1.2.3

464 Vgl. Kapitel 6.2.1.2

und die Umsätze vor der Maßnahmendurchführung der beiden Gruppen liegen sehr nahe beieinander. Die Tankstellen sind in beiden Gruppen größtenteils in Großstädten oder im Zentrum kleiner Städte platziert.

	Anzahl Tankstellen	Shopgröße $[m^2]$	Absatz 2007 [Mio. Liter]	Umsatz 2007 [Mio. EUR]
Testgruppe	9	420	10,1	12,8
Kontrollgruppe	9	422	9,7	12,4

Tabelle 39: **Vergleich der Test- und Kontrollgruppe der LED-Mast-Maßnahme**

Quelle: **eigene Darstellung.**

Die Daten werden in die zwei Phasen Kalibrierung und Validierung eingeteilt. Die **Kalibrierungsphase** beginnt am 31.12.2007 und endet am 31.5.2009. Das entspricht somit genau 37 zweiwöchigen Perioden. Die **Validierungsphase** beginnt mit dem 1.6.2009 und endet am 31.10.2010, was auch wiederum 37 Perioden entspricht. Die symmetrische Verteilung der Kalibrierungs- und Validierungsphase verbessert den Fit des Modells und erleichtert die Interpretation der Ergebnisse.

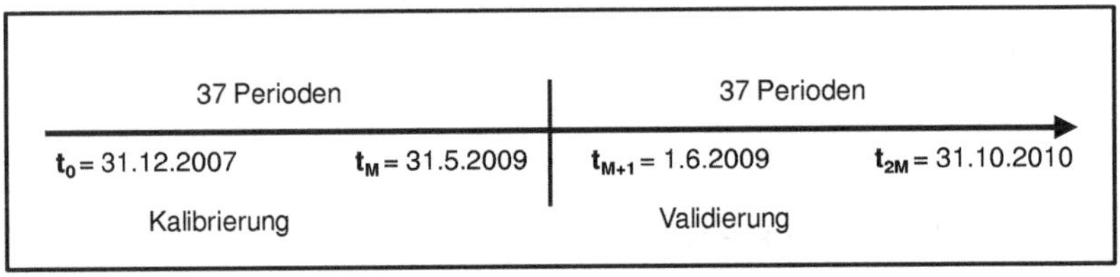

Abbildung 43: **Zeitraum der Kalibrierungs- und Validierungsphase LED-Mast**

Quelle: **eigene Darstellung.**

Die Kontrollgruppe hat im beobachteten Zeitraum über 42.000 Transaktionen und die Testgruppe 45.000 Transaktionen durchgeführt. Insgesamt gibt es im beobachteten Zeitraum an den Testgruppen-Tankstellen 7.151 Neukunden und an den Kontrollgruppen-Tankstellen 7.052 Neukunden.

	Testgruppe		Kontrollgruppe	
Segment	**Anzahl**	**Anteil**	**Anzahl**	**Anteil**
Kraftstoff	4.957	69 %	4.806	68 %
Kraftstoff + Shop	1.900	27 %	1.967	28 %
Shop	294	4 %	279	4 %
Total	**7.151**	**100 %**	**7.052**	**100 %**

Tabelle 40: Kundensegmente der LED-Mast-Maßnahmen-Tankstellen

Quelle: eigene Darstellung.

Die Kunden werden anhand der Daten in der Kalibrierungsphase segmentiert. Bei den ausgewählten Tankstellen machen die "Kraftstoff"-Kunden ebenfalls jeweils knapp 70 % der Kunden aus. Die Größenordnungen der anderen Segmente entsprechen ebenfalls dem Gesamtsample 2008 und zeigen, dass diese Werte im Zeitablauf stabil und von der gezogenen Stichprobe unabhängig sind.

6.2.5.1.2 Prognosegüte des CLV-Modells in der Kontrollgruppe

Als erstes wird der durchschnittliche CLV der Kontrollgruppe geschätzt und mit dem tatsächlichen Wert in der Validierungsphase verglichen. Dies dient dazu, die Prognosegüte des Modells zu validieren.

Im ersten Schritt muss die **Anzahl der Transaktionen in der Kontrollgruppe** prognostiziert werden. Dazu wird zunächst die Log-Likelihood-Funktion des MBG/NBD-Modells zur Prognose der Anzahl der Transaktionen geschätzt. Anhand der Gleichung (4-23) wird im ersten Schritt für jeden Kunden *i* mit der spezifischen Transaktionshistorie (x_i, t_{x_i}, T_i) $i = 1,..,N$ die Log-Likelihood berechnet und aufsummiert. Schließlich wird mithilfe des "*Data-Sovlers*" in Microsoft Excel das Optimierungsproblem "Maximiere die Log-Likelihood-Funktion" unter der Nebenbedingung, dass die Werte r, α, a und $b > 0$ sind, berechnet.[465] Die untenstehende Tabelle 41 stellt die Ergebnisse dar.

[465] Vgl. hierzu ausführlich auch Fader et al. (2005c).

MBG/NBD-Modellparameter	
r	0,27
α	3,48
a	0,35
b	6,48
LL	- 44.972
LL/n	- 6,38

Tabelle 41: Modelparameter Kontrollgruppe LED-Mast-Maßnahme

Quelle: eigene Darstellung.

Aus den Modellparametern lassen sich die Kunden sogleich in ihrem Transaktionsverhalten analysieren.

Es gilt mit $CV_p = \frac{1}{\sqrt{r}} = 1{,}92$, dass die Kunden sehr heterogen sind bezüglich der Transaktionsrate. Das heißt, dass es auf der einen Seite Kunden mit sehr hohen Transaktionsraten gibt, aber auf der anderen Seite auch Kunden mit sehr niedrigen Transaktionsraten. In diesem Fall sind dies vor allem Kunden, die gar keine weitere Transaktion getätigt haben.

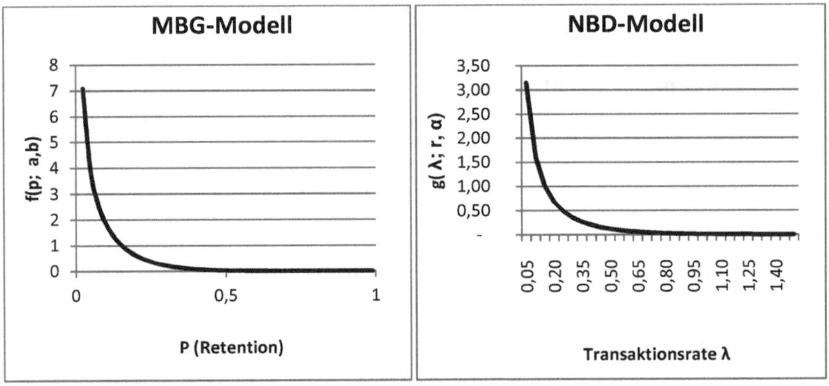

Abbildung 44: Verteilungseigenschaften der Kontrollgruppe LED-Mast

Quelle: eigene Darstellung.

Die linke Graphik in Abbildung 44 zeigt, wie die Kundenbindungswahrscheinlichkeit der Kunden verteilt ist.[466] Diese Kurve ist sehr stark linkslastig. Dies

---

466 Vgl. Gleichung (4-19).

bedeutet, dass viele Kunden eine sehr niedrige Kundenbindungswahrscheinlichkeit aufweisen.

Die rechte Graphik zeigt, wie sich die Transaktionsrate λ auf die Kunden verteilt.[467] Erwartungsgemäß ist diese Rate bei der Mehrzahl der Kunden deutlich geringer als eins. Ein Wert von eins würde nämlich bedeuten, dass der Kunde in jeder Periode eine Transaktion tätigt. Für die meisten Kunden aber gilt ein Wert $\lambda < 0{,}1$. Das bedeutet, dass diese Kunden weniger als 2,6 Transaktionen pro Jahr tätigen.[468] Tatsächlich liegt der Erwartungswert bei $E(\lambda) = 2{,}0$.[469] Dies ist ein relativ niedriger Wert. Geht man von ca. 25 Tankstellenbesuchen pro Jahr und Kunde aus, entspricht dies einem Share-of-Wallet bei einem Durchschnittskunden von 8 %.

Nachdem nun die grundlegenden Eigenschaften der Kundenbasis in der Kontrollgruppe analysiert wurden, gilt es zu überprüfen, wie gut das MBG/NBD-Modell die Anzahl der Transaktionen prognostiziert.

Dazu werden die Prognosen der Anzahl der Kunden mit X Transaktionen mit der tatsächlichen Anzahl der Kunden, die X Transaktionen getätigt haben, verglichen. Die Abbildung 45 gibt Auskunft über den Schätzerfolg innerhalb der Kalibrierungsphase.[470] Dort trifft das MBG/NBD-Modell anhand der erwarteten Transaktionen sehr gut die tatsächlichen Werte.

---

[467] Vgl. Gleichung (4-16).

[468] 0,1 Transaktionen/Periode x 26 Perioden im Jahr = 2,6 Transaktionen pro Periode.

[469] Vgl. Gleichung (4-21).

[470] Vgl. Gleichung (4-24).

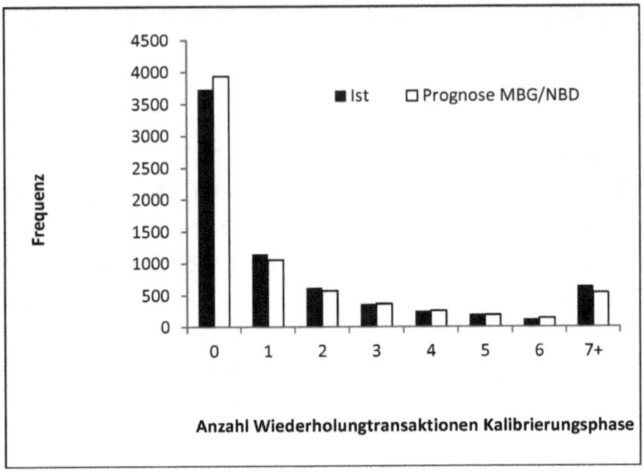

Abbildung 45: Prognosegüte Transaktionen Kalibrierungsphase Kontrollgruppe LED-Mast
Quelle: eigene Darstellung.

Wichtiger jedoch ist der Vergleich zwischen den tatsächlichen Werten und den Werten der Validierungsphase. Dort kann das Modell ebenfalls mit einer guten Prognosegüte aufwarten, und liegt damit im üblichen Wertebereich.[471] Die Abbildung 46 zeigt, wie viele Transaktionen Kunden mit einer gewissen Häufigkeit in der Validierungsphase später durchschnittlich in der Validierungsphase durchführen. Dabei liegen die Prognose und die Ist-Werte sehr nahe beieinander. So sind beispielsweise von Kunden mit zwei Wiederholungstransaktionen in der Kalibrierungsphase auch durchschnittlich zwei Transaktionen in der Validierungsphase zu erwarten.

[471] Vgl. Fader et al. (2005b) und Batislam et al. (2007).

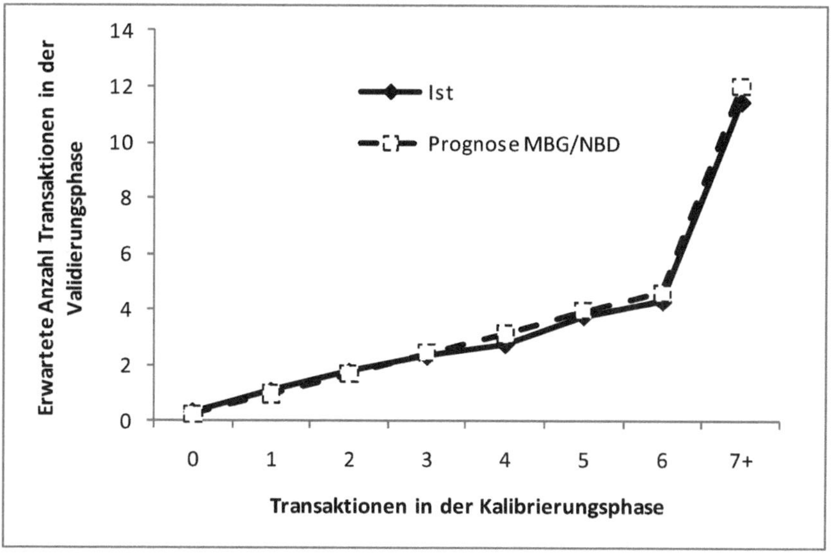

Abbildung 46: Prognosegüte in Validierungsphase Kontrollgruppe LED-Mast
Quelle: eigene Darstellung.

Die gute Prognosegüte wirkt sich auch auf die Prognose der Gesamttransaktionen aus. Die Abbildung 47 zeigt den Verlauf der Ist-Transaktionen und die zugehörige Prognose dieser Werte.[472] Es ist deutlich zu erkennen, dass das Modell sowohl in der Kalibrierungsphase als auch in der Validierungsphase einen sehr guten Fit liefert.

---

[472] Vgl. Gleichung (4-25).

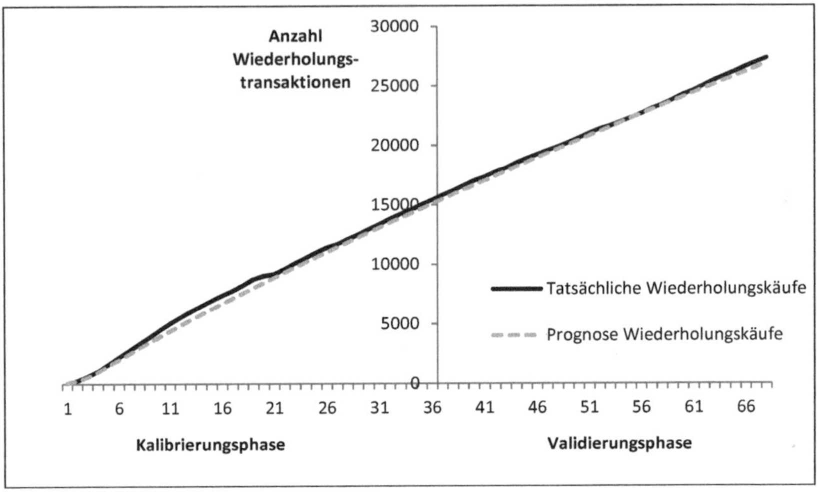

Abbildung 47: Gesamtanzahl Transaktionen Kontrollgruppe LED-Mast
Quelle: eigene Darstellung.

Die Prognosegütemaße bestätigen das visuelle Ergebnis. Die folgende Tabelle stellt die Prognosegütemaße des MBG/NBD-Modells einem linearen Prognose-Modell gegenüber. Das lineare Modell ist eine einfache Regression der Anzahl der Transaktionen über die Zeit und soll als eine simple Heuristik mit den Ergebnissen des MBG/NBD-Modells verglichen werden.[473]

Gütemaß	MBG/NBD	Lineare Regression
MSE	3.677,84	9.101,52
RMSE	60,65	95,40
Theilsche U_2	0,31	0,59

Tabelle 42: Prognosegüte der Kontrollgruppe LED-Mast
Quelle: eigene Darstellung.

Das MBG/NBD-Modell liefert einen deutlich niedrigeren RMSE und hat einen hervorragenden Wert beim Theilschen u_2. Somit kann von einer hohen Prognosegüte für die Anzahl der Transaktionen ausgegangen werden.

[473] Parameter der Regression: $y = 441,87 \times t - 122,81$; $R^2 = 0,995$.

Im nächsten Schritt gilt es zu prüfen, wie der durchschnittliche Rohertrag modelliert werden kann und wie gut die **Prognosegüte des Rohertrags pro Transaktion in der Kontrollgruppe** ist.

Für die drei Transaktionsarten werden zunächst die durchschnittlichen Roherträge pro Periode berechnet und in eine Graphik überführt. Diese zeigt, dass es für die "Kraftstoff"- und "Krafstoff + Shop"-Transaktionen keine großen Abweichungen und Trends vom Mittelwert gibt.

Die Shop-Transaktionen weisen große Schwankungen auf. Dies hat zweierlei Gründe: Zum einen ist die Datenbasis für die "Shop"-Transaktionen deutlich niedriger, was einen Durchschnittswert für statistische Ausreißer anfällig macht. Zum anderen umfassen die "Shop"-Transaktionen sehr viele unterschiedliche Warengruppen, die sich vom Durchschnittsertrag her stark unterscheiden. Allerdings gibt es keine systematischen Trends in der Zeit, so dass der Mittelwert als ausreichende Approximation dienen kann.

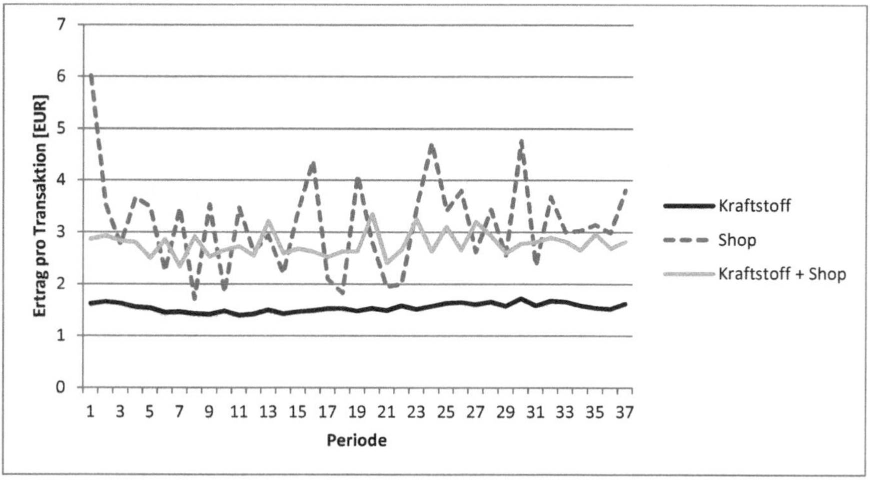

Abbildung 48: Durchschnittlicher Rohertrag pro Transaktion in der Kalibrierungsphase bei der Kontrollgruppe LED-Mast

Quelle: eigene Darstellung.

Die folgende Tabelle zeigt den in der Kalibrierungsphase berechneten Wert der durchschnittlichen Roherträge pro Transaktion. Dieser Wert fließt in die

Berechnung des CLV-Modells in der Validierungsphase ein. Die Werte in der Zeile "Validierungsphase" zeigen die Ist-Werte in der Validierungsphase. Hier zeigt sich, dass sich die Durchschnittswerte sehr nahe sind und dass dies auch ex post für die Modellierung eine sinnvolle Annahme darstellt.

Phase	Kraftstoff	Shop	Kraftstoff + Shop
Kalibrierungsphase	1,52 €	3,05 €	2,76 €
Validierungsphase	1,57 €	2,96 €	2,78 €

Tabelle 43: Durchschnittliche Roherträge Kontrollgruppe LED-Mast

Quelle: eigene Darstellung.

Abschließend müssen nun die Prognose über den Durchschnittsertrag mithilfe des Mittelwertverfahrens und die Prognose über die Anzahl der Transaktionen in der **Gesamtprognosegüte der Kontrollgruppe** zusammengefasst werden.

Führt man nun die Werte des Modells gemäß Formel (4-7) zusammen, zeigt sich, dass das Modell den durchschnittlichen CLV der betrachteten Periode innerhalb der Kontrollgruppen-Kohorte sehr gut prognostiziert.

Der gesamte Rohertrag der Kohorte beträgt ca. 71.500 EUR. Die Prognose liefert einen Wert von ca. 70.200 EUR. Dies entspricht einer Abweichung von knapp 1,9 %. Das ist für einen Zeitraum von ca. 1,5 Jahren und für über 7.052 Kunden ein sehr guter Wert. Der durchschnittliche CLV der Kunden ist mit 10,14 EUR verglichen mit einer Prognose von 9,95 EUR gut geschätzt. Die Abweichung ist dahingehend minimal.

Somit kann davon ausgegangen werden, dass das vorgestellte CLV-Modell eine gute Approximation des wahren Kundenwertes für die Kohorte von Kunden liefert. Allerdings unterschätzt das Modell leicht die tatsächlichen Roherträge. Dies liegt zum einen an der etwas niedrigeren Anzahl der Transaktionen, zum anderen an der leichten Unterschätzung des durchschnittlichen Shop-Rohertrags. Dennoch kann anhand der Kontrollgruppe bestätigt werden, dass das CLV-Modell zur Berechnung der künftigen Roherträge sehr valide Ergebnisse liefert.

6.2.5.1.3 Effizienzmessung Testgruppe

Nun wird das gleiche CLV-Modell verwendet, um die Effizienz der Maßnahmen in der Testgruppe zu messen. Dabei wird die gleiche Vorgehensweise auf den Datensatz der neun Testtankstellen angewendet.[474]

Zunächst wird der durchschnittliche CLV des **gesamten Kundenstamms** berechnet. Wie erwartet liefert das Modell keine gute Prognose und unterschätzt die zu erwartenden Einnahmen. Zur Erinnerung: Das Modell greift dabei auf Daten bis zum Zeitpunkt der Maßnahmendurchführung zurück und kann demnach nicht prognostizieren, wie die Maßnahme wirkt.

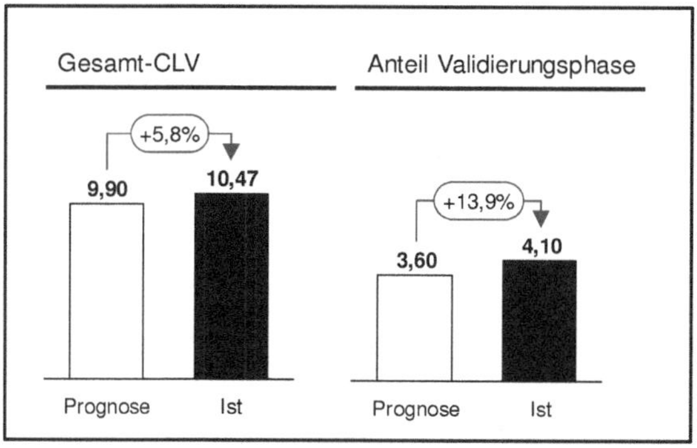

Abbildung 49: Vergleich Prognose- und Ist-CLV bei Testgruppe LED-Mast
Quelle: eigene Darstellung.

Vergleicht man den durchschnittlichen Beitrag des CLV, der nur in der Validierungsphase und damit nach der Durchführung der Maßnahme eintritt, ist das Ergebnis sehr deutlich. Damit kann zunächst festgehalten werden, dass die Maßnahme einen positiven Effekt auf den durchschnittlichen CLV der Kunden hat. Insbesondere der CLV-Anteil in der Validierungsphase ist um 13,9 % höher als anhand des Prognosemodells zu erwarten gewesen wäre.

474 An dieser Stelle wird auf den Anhang D verwiesen, wo alle Werte des CLV-Modells für die Testgruppe ausgewiesen sind.

Nun gilt es die **kundensegment-spezifischen Hypothesen** zu prüfen. Es wurde ex ante erwartet, dass die Maßnahme einen signifikanten Effekt bei den "Kraftstoff"-Kunden aufweist und keinen Effekt bei den "Kraftstoff + Shop"-Kunden.

Der durchschnittliche Rohertrag pro Transaktion hat sich durch die Maßnahme nicht wesentlich gegenüber dem Durchschnitt der Kalibrierungsphase verändert. Bei den "Kraftstoff"- und "Kraftstoff + Shop"-Kunden liegt eine Abweichung von ca. 4 % vor. Lediglich die "Shop"-Roherträge weichen deutlich ab. Allerdings gilt hier, dass die Anzahl der Beobachtungen sehr klein ist.

Phase	Kraftstoff	Shop	Kraftstoff + Shop
Kalibrierungsphase	1,49 €	3,29 €	2,83 €
Validerungsphase	1,55 €	3,99 €	2,95 €

Tabelle 44: Durchschnittliche Roherträge Testgruppe LED-Mast

Quelle: eigene Darstellung.

Um diese Hypothese über die Maßnahmenwirkung zu untersuchen, wird der CLV-Anteil in der Kalibrierungsphase zwischen Prognose und Ist-Werten verglichen.

Der durchschnittliche CLV der "Kraftstoff"-Kunden konnte um 20,6 % gesteigert werden. Das bedeutet, dass die erste Hypothese bestätigt werden konnte. Zudem ist in diesem Zeitraum der durchschnittliche CLV der "Kraftstoff + Shop"-Kunden mit 3,3 % moderat gestiegen. Dies widerspricht der Annahme, dass die Maßnahme keinen Effekt auf die "Kraftstoff + Shop"-Kunden haben würde. Die "Shop"-Kunden weisen zwar einen höheren Wert auf, sind aber aufgrund der kleinen Anzahl von Kunden deutlicheren Schwankungen unterworfen. Das Ergebnis für die "Shop"-Kunden kann somit nicht abschließend bewertet werden und erscheint unplausibel.

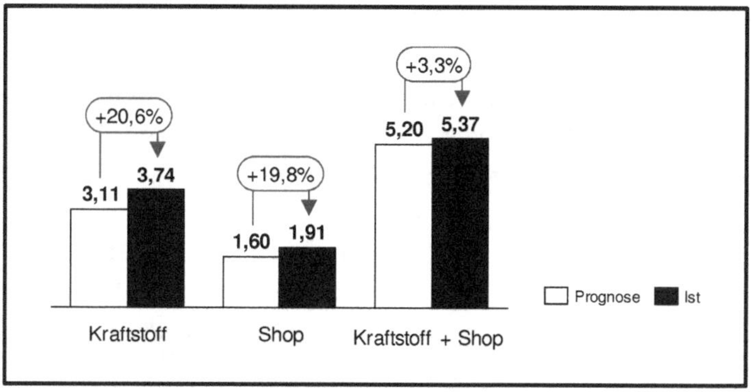

Abbildung 50: Effizienzvergleich auf Segmentebene LED-Mast in der Validierungsphase
Quelle: eigene Darstellung.

Durch die vorgenommene Analyse ist damit nachgewiesen, dass die Maßnahme erfolgreich war und zu einer dauerhaften Wertsteigerung geführt hat. Offensichtlich führt eine bessere Kommunikation des Preises über einen neuen Preismast nicht nur dazu, dass preissensible Kunden öfter oder mehr tanken. Es scheint auch dazu zu führen, dass alle Tankkunden ihre Transaktionen erhöhen.

6.2.5.2 Effizienzmessung Rebranding-Maßnahme

6.2.5.2.1 Beschreibung der Kontroll- und Testgruppe

Als nächstes wird die Rebranding-Maßnahme bewertet. Diese wurde im Februar und März 2009 an sechs Tankstellen im Netz des Tankstellenbetreibers durchgeführt. Die Tankstellen sind auch hier im gesamten Bundesgebiet verteilt, so dass keine Verbundeffekte zu erwarten sind. Die Shop-Größe, die Absätze und die Umsätze sind ebenfalls sehr ähnlich. Die Tankstellen sind in beiden Gruppen größtenteils in Großstädten oder im Zentrum kleiner Städte platziert.

	Anzahl Tankstellen	Shopgröße [m²]	Absatz 2007 [Mio. Liter]	Umsatz 2007 [Mio. EUR]
Testgruppe	6	240	2,8	4,1
Kontrollgruppe	6	236	3,1	4,2

Tabelle 45: Vergleich der Test- und Kontrollgruppe der Rebranding-Maßnahme
Quelle: eigene Darstellung.

Die Kontrollgruppe hat im beobachteten Zeitraum über 19.600 Transaktionen und die Testgruppe 16.400 Transaktionen durchgeführt. Die Daten werden in die zwei Phasen Kalibrierung und Validierung eingeteilt. Die **Kalibrierungsphase** beginnt am 31.12.2007 und endet am 22.02.2009. Zu diesem Zeitpunkt wurde das Rebranding an den Testgruppen-Tankstellen begonnen. Da auch hier das gesamte Jahr zur Filterung der Erst-Transaktionen genutzt werden muss, bleiben weniger Perioden für die Kalibrierungsphase bis zur Durchführung der Maßnahme. Das sind in diesem Fall nun genau 30 zweiwöchige Perioden. Die **Validierungsphase** beginnt somit am 23.2.2009 und endet am 18.04.2010, was auch wiederum 30 Perioden entspricht.

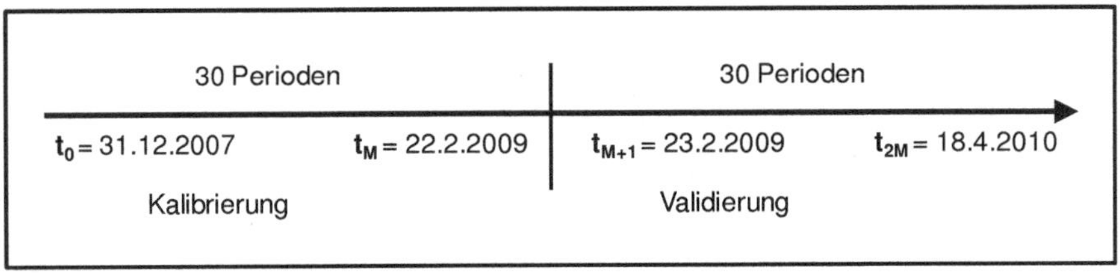

Abbildung 51: Zeitraum der Kalibrierungs- und Validierungsphase Rebranding

Quelle: eigene Darstellung.

Die Kunden werden wieder analog zur LED-Mast-Maßnahme nach Transaktionstypen segmentiert. Nicht nur die Gesamtanzahl der beiden Kunden-Gruppen ist mit 3.399 vs. 3.466 Kunden recht ähnlich, auch die Anteile der Kundensegmente stimmen in etwa überein. Die Testgruppe weist lediglich weniger reine "Kraftstoff"-Kunden aus und hat einen höheren Shop-Anteil. Dies spricht für eine attraktivere Shop-Gestaltung und Führung im Vergleich zum vorherigen Sample.

	Testgruppe		Kontrollgruppe	
Segment	**Anzahl**	**Anteil**	**Anzahl**	**Anteil**
Kraftstoff	2.366	70 %	2.536	73 %
Kraftstoff + Shop	846	25 %	802	23 %
Shop	187	6 %	128	4 %
Total	**3.399**	**100 %**	**3.466**	**100 %**

Tabelle 46: Kundensegmente der Rebranding-Maßnahmen Tankstellen

Quelle: eigene Darstellung.

Auch hier wird als erstes der CLV der Kontrollgruppe geschätzt und mit dem tatsächlichen Wert in der Validierungsphase verglichen. Dies dient dazu die Prognosegüte des Modells zu validieren.

6.2.5.2.2 Prognosegüte des CLV-Modells in der Kontrollgruppe

Analog zur LED-Mast-Maßnahme wird als erstes der durchschnittliche CLV der Kontrollgruppe geschätzt und mit dem tatsächlichen Wert in der Validierungsphase verglichen.

Im ersten Schritt wird also die **Anzahl der Transaktionen in der Kontrollgruppe** prognostiziert. Dies erfolgt wieder anhand der Log-Likelihood-Funktion des MBG/NBD-Modells.[475]

MBG/NBD-Modellparameter	
r	0,23
α	3,33
a	0,37
b	11,08
LL	- 16.984
LL/n	- 4,90

Tabelle 47: Modellparameter Kontrollgruppe Rebranding-Maßnahme
Quelle: eigene Darstellung.

Es gilt auch hier, dass mit $CV_p = \frac{1}{\sqrt{r}} = 2{,}08$ die Kunden bezüglich der Transaktionsrate sehr heterogen sind. Aus den Modellparametern lassen sich die Kunden sogleich in ihrem Transaktionsverhalten analysieren. Es ergibt sich dabei folgendes Bild.

[475] Siehe Gleichung (4-23).

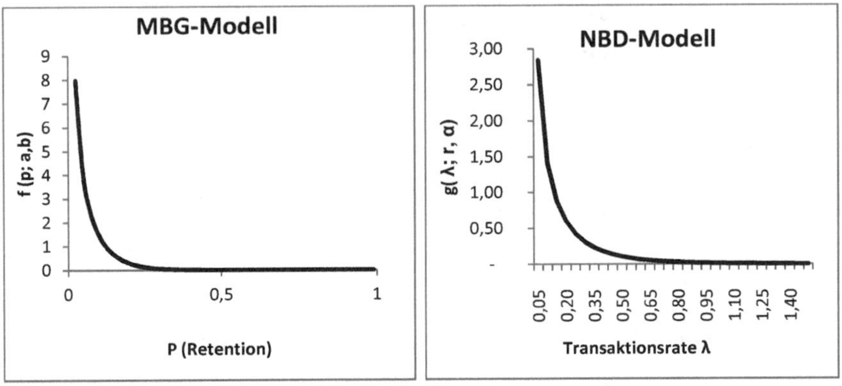

Abbildung 52: Verteilungseigenschaften der Kontrollgruppe Rebranding

Quelle: eigene Darstellung.

Wie im LED-Mast-Sample haben nur wenige Kunden eine hohe Kundenbindungswahrscheinlichkeit und eine hohe Transaktionsrate. Die erwartete Transaktionsrate ist mit $E(\lambda) = 0{,}07$ sehr niedrig und führt zu durchschnittlich 1,8 Transaktionen pro Jahr und Kunde. Der Wert liegt wiederum sehr nahe an dem Ergebnis des LED-Mast-Samples. Es zeigt sich damit, dass es bei diesem Tankstellenbetreiber nur wenige Kunden mit einer hohen Bindung gibt.

Innerhalb der Kalibrierungsphase trifft das MBG/NBD-Modell sehr gut die erwarteten Transaktionen, wie die Abbildung 53 zeigt.

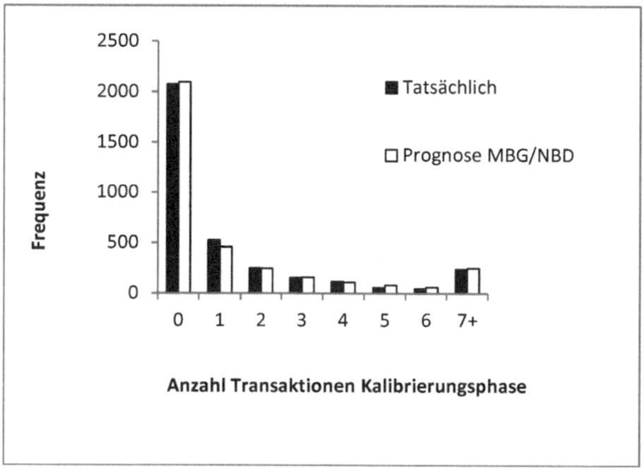

Abbildung 53: Prognosegüte Kalibrierungsphase Kontrollgruppe Rebranding
Quelle: eigene Darstellung.

Auch in der Validierungsphase trifft das Modell die zu erwartende Anzahl der Wiederholungstransaktionen, wie die Abbildung 54 zeigt. Diese Ergebnisse entsprechen dem beobachteten Verhalten des LED-Mast-Kontroll-Samples.

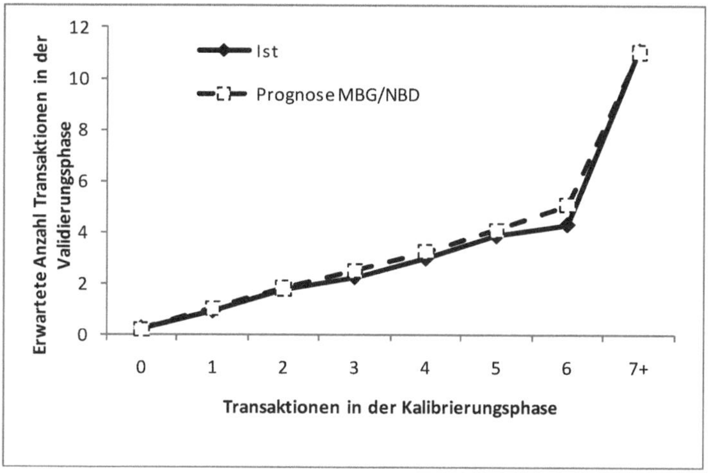

Abbildung 54: Prognosegüte in Validierungsphase Kontrollgruppe Rebranding
Quelle: eigene Darstellung.

Für die Gesamtanzahl der Transaktionen liefert das Modell sowohl in der Kalibrierungsphase als auch in der Validierungsphase einen sehr guten Fit, wie die folgende Abbildung 55 zeigt.

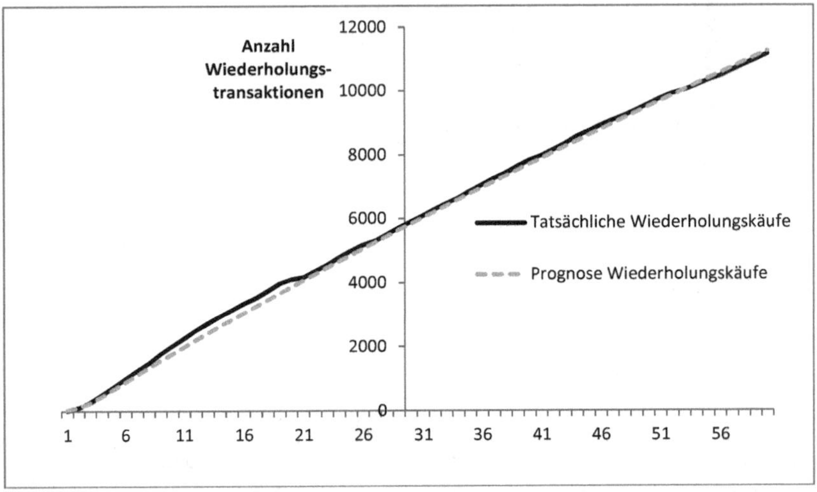

Abbildung 55: Gesamtanzahl Transaktionen Kontrollgruppe Rebranding
Quelle: eigene Darstellung.

Um die optischen Ergebnisse der Prognose zu validieren, wurden auch hier die vorgestellten Prognosegütemaße verwendet. Als einfaches Benchmark-Modell wurde wieder eine lineare Regression geschätzt.[476]

Gütemaß	MBG/NBD	Lineare Regression
MSE	1.026,59	2.132,39
RMSE	32,04	46,18
Theilsche U_2	0,33	0,62

Tabelle 48: Prognosegüte der Kontrollgruppe Rebranding
Quelle: eigene Darstellung.

Das MBG/NBD-Modell liefert einen deutlich niedrigeren RMSE und hat einen hervorragenden Wert beim Theilschen U_2.[477] Somit kann von einer hohen Prognosegüte für die Schätzung der Transaktionsanzahl ausgegangen werden.

[476] Parameter der Regression: y = 207,96 x t - 146,15; R^2 = 0,9943.

Im nächsten Schritt wird die **Prognosegüte für den Rohertrag pro Transaktion in der Kontrollgruppe** analysiert. Wie im Fall des LED-Mast-Samples sind auch hier keine Trends der durchschnittlichen Roherträge im Laufe der Zeit zu erkennen.

Die Roherträge des Shops weisen lediglich eine noch höhere Volatilität als im vorherigen Fall auf. Dennoch kann auch hier von einer Approximation anhand des Mittelwertes ausgegangen werden, da kein Trend zu erkennen ist.

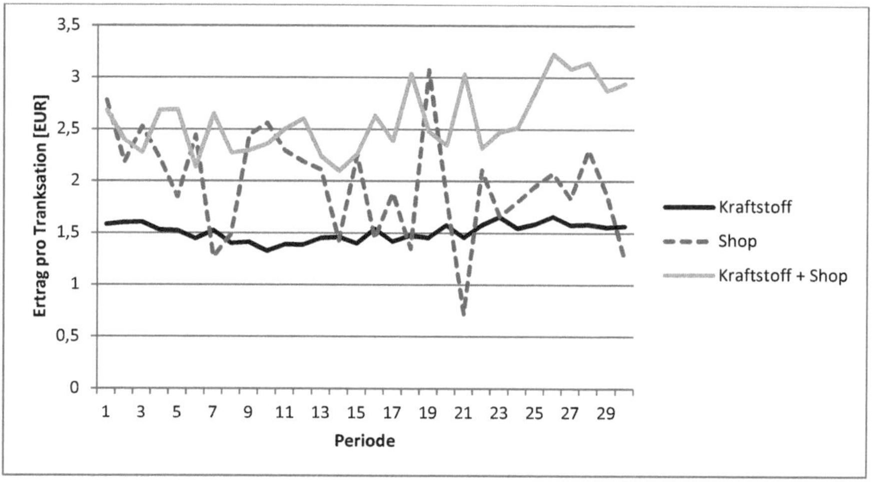

Abbildung 56: Durchschnittlicher Rohertrag pro Transaktion Kontrollgruppe Rebranding
Quelle: eigene Darstellung.

Somit werden wieder die Durchschnittswerte der Kalibrierungsphase für die Prognose des Rohertrages in der Validierungsphase berechnet. Die tatsächlichen Ist-Werte in der Validierungsphase sind in der untenstehenden Tabelle aufgeführt und unterscheiden sich nur marginal.

[477] Vgl. Gleichungen (4-27), (4-28) und (4-29).

Phase	Kraftstoff	Shop	Kraftstoff + Shop
Kalibrierungsphase	1,49 €	1,96 €	2,55 €
Validierungsphase	1,52 €	2,03 €	2,53 €

Tabelle 49: Durchschnittliche Roherträge Kontrollgruppe Rebranding

Quelle: eigene Darstellung.

Abschließend soll nun die **Gesamtprognosegüte der Kontrollgruppe** analysiert werden. Führt man nun die einzelnen Bestandteile des Modells anhand der Formel (4-7) zusammen, zeigt sich, dass das Modell den durchschnittlichen CLV der betrachteten Kohorte innerhalb der Kontrollgruppe sehr gut prognostiziert.

Der gesamte Ist-Rohertrag der Kohorte beträgt ca. 26.000 EUR im Vergleich zur Prognose von ca. 25.800 EUR. Dies entspricht einer Abweichung von ca. 0,8 %. Das ist ebenfalls für einen Zeitraum von ca. 1,25 Jahren und für über 3.400 Kunden ein sehr guter Wert. Der durchschnittliche CLV der Kunden beträgt 7,49 EUR im Vergleich zur Prognose von 7,43 EUR.

Damit kann auch im Rebranding-Fall davon ausgegangen werden, dass das vorgestellte CLV-Modell eine gute Approximation des wahren Kundenwertes für die Kohorte von Kunden liefert. Allerdings unterschätzt auch hier das Modell leicht die tatsächlichen Roherträge.

Dies kann zum einen an der etwas zu niedrig geschätzten Anzahl der Transaktionen liegen, zum anderen an der leichten Unterschätzung der durchschnittlichen Roherträge. Dennoch kann auch anhand der Rebranding-Kontrollgruppe bestätigt werden, dass das CLV-Modell valide Ergebnisse liefert.

6.2.5.2.3 Effizienzmessung Testgruppe

Nun wird das gleiche CLV-Modell verwendet, um die Effizienz der Rebranding-Maßnahmen am **gesamten Kundenstamm** zu messen. Dabei wird die gleiche Vorgehensweise verfolgt und auf den Datensatz der sechs Test-Tankstellen angewendet. Wie erwartet liefert das Modell keine gute Prognose und unterschätzt die zu erwartenden Einnahmen.

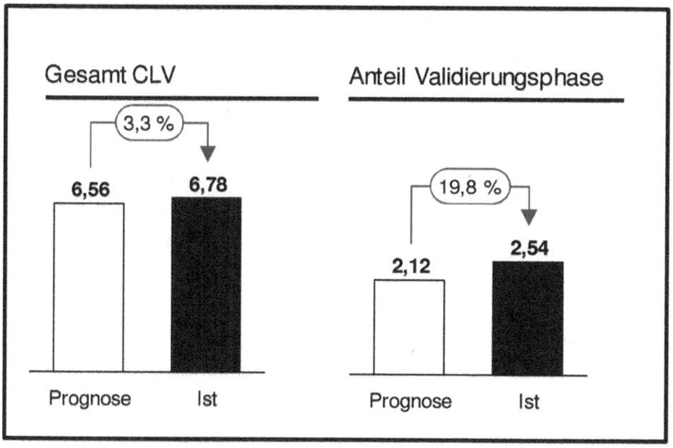

Abbildung 57: Vergleich Prognose- und Ist-CLV bei Testgruppe Rebranding
Quelle: eigene Darstellung.

Zunächst gilt es festzustellen, dass der durchschnittliche CLV insgesamt um 3,3 % höher liegt, als zu erwarten gewesen wäre. Damit kann konstatiert werden, dass die Maßnahme einen Erfolg darstellt. Nur auf den Zeitraum nach der Maßnahme (Validierungsphase) bezogen, hat sich der durchschnittliche CLV-Anteil aller Kunden um knapp 20 % erhöht. Damit ist nachgewiesen, dass die Maßnahme ein voller Erfolg war.

Nun wird abschließend betrachtet, ob die **kundensegmentspezifischen Hypothesen** validiert werden können. Es wurde im Vorfeld die Hypothese aufgestellt, dass insbesondere die "Kraftstoff + Shop"-Kunden durch die Maßnahme an Wert gewinnen, während die "Kraftstoff"-Kunden keine Veränderung erfahren.

Die Analyse des durchschnittlichen Rohertrags pro Transaktion zeigt, dass der durchschnittliche Rohertrag pro Kunde bei den "Kraftstoff"- und den "Shop"-Kunden nicht wesentlich durch die Maßnahme verändert wurde. Allerdings ist der durchschnittliche Rohertrag der "Kraftstoff + Shop"-Kunden ca. 10 % niedriger als erwartet.

Phase	Kraftstoff	Shop	Kraftstoff + Shop
Kalibrierungsphase	1,42 €	4,31 €	2,65 €
Validerungsphase	1,49 €	4,25 €	2,41 €

Tabelle 50: Durchschnittliche Roherträge Testgruppe Rebranding

Quelle: eigene Darstellung.

Hierin ist ein Grund für die Abweichung des durchschnittlichen CLV von der Prognose zu finden. Die tatsächlichen Ergebnisse sind in der folgenden Abbildung 58 dargestellt.

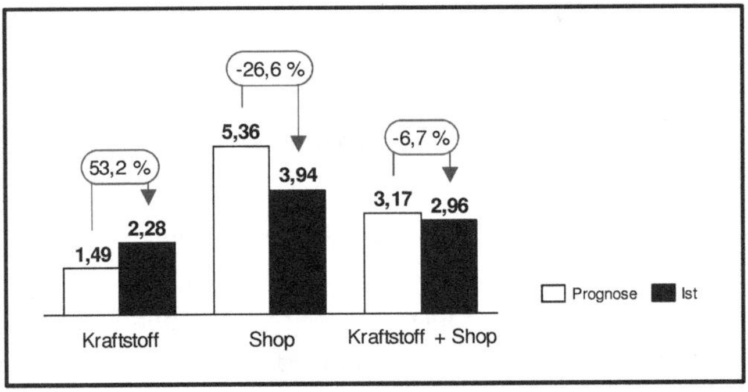

Abbildung 58: Effizienzvergleich auf Segmentebene Rebranding in der Validierungsphase

Quelle: eigene Darstellung.

Die "Kraftstoff"-Kunden haben überraschenderweise durchschnittlich um 53 % an CLV gewonnen. Dies übertrifft die Erwartungen enorm und zeigt, dass die Hypothese, wonach der durchschnittliche CLV dieses Segments gleich bleibt, nicht bestätigt werden kann.

Die "Kraftstoff + Shop"-Kunden haben im Schnitt 6,7 % an CLV-Anteil verloren. Auch dies war anders erwartet worden und geht zu einem großen Teil auf den veränderten Rohertrag pro Transaktion zurück. Die "Shop"-Kunden weisen zudem auch noch einen deutlich niedrigeren durchschnittlichen CLV auf, sind aber auch hier aufgrund der kleinen Anzahl von Kunden deutlicheren Schwankungen unterworfen. Das Ergebnis für die "Shop"-Kunden kann somit nicht abschließend bewertet werden.

Allerdings können die Ergebnisse dahingehend interpretiert werden, dass durch die Maßnahme eine leichte Verschiebung der Roherträge stattgefunden hat. Eine Analyse der Transaktionsverteilung zeigt, dass der Anteil an "Kraftstoff + Shop"-Transaktionen im Segment der "Kraftstoff + Shop"-Kunden deutlich zurückgegangen ist. Das heißt, dass Kunden in diesem Segment bedingt durch diese Maßnahme eher dazu neigen, nur noch zu tanken. Dass sowohl die "Kraftstoff + Shop"-Kunden als auch "Shop"-Kunden an CLV verlieren, deutet darauf hin, dass die Wahrnehmung der Tankstelle durch das neue Umfeld den Roherträgen des Shops geschadet hat. Dieser Effekt wurde aber durch den erhöhten Verkauf an Kraftstoffen mehr als kompensiert.

6.3 Interpretation und Diskussion der Ergebnisse

6.3.1 Erfolgreiche Validierung des CPV-Modells

Im hier betrachteten Fall des Tankstellenbetreibers wurden ex ante drei verhaltensbasierte Segmente identifiziert, die in der Praxis bei Tankstellenbetreibern üblich sind: "Kraftstoff"-Kunden, "Kraftstoff + Shop"-Kunden und die "Shop"-Kunden. Für die ersten beiden Segmente wurden durch eine Online-Befragung genug Teilnehmer gewonnen, so dass ein ausreichend großes Sample zur Berechnung eines Kausalmodells vorlag. Allerdings konnten für das kleinste Segment, die "Shop"-Kunden, nicht ausreichend Befragte gewonnen werden.

Mithilfe eines Strukturgleichungsmodells wurden die identifizierten **Dimensionen des Customer Perceived Value** auf ihre Relevanz hin untersucht. Es wurde gezeigt, dass die Dimensionen über den reinen funktionalen Nutzen hinausgehen. Das sind vor allem der Nutzen, der aus dem Wert der Marke generiert wird, und der Nutzen aus der Beziehung zum Anbieter. Es konnte zudem gezeigt werden, dass der Aufwand eine als negativ empfundene Dimension darstellt.

Das Kausalmodell wurde genutzt, um die verkürzte **Kette des Relationshipmarketing** zu validieren. Es wurde gezeigt, dass die Dimensionen des CPV eine Wirkung auf die Kundenzufriedenheit haben und dass die Zufriedenheit zu aktionaler Loyalität führt. Dieser Zusammenhang wird aber vor allem durch Wechselkosten mediiert. Damit konnte mithilfe des geschätzten Kausalmodells das theoretisch abgeleitete CPV-Modell im Massenmarkt empirisch bestätigt werden. Das heißt, dass auch in einem Massenmarkt nicht nur der reine Preis oder der funktionale Nutzen ausschlaggebend für den Wiederkauf sind. Anbieter müssen somit bei der Gestaltung des Marketingmixes auch weitere Dimensionen des CPV berücksichtigen.

Auf den Tankstellenmarkt bezogen, ist insbesondere der Zusammenhang zwischen **Zufriedenheit und Loyalität** entscheidend. Die Mediation bedeutet letztlich, dass ein Tankstellenbetreiber zwar die Möglichkeit hat, die Zufriedenheit seiner Kunden auf unterschiedliche Art und Weise anhand der CPV-Dimensionen zu erhöhen, allerdings führt dies bei den reinen **"Kraftstoff"-Kunden** nicht immer zu einer höheren Loyalität. Das liegt daran, dass es Kunden in diesem Segment bevorzugen, ihre Wechselkosten minimal zu halten und trotz Zufriedenheit mit dem untersuchten Anbieter bereit sind, bei einem anderen Anbieter zu tanken. Wechselkosten können lange Wege und empfundener Zeitaufwand und Mühe sein. Dies entspricht der Intuition und den Ergebnissen externer Studien, die besagen, dass Kunden aus dem Tankstellenmarkt die Entfernung zur Tankstelle als maßgebliches Kriterium sehen.[478]

Bei den **"Kraftstoff + Shop"-Kunden** allerdings liegt nur eine eingeschränkte Mediation des Zusammenhangs von Zufriedenheit und Loyalität vor. Das bedeutet, dass es einem Anbieter gelingen kann, durch Verbesserung der Zufriedenheit eine Hürde durch Wechselkosten auszugleichen. Das spricht dafür, dass Kunden aus diesem Segment bereit sind, für die Erhöhung ihres wahrgenommenen Nutzens Wechselkosten in Kauf zu nehmen. Die wichtigsten Treiber dafür sind der Markennutzen und der Beziehungsnutzen. Das ist, wie bereits angedeutet, ein beachtliches Ergebnis, da es sich beim Tankstellenmarkt um einen "unpersönlichen" Massenmarkt handelt.

Für beide Segmente sind sowohl die Marke als auch der Beziehungsnutzen wichtige Treiber der Zufriedenheit. Die Marke muss daher aus Sicht des Anbieters durch Pflege des Images gefördert werden. Dazu gehört neben der Kommunikation auch die Erfüllung von Qualitätsstandards im gesamten Netz des Betreibers.

---

[478] Vgl. Abbildung 35 und Abbildung 36.

Der Beziehungsnutzen manifestiert sich durch den Kontakt zu den Mitarbeitern an den Tankstellen sowie durch ein attraktives Bonusprogramm. Die Mitarbeiter nehmen somit eine wichtige Rolle bei der Kundenbindung ein. Auch wenn der Betreiber kein Bonusprogramm hat, wurde das Item abgefragt und es konnte gezeigt werden, dass das Fehlen eines Bonusprogrammes bei beiden Segmenten zur Minderung des Beziehungsnutzens und damit der Zufriedenheit führt. Daher ist zu prüfen, ob und in welcher Form ein Bonusprogramm eingeführt werden könnte.

Abschließend kann festgehalten werden, dass das Grundmodell gute Indikationen für die Gestaltung des Marketingmixes im Massenmarkt liefert. Das Modell kann somit genutzt werden, um Maßnahmen auf Kundensegment-Ebene zu definieren und ex ante zu rechtfertigen.

6.3.2 Erfolgreiche Anwendung des CLV-Modells

Insgesamt wurden vier Samples aus Kundenkohorten für 30 Tankstellen gebildet und anhand des CLV-Modells bewertet. Zwei Samples dienten der Kontrolle und wurden nicht durch eine Maßnahme manipuliert. Daher konnte bei diesen Samples die **Güte des CLV-Modells** getestet werden. Es konnte gezeigt werden, dass das CLV-Modell basierend auf der Mittelwert-Methode und dem MBG/NBD-Modell zuverlässig geschätzt werden kann.

Die folgende Tabelle zeigt noch einmal die wesentlichen Merkmale der Schätzung und leistet zudem einen Beitrag zur Anwendbarkeit des Modells.

Gruppe	Sample Größe	Zeitraum	Transaktionsrate λ	Heterogenität der Transaktionsrate	Einmalkundenanteil
Kontrollgruppe LED-Mast	n = 7.052	148 Wochen	0,08	1,92	53 %
Kontrollgruppe Rebranding	n = 3.466	120 Wochen	0,07	2,08	60 %

Tabelle 51: Parameter der MBG/NBD-Schätzung beider Kontrollgruppen

Quelle: eigene Darstellung.

Aufgrund der großen Heterogenität der Verteilung der Transaktionsrate, der niedrigen Durchschnitts-Transaktionsrate und des hohen Anteils der Einmal-Kunden bedarf es durchaus eines langen Kalibrierungszeitraum für das Modell. Zudem ist für die Modellierung eine ausreichend große Anzahl von Kunden notwendig. In der vorliegenden Arbeit wurde mit n > 3.400 und n > 7.000 Kunden gerechnet und damit konnten gute Ergebnisse erzielt werden.

Ferner muss sichergestellt werden, dass es sich bei den analysierten Kunden tatsächlich um "echte" Neukunden handelt. Es wurde ein Zeitraum von einem Jahr genutzt, um Kunden mit vorigen Transaktionen aus der Kohorte zu filtern. Insgesamt sind somit eine relativ lange Transaktionshistorie (T > 3 Jahre) und eine große Zahl an Kunden (n > 1.500) notwendig.

In dieser Anwendung des CLV-Modells wurde der durchschnittliche CLV nur innerhalb der **Kalibrierungs- und Validierungsphase** berechnet. Natürlich könnte der durchschnittliche CLV der Kohorte über diesen Zeitraum hinaus berechnet und diskontiert werden. In dieser Anwendung wurde jedoch darauf verzichtet, weil primär die Effizienzmessung der Maßnahmen auf die Kundensegmente im Vordergrund stand.

Es konnte jedoch für beide Kontrollgruppen nachgewiesen werden, dass das Modell eine zuverlässige Gesamtprognose des durchschnittlichen CLV für die untersuchten Kohorten liefert. Der durchschnittliche CLV der Kontrollgruppe des LED-Mastes wurde nur um 1,9 % unterschätzt, in der Rebranding-Kontrollgruppe lediglich um 0,8 %. In beiden Kontrollgruppen konnte gezeigt werden, dass das MBG/NBD-Modell eine **gute Approximation der Anzahl der Transaktionen** liefert. Ferner wurde deutlich, dass das Modell stärkere Prognosen liefert als die naive Prognose (gemäß dem Theilschen U_2) und eine einfache lineare Regression für den gleichen Kalibrierungszeitraum.

Die anhand des MBG/NBD-Modells durchgeführten Kundenstammanalysen zeigen, dass der Tankstellenmarkt eine sehr hohe Volatilität der Kundenbindung aufweist. Demnach gelingt es nicht, das **Loyalitätspotenzial** aller Kunden auszuschöpfen.

Es gibt zum einen in allen vier Samples eine sehr große Gruppe von Kunden, die jeweils nur eine Transaktion in der betrachteten Periode von über 2 Jahren getätigt haben. Diese Kunden können als "**Zufallskunden**" bezeichnet werden. Dies ist intuitiv nachvollziehbar, weil Kunden oftmals einfach einen leeren Tank haben und bei der nächsten Tankstelle tanken müssen. Dies ist eine Besonderheit des Marktes und gilt nicht in vielen anderen Handelsbereichen, wie beispielsweise Konsumgüter oder Bekleidung.

Zum anderen gibt es in beiden Samples **"gebundene Kunden"** mit einer enorm hohen Transaktionsrate und damit sehr hoher Kundenbindung. Das Angebot des Betreibers erfüllt allem Anschein nach die Anforderungen dieser Kunden. Es kann somit davon ausgegangen werden, dass der Betreiber für diese Kunden einen hohen CPV generiert.

In beiden Kontrollgruppen konnte ebenfalls gezeigt werden, dass bei Kunden mit hoher Bindung nicht per se das **Ertragspotenzial** und **Cross-Buying-Potenzial** ausgeschöpft werden. Die durchschnittlichen Roherträge sind sowohl in der Kalibrierungsphase als auch in der Validierungsphase nahezu konstant. Ein Trend in der Zeit liegt somit nicht vor. Daher eignet sich der durchschnittliche Rohertrag als einfache und gute Approximation des zu erwartenden Rohertrags für das CLV-Modell.

Dieses Ergebnis ist zunächst überraschend, weil in der Marketingliteratur postuliert wird, dass gebundene Kunden dazu tendieren, auch mehr auszugeben. Es zeigt sich hier jedoch, dass Kunden im Tankstellenmarkt kein Rohertragspotenzial aufweisen. Gebundene Kunden generieren zwar einen höheren Rohertrag als nicht gebundene Kunden, das liegt aber daran, dass sie mehr Transaktionen tätigen, und nicht an den Mehrausgaben pro Transaktion.

Abschließend ist festzuhalten, dass sich der durchschnittliche CLV in den Test- und Kontrollgruppen von einander unterscheidet. Im LED-Kontroll-Sample lag der Wert bei 10,14 EUR im Vergleich zu 10,47 EUR in der Testgruppe. Diese Werte sind erstaunlich nahe beieinander. Das Rebranding-Kontroll-Sample wies einen durchschnittlichen CLV von 7,49 EUR im Vergleich zur Testgruppe von 6,78 EUR auf. Da sich die Zeiträume zwischen LED und Rebranding unterscheiden, ist ein direkter Vergleich nicht sinnvoll. Allerdings scheint der Wert der Kunden auch von der Einkaufsstätte abzuhängen und wird demnach vom Angebot determiniert.

6.3.3 Erfolgreiche Messung der Maßnahmeneffizienz auf Kundensegmentebene

Für die implementierten Maßnahmen konnte jeweils eine deutliche Steigerung des durchschnittlichen CLV berechnet werden. Es sei daran erinnert, dass es sich nicht um Umsatz sondern um Rohertragssteigerungen handelt, die sich voll auf die Höhe des Gewinns auswirken.

Der CLV-Anteil der Validierungsphase stieg nach Durchführung der Maßnahme im **LED-Mast-Sample** im Vergleich zur Prognose um 14 %. Selbst nach Abzug einer Toleranz von knapp 2 % aufgrund der Unterschätzung des Wertes in der Kontrollgruppe, bliebe ein Effekt von ca. 12 % Rohertragssteigerung bei dieser Kohorte. Dies entspricht einem Effekt von ca. 8 % p. a.

Die Maßnahme führte zu einer deutlichen Steigerung des durchschnittlichen CLV der "Kraftstoff"- und zu einer moderaten Steigerung der "Kraftstoff + Shop"-Kunden. Dies ist überraschend, da die Maßnahme überwiegend den funktionalen Nutzen in Form einer besseren Preiskommunikation erhöht und somit nach Interpretation des Kausalmodells nur die "Kraftstoff"-Kunden hätte ansprechen sollen.

Der durchschnittliche Rohertrag der "Kraftstoff"- und "Kraftstoff + Shop"-Kunden in der Kalibrierungsphase (Wert für Prognose) ist ca. 4 % niedriger. Damit unterschätzt das Modell den durchschnittlichen Rohertrag. Die Steigerung des durchschnittlichen CLV wird somit nicht nur allein auf eine höhere Transaktionsrate zurückgeführt, sondern auch auf einen höheren Rohertrag pro Transaktion.

Der LED-Mast hat also zudem bewirkt, dass sich die Frequenz der "Kraftstoff"- und "Kraftstoff + Shop"-Kunden erhöht. Zu beachten ist, dass es sich hierbei um Kunden handelt, die bereits zum ersten Mal 74 Wochen vor der Maßnahmendurchführung an den jeweiligen Tankstellen getankt hatten. Durch den LED-Mast wird also nicht der Kunde zum ersten Mal auf die Tankstelle aufmerksam, sondern der Kunde nimmt die Tankstelle – obwohl er sie kennt – noch stärker wahr. Dadurch wird aber nicht nur das Vorhandensein der Tankstelle, sondern auch der günstige Preis der Marke öfter in das Gedächtnis des Kunden gerufen. Somit ist der Anstieg der Transaktionsrate eine Folge der verbesserten Wahrnehmung der Tankstelle. "Kraftstoff + Shop"-Kunden, die insbesondere Wert auf eine gute Marke und auf eine gute Beziehung zum Anbieter legen, könnten dadurch stärker angesprochen worden sein, als dies ex ante zu vermuten war.

Bei der Durchführung der **Rebranding-Maßnahme** konnte abzüglich des Prognosefehlers in der Kontrollgruppe von 0,8 % ein Effekt von 19,0 % in der Validierungsphase gezeigt werden. Dies entspricht einem Effekt in Höhe von 16,4 % p. a. für die betrachtete Kundenkohorte.

Bei dieser Maßnahme war ein Effekt vor allem auf die "Kraftstoff + Shop"-Kunden erwartet worden, da durch die Veränderung des Tankstellendesigns und der Modernisierung insbesondere der Markennutzen erhöht werden sollte. Allerdings trat eine negative Wirkung auf die "Kraftstoff + Shop"-Kunden mit -6,7 % in der Validierungsphase ein.

Dies geht zu einem großen Teil auf die Überschätzung des zu erwartenden Rohertrages pro Transaktion von 2,65 EUR auf Basis des Durchschnittes der Kalibrierungsphase gegenüber 2,41 EUR als Ist-Wert in der Validierungsphase zurück. Dies ist eine Unterschätzung des tatsächlichen Rohertrages um ca. 10 % und zeigt, dass bei einer gesamten durchschnittlichen CLV-Minderung von 6,7 % die Anzahl der Transaktionen gestiegen ist. Die Kunden haben infolge der Neugestaltung des Außendesigns dazu tendiert, weniger Einkäufe im Shop zu tätigen.

Interessanterweise war die Wirkung auf die "Kraftstoff"-Kunden mit +53,2 % extrem positiv. Dies ist im Prinzip die Folge der angepassten Preisgestaltung. Nicht nur das äußere Design wurde verändert, sondern der Preis der Tankstelle wurde im Schnitt um einen Cent pro Liter gesenkt. Weil die Vergleichstankstellen eine ähnliche Preissetzung haben, war nicht erwartet worden, dass die Preisveränderung im Vergleich einen so großen Effekt hat. Dennoch wurden offensichtlich vor allem Kunden, die sich am funktionalen Nutzen orientieren, durch das neue Auftreten und die neuen Preissetzung angesprochen.

Hypothese	Kontrollgruppe		Testgruppe	
	Kraftstoff	**Kraftstoff + Shop**	**Kraftstoff**	**Kraftstoff+ Shop**
M1: Durch die Maßnahme neuer LED- Mast wird der durchschnittliche CLV der "Kraftstoff"-Kunden gesteigert	CLV bleibt konstant: **Ja**	CLV bleibt konstant: **Ja**	CLV steigt: **Ja**	CLV bleibt konstant: **Nein, steigt**
M2: Durch die Maßnahme Rebranding wird der durchschnittliche CLV der "Kraftstoff + Shop"-Kunden gesteigert	CLV bleibt konstant: **Ja**	CLV bleibt konstant: **Ja**	CLV bleibt konstant: **Nein, steigt**	CLV steigt: **Nein, sinkt**

Tabelle 52: Überprüfung Hypothesen der Effizienzmessung

Quelle: eigene Darstellung.

Somit zeigt sich, dass die Hypothesenbildung zur Wirkung von Maßnahmen allein auf Basis des Strukturgleichungsmodells nicht zwangsläufig in der Realität zu der erhofften Wirkung führen. Die Ex-ante-Beurteilung der Maßnahmenwirkung muss sehr gut durchdacht und mit den Dimensionen des CPV-Modells verbunden werden, um die Effekte zu antizipieren. Allerdings hatten beide durchgeführte Maßnahmen einen überaus positiven Effekt, wenn auch nicht immer mit der erhofften Segmentspezifizität.

7 Fazit und Ausblick

7.1 Fazit und kritische Würdigung

Abschließend gilt es nun zu diskutieren, ob die in Abschnitt 1.3 vorgestellten Ziele dieser Arbeit erfüllt werden konnten. Die vorliegende Arbeit basierten auf den drei folgenden Forschungsfragen:

1. Was sind die Bedingungen für die Anwendbarkeit des Relationshipmarketing in Massenmärkten?
2. Wie sieht ein Framework zur dualen Kundenwertsteuerung im Massenmarkt aus?
3. Wie kann ein solches Vorgehen in der Realität eines Massenmarktes anhand realer Unternehmensdaten validiert werden?

Die Arbeit konnte für alle drei Forschungsfragen zentrale Beiträge leisten, die im Folgenden diskutiert werden.

Zur Beantwortung der **ersten Frage** wurde anhand der bisherigen Literatur zunächst die Sonderrolle des Massenmarkts als spezielles Anwendungsgebiet des Relationshipmarketing beleuchtet. Des Weiteren wurden kundenseitige, anbieterseitige und technische Kriterien für die Anwendung des Relationshipmarketing aufgestellt. Diese konzeptionelle Zusammenstellung erweitert das bisherige Wissen zur Anwendung des Relationshipmarketing und zeigt auf, welches die entscheidenden Hebel für das Relationshipmarketing sind.

Bei der Beantwortung der **zweiten Forschungsfrage** wurden sowohl theoretische, methodische als auch konzeptionelle Beiträge entwickelt, die nun gewürdigt werden.

Zunächst wurde aus dem Theoriepluralismus der Wirtschaftswissenschaften ein Modell zur Wirkungskette des Relationshipmarketing im Massenmarkt entwickelt. Die Nutzung der verhaltensorientierten Betriebswirtschaftslehre und der Theorien der Neuen Institutionenökonomik bestätigt den notwendigen Pluralismus zur Erklärung der Phänomene des Relationshipmarketing. Das Modell beschreibt, welche Dimensionen des Customer Perceived Value (CPV) die Kundenzufriedenheit steigern. Die Kundenzufriedenheit führt dem Modell nach zu höherer aktionaler Loyalität und ist Grundlage des Customer Lifetime Value (CLV). Letzterer Zusammenhang wird durch die konative Loyalität und Wechselkosten mediiert. Dadurch konnte diese Arbeit zum Verständnis der verkürzten Kette des Relationshipmarketing im Massenmarkt beitragen.

Neben diesem diskutierten theoretischen Beitrag leistet die Arbeit zudem zwei methodische Beiträge. Es wurden systematisch alle bisher bekannten Methoden erfasst, die sich zur Messung des Kundennutzens eignen. Diese wurden anhand nachvollziehbarer Kriterien bewertet und schließlich wurden Strukturgleichungsmodelle als geeignetes Verfahren zur CPV-Modellierung ausgewählt. Zur Modellierung des CLV wurden ebenfalls alle bisher bekannten Verfahren kurz dargestellt und auf ihre Anwendbarkeit im Massenmarkt hin bewertet. Es wurde schließlich eine Methode auf Basis des MBG/NBD-Modells und des Mittelwert-Verfahrens ausgewählt, um den CLV im Massenmarkt zu berechnen. Damit gelingt es, in dieser Arbeit einen bisher einzigartigen, umfassenden Überblick über alle gängigen Verfahren im Sinne ihrer Grundprinzipien, Annahmen, Zielsetzungen und Datenvoraussetzungen für die CPV- und CLV-Modellierung zu geben.

Der entscheidende methodische Beitrag der Arbeit zeigt sich aber in der Beantwortung der Frage, wie der Erfolg der Maßnahmen anhand des durchschnittlichen CLV gemessen werden kann. Diese Frage war bislang in der Forschung gänzlich unbeantwortet geblieben. Daher wurde eine Methode anhand von Experimenten entwickelt, die aufzeigt, wie das CLV-Modell genutzt werden kann, um die Effizienz definierter Maßnahmen ex post zu bewerten.

Der erste wesentliche konzeptionelle Beitrag dieser Arbeit besteht in der Aufteilung des Kundenstamms in aus Verhaltens- und Einstellungsmerkmalen zusammengeführten und bewerteten Kundensegmenten auf Basis der CPV- und CLV-Modellierung. Somit gelingt eine umfassende Analyse der Kunden zur Definition einer Kundenstrategie. Der zweite konzeptionelle Beitrag ist es aufzuzeigen, wie dieses Framework aus CPV- und CLV-Modell genutzt werden kann, um ex ante operative Maßnahmen für das Marketing zu definieren. Diese Erweiterung der CPV/CLV-Literatur kann für die Praxis wegweisend sein, weil sie dem handlungsorientierten Management einen konkreten Anreiz zur Implementierung des Modells liefert.

Damit gelingt es, in dieser Arbeit die zweite Frage vollends zu beantworten und ein integriertes Framework zur dualen Steuerung des Kundenwerts zu entwickeln (Abbildung 59).

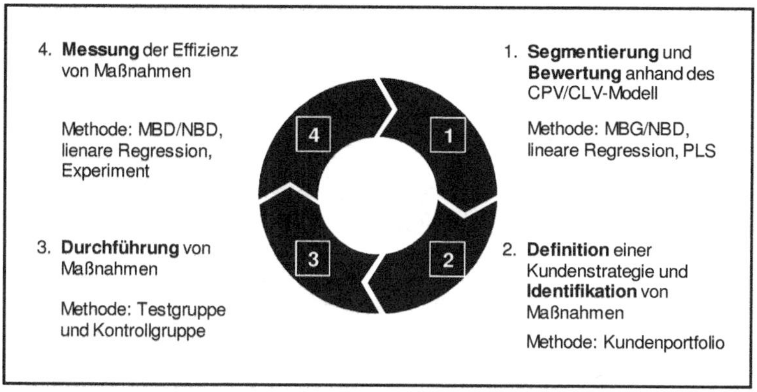

Abbildung 59: Regelungskreislauf zur dualen Kundenwertsteuerung
Quelle: eigene Darstellung.

Das entwickelte Framework ist für den Massenmarkt mit minimalen Dateninformationen geeignet und zeichnet sich vor allem durch die leichte Umsetzbarkeit aus.

Die **dritte Frage** des Forschungsvorhabens bezog sich auf die Umsetzbarkeit des Modells in der Realität und die Validierung der postulierten Überlegenheit des Modells. Die Arbeit konnte anhand der Daten eines in Deutschland operierenden Tankstellenbetreibers einen wesentlichen empirischen Beitrag leisten. Es ist nicht nur die erste Arbeit, die ein duales Modell zur Steuerung und Effizienzmessung entwickelt, sondern es gelingt auch, das Modell empirisch zu validieren. Während die vorgestellten CLV-Methoden durchaus im Bereich von nicht-vertraglichen Kundenbeziehungen in der Forschung breit angewendet und weiterentwickelt werden, bedeuten der Einsatz und die Validierung eines CPV-Modells in einem Massenmarkt eine Stärkung der empirischen Basis im Sinne des wissenschaftlichen Realismus. Letztlich konnte aber auch die Überlegenheit der CLV-Prognosen des Modells im Vergleich zu einfachen Prognosen nachgewiesen werden.

7.2 Implikationen für die Wissenschaft und Ausblick

Aus den entwickelten Beiträgen der Arbeit gibt es einige Implikationen für die Wissenschaft die nun diskutiert werden. Abschließend gilt, es die Restriktionen zu würdigen und einen Ausblick über sich anschließende Forschungsfelder zu geben.

7.2.1 Implikationen für die Wissenschaft

In der vorliegenden Arbeit wurden Kriterien zur **Anwendbarkeit des Relationshipmarketing im Massenmarkt** erfasst. Es wurde gezeigt, dass es kundenseitige, anbieterseitige und technische Bedingungen gibt, die erfüllt sein müssen, damit Unternehmen Maßnahmen im Rahmen des Relationshipmarketing identifizieren und durchführen können. Anhand eines Beispielmarktes wurde gezeigt, wie diese Kriterien überprüft werden können. Diese Kriterien können als Basis für eine empirische Überprüfungen der Kriterien zum Einsatz von Relationshipmarketing in der Praxis dienen. Es könnte eine großzahlige Befragung von B2C-Unternehmen erfolgen, um Bereiche aufzudecken, die bislang noch nicht affin für ein Kundenbindungsmanagement sind, auch wenn sie die Bedingungen schon erfüllen.

Anhand des CPV-Modells wurde gezeigt, dass die **Kette des Relationshipmarketing auch in einem Massenmarkt** ihre Gültigkeit hat. Dies war bislang in keiner Arbeit explizit untersucht worden. Diese Erkenntnis erhöht den Spielraum für die Forschung und zeigt, dass das neue Paradigma des Relationshipmarketing auch in Grenzbereichen angewendet und weitergeführt werden kann. Durch neue Technologien wird die Möglichkeit der direkten Kommunikation mit dem Kunden immer größer. Die Erkenntnisse dieser Arbeit halten Forscher an, auch in bislang eher untypischen Bereichen nach Möglichkeiten der Anwendung und Erweiterung des Relationshipmarketing zu suchen.

Im hier betrachteten CPV-Modell wurden erstmals die **Wechselkosten** einer Beziehung als mediierende Faktoren in die verkürzte Kette des Relationshipmarketing übernommen. Dies führte bei den untersuchten Kundensegmenten zu einem höheren Erklärungsgehalt des Kausalmodells. Aufgrund der in der Literatur durchaus divergierenden Meinungen zum Interaktionseffekt der Wechselkosten wäre es lohnend zu prüfen, ob der mediierende Zusammenhang auch bei anderen Unternehmen, in anderen Branchen oder in anderen Ländern bestätigt werden kann.

Zur **Effizienzmessung** trägt die Arbeit insofern bei, als das sie den Effekt von Maßnahmen auf den CLV misst. Diese Vorgehensweise erhöht die Accountability des Marketing und zeigt auf, wie einfache Modelle durchaus dazu beitragen können. Die Forschung kann sich dahingehend noch viel stärker weiterentwickeln und noch einfachere Methoden zur Messung entwickeln. Ein Kennzahlensystem, das den RoI direkt mit dem Unternehmenswert in Beziehung stellt, würde diesen Aspekt noch untermauern.

7.2.2 Restriktionen der vorliegenden Arbeit und Ausblick

Die vorliegenden Arbeit unterliegt aber auch einigen Restriktionen, die Raum für weitere Forschungsvorhaben lassen.

In dieser Arbeit wurde die Wirkungskette des Relationshipmarketing anhand eines Kausalmodells überprüft. Im Gegensatz dazu könnten die identifizierten Treiber des CPV nun alternativ anhand eines **Conjoint-Modells** erhoben und auf ihre relative Wichtigkeit hin untersucht werden. Ein Abgleich der gleichen Indikatoren durch Conjoint mit denen des Kausalmodells könnte Indikationen über Unterbewertungen und Überschätzungen der einzelnen Modellkonstrukte liefern und somit zum besseren Verständnis des CPV beitragen.

Die empirische Validierung des CPV erfolgte nur zu einem Zeitpunkt. Gemäß dem Modell könnten aber in regelmäßigen Abständen CPV-Dimensionen erfasst und bewertet werden. Interessant wäre daher eine **Langzeitstudie** über die Veränderungen des CPV. Dies würde jedoch im Sinne der Effektivitätsmessung erlauben, die Erreichung eines höheren CPV zu messen. Dazu müsste ein Panel geschaffen werden, das regelmäßig Maßnahmen ausgesetzt wird, damit die Einstellungsveränderung gemessen werden kann. Auch hier wäre allerdings eine Kontrollgruppe notwendig, was die Operationalisierbarkeit und die Wirtschaftlichkeit erheblich erschwert. Aus Sicht der Forschung könnte es aber lohnend sein, eine Art regionale Online-Befragung durchzuführen, wenn Maßnahmen auf regionaler Ebene stattgefunden haben. Dann könnten regionale Experimente und Befragungen auch ohne ein explizites Panel gute Ergebnisse liefern. Dies müsste jedoch in einer eigens dafür vorgesehenen Studie mit einem echten Panel verglichen werden. Es ist zwar anzunehmen, dass die Ergebnisse ähnlich wären, doch solche Effekte zu kennen, würde weitere Implikationen für die CPV-basierte Effektivitätsmessung liefern.

Das entwickelte CPV/CLV-Modell wurde nur für **Bestandskunden** betrachtet. Als Möglichkeiten zu weiteren Forschungsfeldern bietet es sich daher an, die Modellierung von möglichen Neukunden einzubeziehen. Dazu gehört neben der Erweiterung der CLV-Modellierung um Neukunden auch der Abgleich der CPV-Dimensionen im Unterschied zu Stammkunden des Wettbewerbs.

Ferner würde sich die Perspektive der Modellierung deutlich erweitern, wenn in das Modell **Maßnahmen des Wettbewerbs** und **Veränderungen des Umfeldes** als exogene Schocks einbezogen werden könnten. Insbesondere das MBG/NBD-Modell sieht keine solchen Veränderungen vor und hat daher eine große Anfälligkeit für solche externen Zustandsentwicklungen. Die reine Betrachtung der Kunden-Anbieter-Beziehung und die Ausblendung von Wettbewerbsverhalten oder Veränderungen der Rahmenbedingungen kann zu verfälschten Ergebnissen führen. Beispielhaft sei die Elektromobilität im Tankstellenmarkt genannt, die im Fall der breiten Einführung jegliche Modellierung des CPV/CLV-Frameworks für "Kraftstoff"-Kunden obsolet machen würde.

Zur Behebung dieser Lücke müssten neue **Datamining- oder VAR-Modelle** in Betracht gezogen werden. Allerdings sind hierfür kreative Methoden der Datengenerierung notwendig. Dies stellt die größte Hürde zur Anwendung und Weiterentwicklung dieser Verfahren dar. Somit wären Arbeiten, die sich der Fragestellung der Datengenerierung über Wettbewerber oder makroökonomische Veränderungen widmen, eine Bereicherung für die Marketingforschung. Erst mit diesen Daten können beispielsweise "Customer Lifetime Value at Risk"-Modelle entwickelt werden, die darauf abzielen, den langfristigen Wertbeitrag des Marketings abhängig von Wettbewerbsverhalten zu modellieren.

Als letzter Punkt zur weiteren Forschung würde sich ein **komplettes duales Modell** des Kundenwerts anbieten. In dieser Arbeit wurde der Massenmarkt in den Fokus gerückt und daher mussten einige Elemente des Kundenwerts aus Unternehmenssicht ausgeblendet werden. Dazu gehörten insbesondere die nichtmonetären Elemente wie beispielsweise das Informations- oder Kooperationspotenzial. Diese Elemente sind in B2B-Märkten wesentlich interessanter. Als Forschungsvorhaben bietet sich daher an, den Kundenstamm eines B2B-Anbieters systematisch anhand aller monetären und nichtmonetären Potenziale zu bewerten. Ferner müssten diese Bewertungen durch ein CPV-Modell genau dieser Kunden komplettiert werden. Der vorliegende Datensatz würde es ermöglichen, Fragen dahingehend zu beantworten, welche CPV-Dimensionen welche CLV-Dimensionen beeinflussen. Dies könnte erhebliche Hinweise für die Kundenwertliteratur liefern, wie die einzelnen Dimensionen des Austausches miteinander in Beziehung stehen.

7.3 Implikationen für die Praxis und Ausblick

Als Nächstes werden die Implikationen für die Praxis diskutiert und einige Rückschlüsse für das Relationshipmarketing-Management in B2C-Märkten gezogen.

Da es in immer mehr Märkten zu einer Sättigung kommt und in vielen Industrienationen der demographische Wandel einen Rückgang der Volumen in nahezu allen etablierten Produkt- und Dienstleistungsmärkten erwarten lässt, werden ausgefeilte Kundenselektions- und Kundenbindungsstrategien immer wichtiger. Das vorgestellte Modell dieser Arbeit bietet insofern auch die Möglichkeit zur Anwendung außerhalb von Massenmärkten und kann sowohl von Produzenten als auch von Einzelhändlern in B2C-Märkten genutzt werden, um das Marketing zu steuern.

Die vorliegende Arbeit weist wesentliche Implikationen für die Analyse der Ausgangslage, Strategieformulierung, Implementierung von Maßnahmen und die Erfolgskontrolle in B2C-Unternehmen auf. Diese sollten nun diskutiert werden.

Die vorliegende Arbeit hat erhebliche Implikationen für die **Analyse der Ausgangslage** von Unternehmen. Im Sinne einer stärkeren Kundenorientierung kann anhand des Modells sowohl der Wert für Kunden im Sinne des CPV als auch der Wert der Kunden anhand des CLV und seiner Vorgrößen detailliert analysiert werden.

Im Rahmen des CPV gehört dazu zum einen die Auflistung und Validierung von Nutzendimensionen, die aufgrund ihres allgemeinen Charakters für jeden Anbieter in jedem Markt relevant sein können. Zudem können aus dem vorgestellten Modell die relevanten Nutzendimensionen für Einzelkunden oder Kundensegmente abgeleitet werden. Die Bereitstellung von Konstrukten und der dahinter liegenden Skalen ermöglicht eine weitere Granulierung der Analyse auf Item-Ebene und kann einen genauen Aufschluss über die aktuelle Kundenwahrnehmung der Leistungskomponenten geben.

Im Rahmen des CLV-Berechnung wurde aufgezeigt, wie der Kundenstamm und seine Segmente anhand der wichtigsten CLV-Treiber analysiert werden können. Dazu gehören die durchschnittlichen Roherträge pro Transaktion, die Auskunft über das Rohertragspotenzial der Kunden und der Kundensegmente liefern. Ferner kann anhand des MBG/NBD-Modells sowohl die Heterogenität der Kunden als auch die Verteilung der Transaktionsrate auf die einzelnen Kunden überprüft werden. Diese Vorstufen des CLV können als wichtige Kennzahlen zum zeitlichen Vergleich der Unternehmensentwicklung dienen und könnten somit auch in die Finanzberichterstattung aufgenommen werden. Ein sichtbarer Erfolg für das Marketing des Unternehmens wäre beispielsweise die Erhöhung der Transaktionsrate, die Reduzierung der Kundenheterogenität hin zu höherer Kundenbindung und letztlich die Steigerung des durchschnittlichen Rohertrags von neuen oder bestehenden Kundenkohorten.

In diesem konkreten Fall wurde ferner gezeigt, dass sich der durchschnittliche CLV in den unterschiedlichen Test- und Kontrollgruppen deutlich unterscheiden kann. Es obliegt der Praxis, die Unterschiede anhand von Effizienzanalysen auf Stationsebene zu detaillieren. Aus solchen Analysen könnten sich weitere durch das Marketing beeinflussbare CLV-Treiber wie beispielsweise Größe des Shops oder Auswahl an Kraftstoffen identifizieren lassen. Dies könnte ein fruchtbarer Anknüpfungspunkt zur Definition von Handlungsfeldern sein.

Letztlich gilt es auch zu prüfen, ob dies nicht ebenfalls ein interessantes Phänomen für verschiedene Einzelhändler darstellt. Denn durch solche Analysen lassen sich Impulse für das Sortiments-, Flächen- und Layoutmanagement liefern.

Hinsichtlich der **Formulierung einer Kundenstrategie** zeigt die Arbeit, wie anhand der gewonnen Erkenntnisse aus der Analysephase ein Kundenportfolio generiert werden kann. Dadurch gelingt es, Fragen zur Positionierung des Unternehmens zu beantworten und wichtige kundenrelevante Bereiche anhand der CPV-Dimensionen als Handlungsfelder zu identifizieren.

Innerhalb des Kundenportfolios sind die Kundensegmente das zentrale Element der Analyse. Die Kunden wurden in dieser Arbeit ad hoc auf Basis ihres Verhaltens segmentiert. Allerdings ist durchaus der Einsatz von Datamining-Methoden zur Segmentierung der Kunden möglich, solange Kriterien gewählt werden, die auch anhand einer Befragung ergänzt werden können. Dadurch könnten noch besser fundierte Kundensegmente als zentrale Elemente einer Kundenstrategie dienen.

Für die **Implementierung von Maßnahmen** hat die Arbeit wesentliche Erkenntnisse geliefert. Es wurde gezeigt, dass der Beziehungs- und Markennutzen eine wesentliche Komponente des wahrgenommenen Nutzens aus Kundensicht darstellen. Daher lohnt es sich aus Anbietersicht, stärker Möglichkeiten zur direkten Beziehungsbildung mit Kunden zu suchen. Neben aufwändigen Markenkampagnen kann schon mithilfe einfacher Internet- und Mobile-Marketing-Aktivitäten die Kommunikation zum Kunden gesucht und gefunden werden. Eine stärkere Beziehung kann beispielsweise durch Kommunikation besonderer Preise und Rabatte oder aber auch durch Schulung der Mitarbeiter im Shop erreicht werden.

Es bleibt jedoch die offene Frage, inwieweit Unternehmen bereit sind, Investitionen in Kompetenzaufbau und -ausbau im Bereich des quantitativen Marketings und des Relationshipmarketing zu tätigen. Nur durch forschungsnahes Know-how können alle in dieser Arbeit vorgestellten Methoden und Modelle aus der Wissenschaft in die Praxis gelangen. Solange dies nicht als Quelle von strategischen Wettbewerbsvorteilen gesehen wird, dauert es noch lange

Zeit, bis moderne State-of-the-Art-Methoden in die betriebliche Wirklichkeit Einzug erhalten. Weil es insbesondere bei Anbietern in Massenmärkten kein etabliertes Kundenmanagement gibt, bleibt es den Unternehmen selbst überlassen, eine nachhaltige Kundenorientierung zu etablieren. Von daher ist für die Implementierung von Maßnahmen eine organisatorische Verankerung des Relationshipmarketing eine kritische Hürde.

Letztlich zeigte die vorliegende Arbeit als zentrales Element wie die **Erfolgskontrolle** von Marketingmaßnahmen durchgeführt werden kann. Die Arbeit zeigt, wie die Accountability des Marketings herzustellen ist und dass jede Aktion als Investitionsentscheidung betrachtet werden kann. Nur durch die konsequente Ex-ante-Beurteilung und Ex-post-Bewertung von Maßnahmen lassen sich nicht nur intern Hürden für zu gewährende Budgets leichter bewältigen, sondern auch die Position des Marketings lässt sich als wichtige Einheit bei der Generierung von Wert für das Unternehmen platzieren. Die Ex-post-Bewertung von Maßnahmen kann ganz konkret in einen kontinuierlichen Kontrollregelkreis bei der Festlegung von Marketingbudgets fließen.

Literaturverzeichnis

Wie viel Kraft steckt im Wundersprit? (2003). In: *Autobild*, 11.06.2003. Online verfügbar unter http://www.autobild.de/artikel/shell-v-power-im-vergleichstest-41875.html, zuletzt geprüft am 11.09.2011.

Mit V-Power aus der Ölabhängigkeit (2011). In: *SPIEGEL ONLINE*, 12.09.2011. Online verfügbar unter http://www.spiegel.de/auto/aktuell/0,1518,302732,00.html, zuletzt geprüft am 12.09.2011.

abh Market Research (Hg.) (2008): Tanken in Deutschland. Online verfügbar unter http://www.abh.de/de/studien/abh-automotive-insights/tanken-in-deutschland.

Adams, J. S. (1965): Inequity in social exchange. In: Leonard Berkowitz (Hg.): Advances in experimental social psychology. New York, London: Academic Press, S. 267-299.

Aigner, D. J.; Chu, S. F. (1968): On Estimating the Industry Production Function. In: *The American Economic Review* 58 (4), S. 826-839.

Aigner, D. J.; Lovell, K.; Schmidt, P. (1977): Formulation and Estimation of Stochastic Frontier Production Function Models. In: *Journal of Econometrics* 6, S. 21-37.

Al-Sabbahy, H. Z.; Ekinci, Y.; Riley, M. (2004): An Investigation of Perceived Value Dimensions: Implications for Hospitality Research. In: *Journal of Travel Research* 42 (3), S. 226-234.

Altman, I.; Taylor, D. A. (1973): Social penetration. The development of interpersonal relationships. New York: Holt, Rinehart and Winston.

Anderson, E. W.; Fornell, C.; Mazvancheryl, S. K. (2004): Customer Satisfaction and Shareholder Value. In: *Journal of Marketing* 68 (4), S. 172-185.

Andreassen, T. W.; Lindestad, B. (1998): Customer loyalty and complex services. In: *International Journal of Service Industry Management* 9 (1), S. 7-23.

Andrews, R. L.; Currim, I. S. (2005): An experimental investigation of scanner data preparation strategies for consumer choice models. In: *International Journal of Research in Marketing* 22 (3), S. 319-331.

Auh, S.; Johnson, M. D. (2005): Compatibility effects in evaluations of satisfaction and loyalty. In: *Journal of Economic Psychology* 26 (1), S. 35-57.

Babakus, E.; Bienstock, C. C.; van Scotter, J. R. (2004): Linking Perceived Quality and Customer Satisfaction to Store Traffic and Revenue Growth. In: *Decision Sciences* 35 (4), S. 713-737.

Backhaus, K.; Büschken, J. (1999): The Paradox of Unsatisfying but Stable Relationships—A Look at German Car Suppliers. In: *Journal of Business Research* 46 (3), S. 245-257.

Backhaus, K.; Voeth, M. (2007): Industriegütermarketing. 8., vollständig neu bearbeitete Auflage. München: Vahlen.

Backhaus, K.; Erichson, B.; Plinke, W.; Weiber, R. (2008): Multivariate Analysemethoden. Eine anwendungsorientierte Einführung. 12., vollständig überarbeitete Auflage. Berlin: Springer.

Bagozzi, R. P.; Oetjen, A. (2000): Marketing-Management. 1. Aufl. München: Oldenbourg.

Baker, J.; Grewal, D.; Parasuraman, A. (1994): The Influence of Store Environment on Quality Inferences and Store Image. In: *Journal of the Academy of Marketing Science* 22 (4), S. 328-339.

Baker, J.; Parasuraman, A.; Grewal, D.; Voss, G. B. (2002): The Influence of Multiple Store Environment Cues on Perceived Merchandise Value and Patronage Intentions. In: *The Journal of Marketing* 66 (2), S. 120-141.

Balabanis, G.; Reynolds, N.; Simintiras, A. (2006): Bases of e-store loyalty: Perceived switching barriers and satisfaction. In: *Journal of Business Research* 59 (2), S. 214-224.

Ball, D.; Coelho, P. S.; Machás, A. (2004): The role of communication and trust in explaining customer loyalty: An extension to the ECSI model. In: *European Journal of Marketing* 38 (9/10), S. 1272-1293.

Barrot, C. (2007): Prognosegütemaße. In: Sönke Albers, Daniel Klapper, Udo Konradt, Achim Walter und Joachim Wolf (Hg.): Methodik der empirischen Forschung. 2., überarbeitet und erweitert. Wiesbaden: Gabler, S. 417-430.

Barth, K.; Wille, K. (2000): Customer Equity. Ein prozeßorietierter Ansatz zur Kundenbewertung. Duisburg: UD, Fachbereich Wirtschaftswissenschaften.

Bass, F. M. (1969): A New Product Growth for Model Consumer Durables. In: *Management Science* 15 (5), S. 215-227.

Batislam, E. P.; Denizel, M.; Filiztekin, A. (2007): Empirical validation and comparison of models for customer base analysis. In: *International Journal of Research in Marketing* 24 (3), S. 201-209.

Batislam, E. P.; Denizel, M.; Filiztekin, A. (2008): Formal response to "Erratum on the MBG/NBD-Model". In: *International Journal of Research in Marketing* 25 (3), S. 227.

Bauer, H. H.; Hammerschmidt, M.; Braehler, M. (2003): The Customer Lifetime Value Concept and Its Contribution to Corporate Valuation. In: Yearbook of Marketing and Consumer Research. Vol. 1.

Becker, J. (1998): Marketing-Konzeption. Grundlagen des strategischen und operativen Marketing-Managements. 6. Aufl. München: Vahlen.

Bell, D.; Deighton, J.; Reinartz, W. J.; Rust, R. T.; Swartz, G. (2002): Seven Barriers to Customer Equity Management. In: *Journal of Service Research* 5 (1), S. 77-85.

Belz, C.; Bieger, T. (2004): Customer value. Kundenvorteile schaffen Unternehmensvorteile. Frankfurt am Main: Redline Wirtschaft.

Bendle, N. T.; Farris, P. W.; Pfeifer, P.; Reibstein, D. J. (2010): Metrics that Matter – to Marketing Managers. In: *Marketing - Journal of research and management* (6), S. 18-23.

Berger, P. D.; Nasr, N. I. (1998): Customer lifetime value: Marketing models and applications. In: *Journal of Interactive Marketing* 12 (1), S. 17-30.

Berger, P. D.; Bolton, R. N.; Bowman, D.; Briggs, E.; Kumar, V.; Parasuraman, A.; Terry, C. (2002): Marketing Actions and the Value of Customer Assets: A Framework for Customer Asset Management. In: *Journal of Service Research* 5 (1), S. 39-54.

Berger, P. D.; Eechambadi, N.; George, M.; Lehmann, D. R.; Rizley, R.; Venkatesan, R. (2006): From Customer Lifetime Value to Shareholder Value: Theory, Empirical Evidence, and Issues for Future Research. In: *Journal of Service Research* 9 (2), S. 156-167.

Berger, P. D.; Weinberg, B.; Hanna, R. C. (2003): Customer lifetime value determination and strategic implications for a cruise-ship company. In: *Journal of Database Marketing & Customer Strategy Management* 11 (1), S. 40-52.

Bernhardt, K. (2000): A Longitudinal Analysis of Satisfaction and Profitability. In: *Journal of Business Research* 47 (2), S. 161-171.

Berry, L. L. (1995): Relationship Marketing of Services-Growing Interest, Emerging Perspectives. In: *Journal of the Academy of Marketing Science* 23 (4), S. 236-245.

Berry, L. L.; Seiders, K.; Gresham, L. G. (2000): Attention, Retailers! How Convenient Is Your Convenience Strategy. In: *Sloan: Management Review* 41 (3), S. 79-90.

Bettencourt, L. A. (1997): Customer voluntary performance: Customers as partners in service delivery. In: *Journal of Retailing* 73 (3), S. 383-406.

Beverland, M. (2003): A longitudinal study of customers' desired value change in business-to-business markets. In: *Industrial Marketing Management* 32 (8), S. 653-666.

Bhattacharya, C. B.; Bolton, R. N. (2000): Relationship Marketing in mass markets. In: Jagdish N. Sheth und Atul Parvatiyar (Hg.): Handbook of Relationshipmarketing. Thousand Oaks: Sage Publications, S. 327-354.

Bijmolt, T. H. A.; Leeflang, P. S. H.; Block, F.; Eisenbeiss, M.; Hardie, B. G. S.; Lemmens, A.; Saffert, P. (2010): Analytics for Customer Engagement. In: *Journal of Service Research* 13 (3), S. 341-356.

Billen, P.; Raff, T. (2011): Kundenbindung bei Commodities – Die Quadratur des Kreises? In: Margit Enke und Anja Geigenmüller (Hg.): Commodity Marketing. Grundlagen, Besonderheiten, Erfahrungen. 2., vollständig überarbeitete und erweiterte Auflage. Wiesbaden: Gabler. S. 285-318.

Bitner, M. J. (1990): Evaluating Service Encounters: The Effects of Physical Surroundings and Employee Responses. In: *The Journal of Marketing* 54 (2), S. 69-82.

Blattberg, R. C.; Deighton, J. (1996): Manage Marketing by the Customer Equity Test. In: *Harvard Business Review* 74 (4), S. 136-144.

Blau, P. M. (1964): Exchange and power in social life. New York: Wiley.

Blose, J. E.; Tankersley, W. B. (2004): Linking dimensions of service quality to organizational outcomes. In: *Managing Service Quality* 14 (1), S. 75-89.

Blut, M. (2008): Der Einfluss von Wechselkosten auf die Kundenbindung. Verhaltenstheoretische Fundierung und empirische Analyse. Wiesbaden: Gabler.

Boehm, M. (2008): Determining the impact of internet channel use on a customer's lifetime. In: *Journal of Interactive Marketing* 22 (3), S. 2-22.

Boetsch, T. C. (2008): Ansatz zur Customer-Value-basierten Produktgestaltung. Eine Analyse am Beispiel der Produktgestaltung in der Airline-Branche. Saarbrücken: Südwestdeutscher Verlag für Hochschulschriften.

Bohling, T.; Bowman, D.; LaValle, S.; Mittal, V.; Narayandas, D.; Ramani, G.; Varadarajan, R. (2006): CRM Implementation: Effectiveness Issues and Insights. In: *Journal of Service Research* 9 (2), S. 184-194.

Bohmann, T. (2011): Nachhaltige Markendifferenzierung von Commodities. Besonderheiten und Ansatzpunkte im Rahmen der identitätsbasierten Markenführung. Wiesbaden: Gabler.

Böhrs, S. (2004): Customer value management. Die Integration von Kundenwert und Kundennutzen als Marketingansatz im Verkehrsdienstleistungsbereich. Mannheim: Universität Mannheim.

Boksberger, P. E.; Melsen, L. (2011): Perceived value: a critical examination of definitions, concepts and measures for the service industry. In: *Journal of Services Marketing* 25 (3), S. 229-240.

Bolton, R. N. (1998): A Dynamic Model of the Duration of the Customer's Relationship With a Continuous Service Provider: The Role of Satisfaction. In: *Marketing Science* 17 (1), S. 45.

Bolton, R. N.; Drew, J. H. (1991): A Multistage Model of Customers' Assessments of Service Quality and Value. In: *Journal of Consumer Research* 17 (4), S. 375-384.

Borger, B. de; Kerstens, K.; Moesen, W.; Vanneste, J. (1994): A non-parametric Free Disposal Hull (FDH) approach to technical efficiency. An illustration of radial and graph efficiency measures and some sensitivity results. In: *Swiss Journal of Economics and Statistics* 130 (IV), S. 647-667.

Borle, S.; Singh, S. S.; Jain, D. C. (2008): Customer Lifetime Value Measurement. In: *Management Science* 54 (1), S. 100-112.

Boulding, W.; Staelin, R.; Ehret, M.; Johnston, W. J. (2005): A Customer Relationship Management Roadmap: What Is Known, Potential Pitfalls, and Where to Go. In: *Journal of Marketing* 69 (4), S. 155-166.

Boyd, E. D.; Chandy, R. K.; Cunha, M. (2010): When Do Chief Marketing Officers Affect Firm Value? A Customer Power Explanation. Journal of Marketing Research. In: *Journal of Marketing Research* 47 (6), S. 1162-1176.

Breusch, A. (2009): Customer-Equity-Management in einem dynamischen Wettbewerbsumfeld. Konzeption und Anwendung eines Customer-Equity-Wettbewerbsmodells. Wiesbaden: Gabler.

Brexendorf, T. O.; Mühlmeier, S.; Tomczak, T.; Eisend, M. (2010): The impact of sales encounters on brand loyalty. In: *Journal of Business Research* 63 (11), S. 1148-1155.

Bridson, K.; Evans, J.; Hickman, M. (2008): Assessing the relationship between loyalty program attributes, store satisfaction and store loyalty. In: *Journal of Retailing and Consumer Services* 15 (5), S. 364-374.

Brierley, S. (2002): The advertising handbook. New York: Routledge.

Bromberger, J. (2004): Internetgestütztes Customer-relationship-Management. Internationale Fallstudien zu erfolgreichen Konzepten und deren Umsetzung in der Praxis. Wiesbaden: Deutscher Universitätsverlag.

Bruhn, M. (2009): Relationship Marketing. Das Management von Kundenbeziehungen. 2., vollst. überarb. München: Vahlen.

Bruhn, M. (Hg.) (2001): Gabler-Marketing-Lexikon. 1. Aufl. Wiesbaden: Gabler.

Bruhn, M. (Hg.) (2010): Handbuch Kundenbindungsmanagement. 7., vollst. überarb. und erw. Wiesbaden: Gabler.

Bruner, G. C. (2009): Marketing scales handbook. A compilation of multi-item measures for consumer behavior & advertising research. Carbondale, Ill: GCBII Publications.

Bundeskartellamt (2011): Sektoruntersuchung Kraftstoffe (B8-200/09). Online verfügbar unter http://www.bundeskartellamt.de/wDeutsch/download/pdf/Stellungnahmen/2011-05-26_Abschlussbericht_final2.pdf, zuletzt aktualisiert am 25.05.2011, zuletzt geprüft am 08.08.2011.

Burnham, T.; Frels, J.; Mahajan, V. (2003): Consumer switching costs: A typology, antecedents, and consequences. In: *Journal of the Academy of Marketing Science* 31 (2), S. 109-126.

Carnap, R. (1953): Testability and Meaning. In: H. Feigl und M. Brodbeck (Hg.): Readings in the philosophy of science. New York: Appleton-Century-Crofts, S. 47-92.

CFO Research Services; Deloitte (Hg.) (2007): Strategy Execution. Linking Value, Metrics, and Rewards. Boston. Online verfügbar unter http://www.deloitte.com/assets/Dcom-UnitedKingdom/Local%20Assets/Documents/Services/Consulting/UK_Cons_StrategyExecution.pdf, zuletzt geprüft am 29.08.2011.

Chalmers, A. F. (2007): Wege der Wissenschaft. Einführung in die Wissenschaftstheorie. 6. Aufl. Berlin: Springer.

Chang, T.-Z.; Wildt, A. R. (1994): Price, Product Information, and Purchase Intention: An Empirical Study. In: *Journal of the Academy of Marketing Science* 22 (1), S. 16-27.

Chaudhuri, A.; Ligas, M. (2009): Consequences of Value in Retail Markets. In: *Journal of Retailing* 85 (3), S. 406-419.

Chen, Z.; Dubinsky, A. J. (2003): A conceptual model of perceived customer value in e-commerce: A preliminary investigation. In: *Psychol. Mark* 20 (4), S. 323-347.

Chin, W. W. (1998): The partial least squares approach for structural equation modeling. In: George A. Marcoulides (Hg.): Modern methods for business research. Mahwah, NJ, US: Lawrence Erlbaum Associates Publishers, S. 295-336.

Coase, R. H. (1937): The Nature of the Firm. In: *Economica* 4 (16), S. 386-405.

Cornelsen, J. (2000): Kundenwertanalysen im Beziehungsmarketing. Theoretische Grundlegung und Ergebnisse einer empirischen Studie im Automobilbereich. Nürnberg: Gesellschaft für Innovatives Marketing.

Coviello, N. E.; Brodie, R. J. (1998): From transaction to relationship marketing: an investigation of managerial perceptions and practices. In: *Journal of Strategic Marketing* 6 (3), S. 171-186.

Coviello, N. E.; Brodie, R. J. (2001): Contemporary marketing practices of consumer and busines-to-business firms: how different are they? In: *Journal of Business & Industrial Marketing* 16 (5), S. 382-400.

Coviello, N. E.; Brodie, R. J.; Munro, H. J. (2000): An investigation of marketing practice by firm size. In: *Journal of Business Venturing* 15 (5-6), S. 523-545.

Coviello, N. E.; Brodie, R. J.; Danaher, P. J.; Johnston, W. J. (2002): How Firms Relate to Their Markets: An Empirical Examination of Contemporary Marketing Practices. In: *Journal of Marketing* 66 (3), S. 33-46.

Cox, D. (1972): Regression Models and Life-Tables. In: *Journal of the Royal Statistical Society. Series B* 34 (2), S. 187-220.

Crane, A. (2008): The Oxford handbook of corporate social responsibility. Oxford: Oxford University Press.

Cronin, J. J.; Brady, M. K.; Brand, R. R.; Jr, R. H.; Shemwell, D. J. (1997): A cross-sectional test of the effect and conceptualization of service value. In: *Journal of Services Marketing* 11 (6), S. 375-391.

Crosby, L. A.; Evans, K. R.; Cowles, D. (1990): Relationship Quality in Services Selling: An Interpersonal Influence Perspective. In: *The Journal of Marketing* 54 (3), S. 68-81.

Cunningham, L. F.; Young, C. E.; Gerlach, J. (2009): A comparison of consumer views of traditional services and self-service technologies. In: *Journal of Services Marketing* 23 (1), S. 11-23.

Das, K. (2009): Relationship marketing research (1994-2006): An academic literature review and classification. In: *Marketing Intelligence & Planning* 27 (3), S. 326-363.

data2face (Hg.) (2008): Großen Tankstellen-Studie Deutschland 2008. Online verfügbar unter http://www.data2face.de/index.php?id=20&projectID=5, zuletzt geprüft am 30.09.2011.

Datamonitor (2010): Fuel Retailing in Germany. London. Online verfügbar unter http://www.datamonitor.com/store/Product/fuel_retailing_in_germany_market_databook?productid=DBEN0792, zuletzt geprüft am 26.05.2010.

DeSarbo, W. S.; Jedidi, K.; Sinha, I. (2001): Customer Value Analysis in a Heterogeneous Market. In: *Strategic Management Journal* 22 (9), S. 845-857.

Deutsche Bank (Hg.) (2010): Oil & Gas for Beginners. Online verfügbar unter http://www.mccombsefg.com/EFG/Resources_files/Deutsche%20Bank%20-%20Oil%20%26%20Gas%20For%20Beginners.pdf, zuletzt geprüft am 08.08.2011.

Dierkes, T.; Bichler, M.; Krishnan, R. (2011): Estimating the effect of word of mouth on churn and cross-buying in the mobile phone market with Markov logic networks. In: *Decision Support Systems* 51 (3), S. 361-371.

Diller, H. (2002): Grundprinzipien des Marketing. Nürnberg: GIM-Verl.

Diller, H. (2006): Die Bedeutung des Beziehungsmarketing für den Unternehmenserfolg. In: Hajo Hippner und Klaus D. Wilde (Hg.): Grundlagen des CRM. 2., überarbeitete und erweiterte Auflage. Wiesbaden: Gabler, S. 97-120.

Diller, H. (2008): Kundenbindung durch Preispolitik. In: Manfred Bruhn und Christian Homburg (Hg.): Handbuch Kundenbindungsmanagement. Strategien und Instrumente für ein erfolgreiches CRM. 4., überarb. und erw. Wiesbaden: Gabler, S. 397-426.

Diller, H.; Müller, S. (2006): Lohnen sich Bonusprogramme? Eine Analyse auf Basis von Paneldaten. In: *Marketing – Zeitschrift für Forschung und Praxis* 2, S. 135-146.

Dodds, W. B.; Monroe, K. B.; Grewal, D. (1991): Effects of Price, Brand, and Store Information on Buyers' Product Evaluations. In: *Journal of Marketing Research* 28 (3), S. 307-319.

Donkers, B.; Verhoef, P. C.; Jong, M. G. (2007): Modeling CLV: A test of competing models in the insurance industry. In: *Quantitative Marketing and Economics* 5 (2), S. 163-190.

Donnevert, T. (2009): Markenrelevanz. 1. Aufl. Wiesbaden: Gabler.

Donthu, N.; Hershberger, E. K.; Osmonbekov, T. (2005): Benchmarking marketing productivity using data envelopment analysis. In: *Journal of Business Research* 58 (11), S. 1474-1482.

Doyle, P. (2000a): Value-based marketing. Marketing strategies for corporate growth and shareholder value. Chichester: John Wiley & Sons.

Doyle, P. (2000b): Value-based marketing. In: *Journal of Strategic Marketing* 8 (4), S. 299-311.

Durvasula, S.; Lysonski, S.; Mehta, S. C.; Tang, B. P. (2004): Forging relationships with services: The antecedents that have an impact on behavioural outcomes in the life insurance industry. In: *Journal of Financial Services Marketing* 8 (4), S. 314-326.

Eckert, A.; West, D. S. (2004): Retail Gasoline Price Cycles across Spatially Dispersed Gasoline Stations. In: *Journal of Law & Economics* 47 (1).

Eggert, A. (2006): Die zwei Perspektiven des Kundenwerts: Darstellung und Versuch einer Integration. In: Bernd Günter und Sabrina Helm (Hg.): Kundenwert. 3., überarbeitete und erweiterte Auflage. Wiesbaden: Gabler, S. 41-59.

Eggert, A.; Ulaga, W. (2002): Customer perceived value: a substitute for satisfaction in business markets? In: *Journal of Business & Industrial Marketing* 17 (2/3), S. 107-118.

EHI Retail Institute (Hg.) (2011): Kartengestützte Zahlungssysteme im Einzelhandel 2011. Online verfügbar unter http://www.handelsdaten.de/themen/308/zahlungssysteme/, zuletzt geprüft am 06.10.2011.

Energie Informationsdienst (Hg.) (2011): Tankstellen Special. Online verfügbar unter http://www.eid-aktuell.de/2011/01/28/themen-der-ausgabe-0511-tankstellen-special/, zuletzt geprüft am 08.08.2011.

Enke, M.; Geigenmüller, A.; Leischnig, A. (2011): Commodity Marketing – Eine Einführung. In: Margit Enke und Anja Geigenmüller (Hg.): Commodity Marketing. Grundlagen, Besonderheiten, Erfahrungen. 2., vollständig überarbeitete und erweiterte Auflage. Wiesbaden: Gabler, S. 3-29.

Esch, F.-R.; Herrmann, A.; Sattler, H. (2008): Marketing. Eine managementorientierte Einführung. 2., überarb. München: Vahlen.

European Commission (Hg.) (2011): Consumer Conditions Scoreboard. Consumers at home in the single market. Online verfügbar unter http://ec.europa.eu/consumers/strategy/docs/5th_edition_scoreboard_en.pdf, zuletzt geprüft am 12.09.2011.

Ewert, R. (1992): Controlling, Interessenskonflikte und asymmetrische Information. In: *Betriebswirtschaftliche Forschung und Praxis* 44 (4), S. 277-303.

Fader, P. S.; Hardie, B. G. S. (2006): Probability Models for Customer-Base Analysis. Workshop on Customer-Base Analysis Johann Wolfgang Goethe-Universität, Frankfurt. Online verfügbar unter www.brucehardie.com/talks/cba_workshop_day_2_handout.pdf, zuletzt geprüft am 13.09.2011.

Fader, P. S.; Hardie, B. G. S. (2007): How to project customer retention. In: *Journal of Interactive Marketing* 21 (1), S. 76-90.

Fader, P. S.; Hardie, B. G. S. (2009): Probability Models for Customer-Base Analysis. In: *Journal of Interactive Marketing* 23 (1), S. 61-69.

Fader, P. S.; Hardie, B. G. S. (2010): Customer-Base Valuation in a Contractual Setting: The Perils of Ignoring Heterogeneity. In: *Marketing Science* 29 (1), S. 85-93.

Fader, P. S.; Hardie, B. G. S.; Lee, K. L. (2005a): A Note on Implementing the Pareto/NBD Model in MATLAB. Online verfügbar unter www.brucehardie.com/notes/008/pareto_nbd_MATLAB.pdf, zuletzt geprüft am 19.08.2011.

Fader, P. S.; Hardie, B. G. S.; Lee, K. L. (2005b): "Counting Your Customers" the Easy Way: An Alternative to the Pareto/NBD Model. In: *Marketing Science* 24 (2), S. 275-284.

Fader, P. S.; Hardie, B. G. S.; Lee, K. L. (2005c): Implementing the BG/NBD-Model for Customer Base Analysis in Excel.

Fader, P. S.; Hardie, B. G. S.; Lee, K. L. (2005d): RFM and CLV: Using Iso-Value Curves for Customer Base Analysis. In: *Journal of Marketing Research* XLII, S. 415-430.

Fader, P. S.; Hardie, B. G. S.; Shang, J. (2010): Customer-Base Analysis in a Discrete-Time Noncontractual Setting. In: *Marketing Science* 29 (6), S. 1086-1108.

Festinger, L. (1957): A theory of cognitive dissonance. Stanford, California: Stanford University Press.

Feyerabend, P. (1965): Problems of Empiricism. In: R.G Colodny (Hg.): Beyond the Edge of Certainty: Essays in Contemporary Science and Philosophy. New Jersey: Prentice-Hall, S. 145-260.

Flint, D. J.; Woodruff, R. B.; Gardial, S. F. (2002): Exploring the Phenomenon of Customers' Desired Value Change in a Business-to-Business Context. In: *The Journal of Marketing* 66 (4), S. 102-117.

Franke, N. (2000): Marketingwissenschaft: eine empirische Positionsbestimmung. In: Klaus Backhaus (Hg.): Deutschsprachige Marketingforschung Bestandsaufnahme und Perspektiven. Stuttgart: Schäffer-Poeschel, S. 409-457.

Fuchs, A. (2010): Kundenbindungsmanagement im Einzelhandel. Eine kausalanalytische Untersuchung am Beispiel des Textilfacheinzelhandels. 1. Aufl. Wiesbaden: Gabler.

Gale, B. T.; Wood, R. C. (1994): Managing customer value. Creating quality and service that customers can see. New York: The Free Press.

Garcia, R.; Rummel, P.; Hauser, J. (2007): Validating agent-based marketing models through conjoint analysis. Complexities in Markets Special Issue. In: *Journal of Business Research* 60 (8), S. 848-857.

Geiger, I. (2011): Strategien des Geschäftsbeziehungsmanagements. In: Michael Kleinaltenkamp, Wulff Plinke, Ingmar Geiger, Frank Jacob und Albrecht Söllner (Hg.): Geschäftsbeziehungsmanagement. Methoden, Konzepte und Instrumente. 2., überarb. u. erw. Auflage. Wiesbaden: Gabler, S. 141-190.

Geiger, I.; Kleinaltenkamp, M. (2011): Instrumente des Geschäftsbeziehungsmanagements. In: Michael Kleinaltenkamp, Wulff Plinke, Ingmar Geiger, Frank Jacob und Albrecht Söllner (Hg.): Geschäftsbeziehungsmanagement. Methoden, Konzepte und Instrumente. 2., überarb. u. erw. Auflage. Wiesbaden: Gabler, S. 195-252.

Georgi, D. (2000): Entwicklung von Kundenbeziehungen. Theoretische und empirische Analysen unter dynamischen Aspekten. 1. Aufl. Wiesbaden: Gabler.

Gersch, M. (2011): Customer Relationship Management. In: Michael Kleinaltenkamp, Wulff Plinke, Ingmar Geiger, Frank Jacob und Albrecht Söllner (Hg.): Geschäftsbeziehungsmanagement. Methoden, Konzepte und Instrumente. 2., überarb. u. erw. Auflage. Wiesbaden: Gabler, S. 309-356.

Godson, M. (2009): Relationship marketing. 1. Aufl. Oxford: Oxford University Press.

Golany, B.; Learner, D. B.; Phillips, F. Y.; Rousseau, J. J. (1990): Managing service productivity: The data envelopment analysis perspective. In: *Computers, Environment and Urban Systems* 14 (2), S. 89-102.

Götz, O.; Liehr-Gobbers, K. (2004): Analyse von Strukturgleichungsmodellen mit Hilfe der Partial-Least-Squares(PLS)-Methode. In: *Die Betriebswirtschaft* 64 (6), S. 714-738.

Graf, A.; Maas, P. (2008): Customer value from a customer perspective: a comprehensive review. In: *Journal für Betriebswirtschaft* 58 (1), S. 1-20.

Green, K. W.; Inman, R. A.; Brown, G.; Willis, T. H. (2005): Market orientation: relation to structure and performance. In: *Journal of Business & Industrial Marketing* 20 (6), S. 276-284.

Greve, G. (2006): Erfolgsfaktoren von Customer-Relationship-Management-Implementierung: Deutscher Universitäts-Verlag.

Grewal, D.; Krishnan, R.; Levy, M.; Munger, J. (2006): Retail Success and Key Drivers. In: Manfred Krafft und Murali K. Mantrala (Hg.): Retailing in the 21st Century. Heidelberg: Springer, S. 13-25.

Grewal, D.; Monroe, K. B.; Krishnan, R. (1998): The Effects of Price-Comparison Advertising on Buyers' Perceptions of Acquisition Value, Transaction Value, and Behavioral Intentions. In: *The Journal of Marketing* 62 (2), S. 46-59.

Grönroos, C. (1994): From Marketing Mix to Relationship Marketing: Towards a Paradigm Shift in Marketing. In: *Management Decision* 32 (2), S. 4-20.

Grönroos, C. (1999): Relationship Marketing: Challenges for the Organization. In: *Journal of Business Research* 46 (3), S. 327-335.

Grönroos, C. (2004): The relationship marketing process: communication, interaction, dialogue, value. In: *Journal of Business & Industrial Marketing* 19 (2), S. 99-113.

Grunert, K. G. (2010): Means-End-Chains - A Means to Which End? In: *Marketing: Journal of Research & Management, Vol. 6, No. 1, 2010* (6), S. 30-38.

Gupta, K.; Stewart, D. W. (1996): Customer satisfaction and customer behavior: The differential role of brand and category expectations. In: *Marketing Letters* 7 (3), S. 249-263.

Gupta, S.; Cooper, L. G. (1992): The Discounting of Discounts and Promotion Thresholds. In: *Journal of Consumer Research* 19 (3), S. 401-411.

Gupta, S.; Lehmann, D. R. (2003): Customers as assets. In: *Journal of Interactive Marketing* 17 (1), S. 9-24.

Gupta, S.; Zeithaml, V. A. (2006): Customer Metrics and Their Impact on Financial Performance. In: *Marketing Science* 25 (6), S. 718-739.

Gupta, S.; Hanssens, D.; Hardie, B. G. S.; Kahn, W.; Kumar, V.; Lin, N. et al. (2006): Modeling Customer Lifetime Value. In: *Journal of Service Research* 9 (2), S. 139-155.

Gupta, S.; Lehmann, D. R.; Stuart, J. A. (2004): Valuing Customers. In: *Journal of Marketing Research* 41 (1), S. 7-18.

Gutsche, J. (1995): Produktpräferenzanalyse. Ein modelltheoretisches und methodisches Konzept zur Marktsimulation mittels Präferenzerfassungsmodellen. Berlin: Duncker & Humblot.

Hammann, P.; Erichson, B. (2000): Marktforschung. 4., überarbeitet und erweitert. Stuttgart: Lucius und Lucius.

Hammerschmidt, M. (2006): Effizienzanalyse im Marketing. Ein produktionstheoretisch fundierter Ansatz auf Basis von Frontier Functions. 1. Aufl. Wiesbaden: Deutscher Universitätsverlag.

Haug, S. (2004): Wissenschaftstheoretische Problembereiche empirischer Wirtschafts- und Sozialforschung. Induktive Forschungslogik, naiver Realismus, Instrumentalismus, Relativismus. In: U. Frank (Hg.): Wissenschaftstheorie in Ökonomie und Wirtschaftsinformatik: Theoriebildung und -bewertung, Ontologien, Wissensmanagement: Dt. Univ.-Verl, S. 85-107.

Heidbrink, M. (2006): Reliabilität und Validität von Verfahren der Präferenzmessung. Ein meta-analytischer Vergleich verschiedener Verfahren der Conjoint-Analyse. Westfälischen Wilhelms-Universität Münster.

Heider, F. (1958): The psychology of interpersonal relations. Hillsdale, New Jersey: Erlbaum.

Heinen, E. (1976): Grundfragen der entscheidungsorientierten Betriebswirtschaftslehre. München: Gabler.

Heinonen, K. (2004): Reconceptualizing customer perceived value: the value of time and place. In: *Managing Service Quality* 14 (2/3), S. 205-215.

Helm, S. (2006): Der Wert von Kundenbeziehungen aus der Perspektive des Transaktionskostenansatzes. In: Bernd Günter und Sabrina Helm (Hg.): Kundenwert. 3., überarbeitete und erweiterte Auflage. Wiesbaden: Gabler, S. 103-124.

Helm, S.; Günter, B. (2006): Kundenwert — eine Einführung in die theoretischen und praktischen Herausforderungen der Bewertung von Kundenbeziehungen. In: Bernd Günter und Sabrina Helm (Hg.): Kundenwert. 3., überarbeitete und erweiterte Auflage. Wiesbaden: Gabler, S. 3-38.

Hennig-Thurau, T.; Gwinner, K. P.; Gremler, D. D. (2002): Understanding Relationship Marketing Outcomes: An Integration of Relational Benefits and Relationship Quality. In: *Journal of Service Research* 4 (3), S. 230-247.

Henseler, J. (2006): Das Wechselverhalten von Konsumenten im Strommarkt. Eine empirische Untersuchung direkter und moderierender Effekte. 1. Aufl. Wiesbaden: Deutscher Universitätsverlag.

Henseler, J.; Ringle, C. M.; Sinkovics, R. R. (2009): The Use of Partial Least Squares Path Modelling in International Marketing. In: *Advances in International Marketing* 20, S. 277-319.

Hiestermann, D. (2008): Analytisches Customer Relationship Management. Konzeption und Realisierung auf Basis der Business-Intelligence-Instrumente Data Warehouse und Data-Mining.

Hoffmann, E. (Hg.) (2008): Wertorientiertes Marketing. Unternehmensressourcen richtig nutzen. Frankfurt am Main: Frankfurter Allg. Buch.

Hogan, J. E.; Lemon, K. N.; Libai, B. (2003): What Is the True Value of a Lost Customer? In: *Journal of Service Research* 5 (3), S. 196-208.

Holbrook, M. B. (1996): Customer Value -- A Framework For Analysis and Research. In: *Advances in Consumer Research* 23 (1), S. 138-142.

Homburg, C. (2000): Entwicklungslinien der deutschsprachigen Marketingforschung. In: Klaus Backhaus (Hg.): Deutschsprachige Marketingforschung Bestandsaufnahme und Perspektiven. Stuttgart: Schäffer-Poeschel, S. 339-360.

Homburg, C. (2009): Marketingmanagement Strategie - Instrumente - Umsetzung - Unternehmensführung. 3. Aufl. Wiesbaden: Gabler.

Homburg, C.; Giering, A. (1996): Konzeptualisierung und Operationalisierung komplexer Konstrukte. Ein Leitfaden für die Marketingforschung. In: *Marketing – Zeitschrift für Forschung und Praxis* 18 (1), S. 5-24.

Homburg, C.; Klarmann, M. (2006): Die Kausalanalyse in der empirischen betriebswirtschaftlichen Forschung - Problemfelder und Anwendungsempfehlungen. In: *Die Betriebswirtschaft* 66 (6), S. 727-748.

Homburg, C.; Krohmer, H. (2006): Grundlagen des Marketingmanagements. Einführung in Strategie, Instrumente, Umsetzung und Unternehmensführung. 1. Aufl. Wiesbaden: Gabler.

Homburg, C.; Droll, M.; Totzek, D. (2008): Customer Prioritization: Does It Pay Off, and How Should It Be Implemented? In: *Journal of Marketing* 72 (5), S. 110-130.

Homburg, C.; Hoyer, W. D.; Fassnacht, M. (2002): Service Orientation of a Retailer's Business Strategy: Dimensions, Antecedents, and Performance Outcomes. In: *Journal of Marketing* 66 (4), S. 86-101.

Homburg, C.; Staritz, M.; Bingemer, S. (2011): Commodity-Differenzierung. Ein branchenübergreifender Ansatz. In: Margit Enke und Anja Geigenmüller (Hg.): Commodity Marketing. Grundlagen, Besonderheiten, Erfahrungen. 2., vollständig überarbeitete und erweiterte Auflage. Wiesbaden: Gabler, S. 31-56.

Homburg, C.; Steiner, V. V.; Totzek, D. (2009): Managing Dynamics in a Customer Portfolio. In: *Journal of Marketing* 73 (5), S. 70-89.

Hooley, G. J.; Greenley, G. E.; Cadogan, J. W.; Fahy, J. (2005): The performance impact of marketing resources. Cross-Cultural Consumer and Business Research. In: *Journal of Business Research* 58 (1), S. 18-27.

Hoppe, D.; Wagner, U. (2010): Small Sample Properties of the Pareto/ Negative Binomial Distribution Model. In: *Marketing - Journal of research and management* 6 (1), S. 39-50.

Houston, F. S.; Gassenheimer, J. B. (1987): Marketing and Exchange. In: *The Journal of Marketing* 51 (4), S. 3-18.

Hundacker, S. (2005): Customer Equity Management in kontinuierlichen Dienstleistungen. Konzeption, Modell und Anwendung im Mobilfunk. 1. Aufl. Wiesbaden: Deutscher Universitätsverlag.

Hunt, S. D. (1983): General Theories and the Fundamental Explananda of Marketing. In: *The Journal of Marketing* 47 (4), S. 9-17.

Hunt, S. D.; Arnett, D. B.; Madhavaram, S. (2006): The explanatory foundations of relationship marketing theory. In: *Journal of Business & Industrial Marketing* 21 (2), S. 72-87.

Iyer, G.; Seetharaman, P. B. (2008): Too close to be similar: Product and price competition in retail gasoline markets. In: *Quantitative Marketing and Economics* 6 (3), S. 205-234.

Izquierdo, C. C.; Cillán, J. G.; Gutiérrez, S. S. M. (2005): The impact of customer relationship marketing on the firm performance: a Spanish case. In: *Journal of Services Marketing* 19 (4), S. 234-244.

Jacob, F. (2011): Wiederkaufverhalten in Geschäftsbeziehungen. In: Michael Kleinaltenkamp, Wulff Plinke, Ingmar Geiger, Frank Jacob und Albrecht Söllner (Hg.): Geschäftsbeziehungsmanagement. Methoden, Konzepte und Instrumente. 2., überarb. u. erw. Auflage. Wiesbaden: Betriebswirtschaftlicher Verlag Gabler, S. 81-112.

Jahn, S. (2007): Strukturgleichungsmodellierung mit LISREL, AMOS und SmartPLS. Eine Einführung. Online verfügbar unter http://www-user.tu-chemnitz.de/~stjah/Jahn%202007-Strukturgleichungs-modellie-rung%20mit%20LISREL,AMOS%20und%20SmartPLS.%20Eine%20Einf%81hrung.pdf, zuletzt geprüft am 08.08.2011.

Jensen, M. C.; Meckling, W. H. (1976): Theory of the Firm: Managerial Behavior, Agency Costs and Ownership Structure. In: *Journal of Financial Economics* 3 (4), S. 305-360.

Johnson, M. D.; Selnes, F. (2004): Customer Portfolio Management: Toward a Dynamic Theory of Exchange Relationships. In: *Journal of Marketing* 68 (2), S. 1-17.

Jones, M. A.; Mothersbaugh, D. L.; Beatty, S. E. (2002): Why Customers Stay: Measuring the Underlying Dimensions of Services Switching Costs and Managing their Differential Strategic Outcomes. In: *Journal of Business Research* 55 (6), S. 441-451.

Jones, T. O.; Sasser, E. (1995): Why Satisfied Customers Defect. In: *Harvard Business Review* 73 (6), S. 88-99.

Kashyap, R.; Bojanic, D. C. (2000): A Structural Analysis of Value, Quality, and Price Perceptions of Business and Leisure Travelers. In: *Journal of Travel Research* 39 (1), S. 45-51.

Kaya, M. (2007): Verfahren der Datenerhebung. In: Sönke Albers, Daniel Klapper, Udo Konradt, Achim Walter und Joachim Wolf (Hg.): Methodik der empirischen Forschung. 2., überarbeitet und erweitert. Wiesbaden: Gabler, S. 49-64.

Keller, K. L. (1993): Conceptualizing, Measuring, and Managing Customer-Based Brand Equity. In: *The Journal of Marketing* 57 (1), S. 1-22.

Kim, H. J. (2011): An Economic Analysis of the Location Effect on the Gasoline Retail Price. The Nearest Gas Station is a Competitor or a Collaborator? Korea Economic Research Institute. Online verfügbar unter http://ssrn.com/paper=1884603, zuletzt geprüft am 12.09.2011.

Kleijnen, M.; Ruyter, K. de; Wetzels, M. (2004): Consumer adoption of wireless services: Discovering the rules, while playing the game. In: *Journal of Interactive Marketing* 18 (2), S. 51-61.

Kleinaltenkamp, M. (2008): Kundenbindung durch Kundenintegration. In: Manfred Bruhn und Christian Homburg (Hg.): Handbuch Kundenbindungsmanagement. Strategien und Instrumente für ein erfolgreiches CRM. 4., überarb. und erw. Wiesbaden: Gabler, S. 427-444.

Kleinaltenkamp, M.; Plinke, W.; Söllner, A. (2011): Theoretische Perspektiven auf Geschäftsbeziehungen – Erklärung und Gestaltung. In: Michael Kleinaltenkamp, Wulff Plinke, Ingmar Geiger, Frank Jacob und Albrecht Söllner (Hg.): Geschäftsbeziehungsmanagement. Methoden, Konzepte und Instrumente. 2., überarb. u. erw. Auflage. Wiesbaden: Gabler, S. 45-74.

Klose, S. (2008): Gefährdung existierender Kundenbeziehungen. Frankfurt am Main: Lang.

Kordupleski, R. E.; Rust, R. T.; Zahorik, A. J. (1993): Why Improving Quality Doesn't Improve Quality (Or Whatever Happened to Marketing?). In: *California Management Review*.

Kornmeier, M. (2007): Wissenschaftstheorie und wissenschaftliches Arbeiten. Eine Einführung für Wirtschaftswissenschaftler. Heidelberg: Physica.

Köster, L. (2006): Markenstärkemessung unter besonderer Berücksichtigung von Konsumentenheterogenität. Das Beispiel der deutschen Brauwirtschaft. 1. Aufl. Wiesbaden: Dt. Univ.-Verl.

Kotler, P.; Bliemel, F. (2001): Marketing-Management. Analyse, Planung und Verwirklichung. 10. Aufl. Stuttgart: Schäffer-Poeschel.

Krafft, M. (2002): Kundenbindung und Kundenwert. 1. Aufl. Heidelberg: Physica.

Krapfel, R. E.; Salmond, D.; Spekman, R. (1991): A Strategic Approach to Managing Buyer-Seller Relationships. In: *European Journal of Marketing* 25 (9), S. 22-37.

Kroeber-Riel, W. (2003): Konsumentenverhalten. 8. Aufl. München: Vahlen.

Kubicek, H. (1977): Heuristische Bezugsrahmen und heuristisch angelegte Forschungsdesigns als Elemente einer Konstruktionsstrategie empirischer Forschung. In: Richard Köhler (Hg.): Empirische und handlungstheoretische Forschungskonzeptionen in der Betriebswirtschaftslehre. Bericht über d. Tagung in Aachen, März 1976. Stuttgart: Poeschel., S. 3-36.

Kumar, K.; Subramanian, R.; Yauger, C. (1998): Examining the Market Orientation-Performance Relationship: A Context-Specific Study. In: *Journal of Management* 24 (2), S. 201-233.

Kumar, V.; George, M. (2007): Measuring and maximizing customer equity: a critical analysis. In: *Journal of the Academy of Marketing Science* 35 (2), S. 157-171.

Kumar, V.; Petersen, J. A. (2005): Using a Customer-Level Marketing Strategy to Enhance Firm Performance: A Review of Theoretical and Empirical Evidence. In: *Journal of the Academy of Marketing Science* 33 (4), S. 504-519.

Kumar, V.; Shah, D. (2009): Expanding the Role of Marketing: From Customer Equity to Market Capitalization. In: *Journal of Marketing* 73 (6), S. 119-136.

Kumar, V.; Aksoy, L.; Donkers, B.; Venkatesan, R.; Wiesel, T.; Tillmanns, S. (2010): Undervalued or Overvalued Customers: Capturing Total Customer Engagement Value. In: *Journal of Service Research* 13 (3), S. 297-310.

Kumar, V.; George, M.; PANCRAS, J. (2008a): Cross-buying in retailing: Drivers and consequences. In: *Journal of Retailing* 84 (1), S. 15-27.

Kumar, V.; Venkatesan, R.; Bohling, T.; Beckmann, D. (2008b): The Power of CLV: Managing Customer Lifetime Value at IBM. In: *Marketing Science* 27 (4), S. 585-599.

Kuß, A. (2009): Marketing-Theorie. Eine Einführung. 1. Aufl. Wiesbaden: Gabler.

Lal, R.; Bell, D. (2003): The Impact of Frequent Shopper Programs in Grocery Retailing. In: *Quantitative Marketing and Economics* 1, S. 179-202.

Lam, S. Y.; Shankar, V.; Erramilli, M. K.; Murthy, B. (2004): Customer Value, Satisfaction, Loyalty, and Switching Costs: An Illustration From a Business-to-Business Service Context. In: *Journal of the Academy of Marketing Science* 32 (3), S. 293-311.

Lee, W.-I.; Chang, C.-Y.; Liu, Y.-L. (2010): Exploring customers' store loyalty using the means-end chain approach. In: *Journal of Retailing and Consumer Services* 17 (5), S. 395-405.

Lefaix-Durand, A.; Kozak, R. (2009): Integrating transactional and relational exchange into the study of Exchange Orientation in customer relationships. In: *Journal of Marketing Management* 25 (9-10), S. 1003-1025.

Lekkerland (Hg.) (1998): Profilierungsdimensionen des Tankstellen-Shopping. Saarbrücken

Lemmens, A.; Croux, C. (2006): Bagging and Boosting Classification Trees to Predict Churn. In: *Journal of Marketing Research (JMR)* 43 (2), S. 276-286.

Leonard L. Berry (2000): Cultivating service brand equity. In: *Journal of the Academy of Marketing Science* 28 (1), S. 128-137.

Leone, R. P.; Rao, V. R.; Keller, K. L.; Luo, A. M.; McAlister, L.; Srivastava, R. (2006): Linking Brand Equity to Customer Equity. In: *Journal of Service Research* 9 (2), S. 125-138.

Lewis, M. (2004): The Influence of Loyalty Programs and Short-Term Promotions on Customer Retention. In: *Journal of Marketing Research* 41 (3), S. 281-292.

Lewis, M. (2005): Incorporating Strategic Consumer Behavior into Customer Valuation. In: *The Journal of Marketing* 69 (4), S. 230-238.

Lewis, M. (2006): Customer Acquisition Promotions and Customer Asset Value. In: *Journal of Marketing Research* Vol. XLIII, S. 195-203.

Libai, B.; Muller, E.; Peres, R. (2009): The Diffusion of Services. In: *Journal of Marketing Research* 46 (2), S. 163-175.

Libai, B.; Narayandas, D.; Humby, C. (2002): Toward an Individual Customer Profitability Model. A Segment-BasedApproach. In: *Journal of Service Research* 5 (1), S. 69-76.

Lind, L. W. (2007): Consumer involvement and perceived differentiation of different kinds of pork - a Means-End Chain analysis. In: *Food Quality and Preference* 18 (4), S. 690-700.

Lindgreen, A.; Palmer, R.; Vanhamme, J. (2004): Contemporary marketing practice: theoretical propositions and practical implications. In: *Marketing Intelligence & Planning* 22 (6), S. 673-692.

Lissautzki, M. (2007): Kundenwertorientierte Unternehmenssteuerung. Voraussetzungen, Aufgaben, Werttreiberanalysen. 1. Aufl. Wiesbaden: Deutscher Universitätsverlag.

Liu, A. H.; Leach, M. P.; Bernhardt, K. L. (2005): Examining customer value perceptions of organizational buyers when sourcing from multiple vendors. Special Section on the 2002 SMA Retail Symposium. In: *Journal of Business Research* 58 (5), S. 559-568.

Liu, Y. (2007): The Long-Term Impact of Loyalty Programs on Consumer Purchase Behavior and Loyalty. In: *Journal of Marketing* 71 (4), S. 19-35.

Liu, Y.; Yang, R. (2009): Competing Loyalty Programs: Impact of Market Saturation, Market Share, and Category Expandability. In: *Journal of Marketing* 73 (1), S. 93-108.

Löchel, H. (2003): Mikroökonomik. Haushalte, Unternehmen, Märkte. 1. Aufl. Wiesbaden: Gabler.

Luo, X. (2008): Quantifying the Long-Term Impact of Negative Word of Mouth on Cash Flows and Stock Prices. In: *Marketing Science* 28 (1), S. 148-165.

Ma, S.; Büschken, J. (2010): Counting your customers from an "always a share" perspective. In: *Marketing Letters* 22 (3), S. 243-257.

Malthouse, E. C.; Blattberg, R. C. (2005): Can we predict customer lifetime value? In: *Journal of Interactive Marketing* 19 (1), S. 2-16.

Mann, A. (2004): Dialogmarketing: Konzeption und empirische Befunde: Dt. Univ.-Verl.

Marketing Science Institute (Hg.) (2006): MSI Research Priorities 2006-08. Online verfügbar unter www.msi.org/pdf/MSI_RP06-08.pdf, zuletzt geprüft am 12.08.2011.

Marketing Science Institute (Hg.) (2008): MSI Research Priorities 2008-10. Online verfügbar unter www.msi.org/pdf/MSI_RP08-10.pdf, zuletzt geprüft am 12.08.2011.

Marketing Science Institute (Hg.) (2010): MSI Research Priorities 2010-12. Online verfügbar unter www.msi.org/pdf/MSI_RP10-12.pdf, zuletzt geprüft am 12.08.2011.

Marshall, R.; Leng, S. B. (2002): Price threshold and discount saturation point in Singapore. In: *Journal of Product & Brand Management* 11 (3), S. 147-159.

Matthes, A. (2007): Die Wirkung von Vertrauen auf die Ex post-Transaktionskosten in Kooperation und Hierarchie. 1. Aufl. Wiesbaden: Deutscher Universitätsverlag.

Meffert, H.; Bruhn, M. (2006): Dienstleistungsmarketing. 5. Aufl. Wiesbaden: Gabler.

Meffert, H.; Lasslop, I. (2005): Erfolgreiche Markenführung bei homogenen Verbrauchsgütern. Das Beipsiel Jet. In: Heribert Meffert, Christoph Burmann und Martin Koers (Hg.): Markenmanagement. Identitätsorientierte Markenführung und praktische Umsetzung. 2., vollständig überarbeitet und erweitert. Wiesbaden: Gabler, S. 716-734.

Miettila, A.; Möller, K. (1990): Interaction Perspective into Professional Business Services: A Conceptual Analysis. In: 6. IMP Conference. Mailand.

Mineralölwirtschaftsverband e.V. (Hg.) (2011a): E10: Kunden sind informiert, bleiben aber skeptisch. Online verfügbar unter http://www.mwv.de/upload/Presseinformation/Pressemeldungen/Meldungen/13Mai_PM_E10-MaFo_2Welle_AA__3__cZGHQx5qmKL3gxQ.doc, zuletzt geprüft am 01.09.2011.

Mineralölwirtschaftsverband e.V. (Hg.) (2011b): MWV-Prognose 2025 für die Bundesrepublik Deutschland. Online verfügbar unter http://www.mwv.de/upload/statistiken/info/110622_Prognose_2025_vGz4jVRjg9gJGKN.pdf, zuletzt geprüft am 01.09.2011.

Mineralölwirtschaftsverband e.V. (Hg.) (2011c): Raffineriekapazitäten 2010. Online verfügbar unter http://www.mwv.de/upload/statistiken/info/Kapaz_LXH81MD6BYKDLNg.zip, zuletzt geprüft am 24.08.2011.

Mödritscher, G. J. (2008): Customer Value Controlling. Hintergründe - Herausforderungen - Methode. 1. Aufl. Wiesbaden: Gabler.

Moliner, M. A.; Sánchez, J.; Rodríguez, R. M.; Callarisa, L. (2007): Perceived relationship quality and post-purchase perceived value: An integrative framework. In: *European Journal of Marketing* 41 (11/12), S. 1392-1422.

Monroe, K. B.; Chapman, J. D. (1987): Framing Effects on Buyers' Subjective Product Evaluations. In: *Advances in Consumer Research* 14 (1), S. 193-197.

Morgan, R. M.; Hunt, S. D. (1994): The Commitment-Trust Theory of Relationship Marketing. In: *The Journal of Marketing* 58 (3), S. 20-38.

Musalem, A.; Joshi, Y. V. (2009): How Much Should You Invest in Each Customer Relationship? A Competitive Strategic Approach. In: *Marketing Science* 28 (3), S. 555-565.

Nacif, R. C. (2003): Online customer loyalty. Forecasting the repatronage behavior of online retail customers. 1. Aufl. Wiesbaden: Deutscher Universitätsverlag.

Narasimhan, R.; Ghosh, S.; Mendez, D. (1993): A Dynamic Model of Product Quality and Pricing Decisions on Sales Response. In: *Decision Sciences* 24 (5), S. 893-908.

Neslin, S. A.; Gupta, S.; Kamakura, W.; Lu, J.; Mason, C. H. (2006): Defection Detection: Measuring and Understanding the Predictive Accuracy of Customer Churn Models. In: *Journal of Marketing Research* 43 (2), S. 204-211.

Netzer, O.; Lattin, J. M.; Srinivasan, V. (2008): A Hidden Markov Model of Customer Relationship Dynamics. In: *Marketing Science* 27 (2), S. 185-204.

Nies, S.; Natter, M. (2010): Are private label users attractive targets for retailer coupons? In: *International Journal of Research in Marketing* 27 (3), S. 281-291.

Nikandrou, I.; Apospori, E.; Panayotopoulou, L.; Stavrou, E. T.; Papalexandris, N. (2008): Training and firm performance in Europe: the impact of national and organizational characteristics. In: *The International Journal of Human Resource Management* 19 (11), S. 2057-2078.

Nitzl, C. (2010): Eine anwenderorientierte Einführung in die Partial Least Square (PLS)-Methode. Universität Hamburg. Online verfügbar unter www.ibl-unihh.de/ap21_Stand_Juni2010.pdf, zuletzt geprüft am 12.09.2011.

Oh, H. (1999): Service quality, customer satisfaction, and customer value: A holistic perspective. In: *International Journal of Hospitality Management* 18 (1), S. 67-82.

Oliver, R. L. (1980): A Cognitive Model of the Antecedents and Consequences of Satisfaction Decisions. In: *Journal of Marketing Research* 17 (4), S. 460-469.

Oliver, R. L.; DeSarbo, W. S. (1988): Response Determinants in Satisfaction Judgments. In: *Journal of Consumer Research* 14 (4), S. 495-507.

O'Sullivan, D.; Abela, A. V.; Hutchinson, M. (2009): Marketing performance measurement and firm performance: Evidence from the European high-technology sector. In: *European Journal of Marketing* 43 (5/6), S. 843-862.

Palmatier, R. W.; Dant, R. P.; Grewal, D.; Evans, K. R. (2006a): Factors Influencing the Effectiveness of Relationship Marketing: A Meta-Analysis. In: *Journal of Marketing* 70 (4), S. 136-153.

Palmatier, R. W.; Gopalakrishna, S.; Houston, M. B. (2006b): Returns on Business-to-Business Relationship Marketing Investments: Strategies for Leveraging Profits. In: *Marketing Science* 25 (5), S. 477-493.

Palmer, R.; Wilson, H. (2009): An exploratory case study analysis of contemporary marketing practices. In: *Journal of Strategic Marketing* 17 (2), S. 169-187.

Parvatiyar, A.; Sheth, J. N. (2000): The domain and conceptual foundations of relationship marketing. In: Jagdish N. Sheth und Atul Parvatiyar (Hg.): Handbook of Relationshipmarketing. Thousand Oaks: Sage Publications, S. 3-38.

Patzer, G. L. (1996): Experiment-research methodology in marketing. Types and applications. Westport, Connecticut: Quorum.

Pauwels, K.; Hanssens, D. M.; Siddarth, S. (2002): The Long-Term Effects of Price Promotions on Category Incidence, Brand Choice, and Purchase Quantity. In: *Journal of Marketing Research* 39 (4), S. 421-439.

Pauwels, K.; Silva-Risso, J.; Srinivasan, S.; Hanssens, D. M. (2004): New Products, Sales Promotions, and Firm Value: The Case of the Automobile Industry. In: *The Journal of Marketing* 68 (4), S. 142-156.

Pels, J. (1999): Exchange relationships in consumer markets? In: *European Journal of Marketing* 33 (1/2), S. 19-37.

Peter, S. I. (2001): Kundenbindung als Marketingziel. Identifikation und Analyse zentraler Determinanten. 2., überarbeitete Auflage. Wiesbaden: Gabler.

Pfeifer, P.; Carraway, R. (2000): Modeling customer relationships as Markov chains. In: *Journal of Interactive Marketing* 14 (2), S. 43-55.

Picot, A. (1982): Transaktionskostenansatz in der Organisationslehre: Stand der Diskussion und Aussagewert. In: *Die Betriebswirtschaft* 42 (2), S. 267-284.

Picot, A. (1991): Ökonomische Theorien der Organisation. Ein Überblick über neuere Ansätze und deren betriebswirtschaftliches Anwendungspotential. In: Dieter Ordelheide, Bernd Rudolph und Elke Büsselmann (Hg.): Betriebswirtschaftslehre und ökonomische Theorie. Stuttgart: C.E. Poeschel, S. 143-170.

Picot, A.; Dietl, H.; Franck, E. (2008): Organisation. Eine ökonomische Perspektive. 5., aktualisierte und überarbeitete Auflage. Stuttgart: Schäffer-Poeschel.

Pine, B. J. (1993): Mass customization. The new frontier in business competition. 1. Aufl. Boston, Massachusetts: Harvard Business School Press.

PSR Rating; Einkaufsverband Freier Tankstellen e.V; Bundesverband mittelständischer Mineralölunternehmer e.V. (Hg.) (2010): Branchenstudie: Tankstellenmarkt Aktualisierung 2010. Online verfügbar unter http://www.bft.de/bft/download/btsmarkt10.pdf, zuletzt geprüft am 24.08.2011.

Raab, G. (1998): Kartengestützte Zahlungssysteme und Konsumentenverhalten. Eine theoretische und empirische Untersuchung. Berlin: Duncker & Humblot.

Rack, O.; Christophersen, T. (2007): Experimente. In: Sönke Albers, Daniel Klapper, Udo Konradt, Achim Walter und Joachim Wolf (Hg.): Methodik der empirischen Forschung. 2., überarbeitet und erweitert. Wiesbaden: Gabler, S. 17-32.

Ralston, R. W. (2003): The effects of customer service, branding, and price on the perceived value of local telephone service. In: *Journal of Business Research* 56 (3), S. 201-213.

Ramani, G.; Kumar, V. (2008): Interaction Orientation and Firm Performance. In: *Journal of Marketing* 72 (1), S. 27-45.

Rao, R. K.; Bharadwaj, N. (2008): Marketing Initiatives, Expected Cash Flows, and Shareholders'Wealth. In: *Journal of Marketing* 72 (1), S. 16-26.

Rappaport, A. (1998): Creating shareholder value. A guide for managers and investors. 2. Aufl. New York: The Free Press.

Ravald, A.; Grönroos, C. (1996): The value concept and relationship marketing. In: *European Journal of Marketing* 30 (2), S. 19-30.

Reiber, O. (2009): Wettbewerbsverhalten der deutschen Mineralölindustrie im Kraftstoffeinzelhandel, insbesondere Preisverhalten. Zur Bestimmung von Kollusion und kollektiver Marktbeherrschung im Kartellrecht. Frankfurt am Main: Lang.

Reichheld, F. F.; Teal, T. (1996): The loyalty effect. The hidden force behind growth, profits, and lasting value. Boston, Massachusetts: Harvard Business School Press.

Reinartz, W. J. (2006): Understanding Customer Loyalty Programs. In: Manfred Krafft und Murali K. Mantrala (Hg.): Retailing in the 21st Century. Heidelberg: Springer, S. 361-380.

Reinartz, W. J.; Kumar, V. (2003): The Impact of Customer Relationship Characteristics on Profitable Lifetime Duration. In: *The Journal of Marketing* 67 (1), S. 77-99.

Reinartz, W.; Krafft, M.; Hoyer, W. D. (2004): The Customer Relationship Management Process: Its Measurement and Impact on Performance. In: *Journal of Marketing Research* 41 (3), S. 293-305.

Reinartz, W.; Thomas, J. S.; Kumar, V. (2005): Balancing Acquisition and Retention Resources to Maximize Customer Profitability. In: *Journal of Marketing* 69 (1), S. 63-79.

Reinecke, S.; Janz, S. (2007): Marketingcontrolling. Sicherstellung von Marketingeffektivität und -effizienz. Stuttgart: Kohlhammer.

Ringle, C. M. (2004a): Gütemaße für den Partial Least Squares-Ansatz zur Bestimmung von Kausalmodellen. Universität Hamburg. Hamburg. Online verfügbar unter www.ibl-unihh.de/ap16.pdf, zuletzt geprüft am 12.09.2011.

Ringle, C. M. (2004b): Messung von Kausalmodellen. Ein Methodenvergleich. Hg. v. Universität Hamburg. Hamburg. Online verfügbar unter http://www.ibl-unihh.de/ap14.pdf, zuletzt geprüft am 12.09.2011.

Rödl, A. (2010): Kundenbewertung im Lebensmitteleinzelhandel. Die Analyse von Kundenpotenzialen mit Haushaltspaneldaten. 1. Aufl. Lohmar: Josef Eul Verlag.

Rust, R. T.; Ambler, T.; Carpenter, G. S.; Kumar, V.; Srivastava, R. K. (2004a): Measuring Marketing Productivity: Current Knowledge and Future Directions. In: *Journal of Marketing* 68 (4), S. 76-89.

Rust, R. T.; Lemon, K. N.; Zeithaml, V. A. (2004b): Return on Marketing: Using Customer Equity to Focus Marketing Strategy. In: *Journal of Marketing* 68 (1), S. 109-127.

Ryals, L. (2003): Creating profitable customers through the magic of data mining. In: *Journal of Targeting, Measurement & Analysis for Marketing* 11 (4), S. 343.

Ryals, L. (2005): Making Customer Relationship Management Work: The Measurement and Profitable Management of Customer Relationships. In: *The Journal of Marketing* 69 (4), S. 252-261.

Sarris, V. (1990): Erkenntnisgewinnung und Methodik der experimentellen Psychologie Band 1. München: Reinhardt.

Schenkman, B. N. (2002): Perceived Similarities and Preferences for Consumer Electronics Products. In: *Personal and Ubiquitous Computing* 6 (2), S. 125-131.

Schmeisser, W.; Rönsch, M.; Zilch, I. (2009): Shareholder Value Approach versus Corporate Social Responsibility. Eine unternehmensethische Einführung in zwei konträre Ansätze. 1. Auflage. Mering: Rainer Hampp Verlag.

Schmittlein, D. C.; Morrison, D. G.; Colombo, R. (1987): Counting Your Customers: Who-Are They and What Will They Do Next? In: *Management Science* 33 (1), S. 1-24.

Schneider, N. C. (2007): Kundenwertbasierte Effizienzmessung. Der Beitrag von Marketingmaßnahmen zur Unternehmenswerterhöhung in der Automobilindustrie. 1. Aufl. Wiesbaden: Deutscher Universitätsverlag.

Schreyögg, G.; Koch, J. (2010): Grundlagen des Managements. Basiswissen für Studium und Praxis. In: *Grundlagen des Managements.*

Schröder, H.; Rödl, A. (2004): Der Nutzen von Transaktionsdaten für das Handelsmarketing in: Trommsdorff. In: Volker Trommsdorff (Hg.): Handelsforschung. Köln, S. 519-538.

Schroeder, N. (2006): Kundenwert als zentrale Größe zur wertorientierten Unternehmenssteuerung. Hamburg: Kovač.

Schütt, M. (2006): Informationsmanagement auf elektronischen B2B-Marktplätzen. Unterstützung der elektronischen Beschaffung durch integrierte Informationsprozesse. Wiesbaden: Deutscher Universitätsverlag.

Schweidel, D. A.; Fader, P. S.; Bradlow, E. T. (2008): Understanding Service Retention Within and Across Cohorts Using Limited Information. In: *Journal of Marketing* 72 (1), S. 82-94.

Seiders, K.; Voss, G. B.; Grewal, D.; Godfrey, A. L. (2005): Do Satisfied Customers Buy More? Examining Moderating Influences in a Retailing Context. In: *Journal of Marketing* 69 (4), S. 26-43.

Seischab, L. (2009): Wettbewerbsrechtliche und datenschutzrechtliche Grundfragen von Kundenbindungssystemen. Interdisziplinäre Zusammenhänge unter Einbeziehung ökonomischer Ansätze. Frankfurt am Main: Lang.

Sheth, J. N.; Parvatiyar, A. (1995): Relationship Marketing in Consumer Markets: Antecedents and Consequences. In: *Journal of the Academy of Marketing Science* 23 (4), S. 255-271.

Sheth, J. N.; Parvatiyar, A. (2000): The Evolution of Relationship Marketing. In: Jagdish N. Sheth und Atul Parvatiyar (Hg.): Handbook of Relationshipmarketing. Thousand Oaks: Sage Publications, S. 119-148.

Sheth, J. N.; Sisodia, R. S. (2002): Marketing productivity: issues and analysis. In: *Journal of Business Research* 55 (5), S. 349-362.

Sheth, J. N.; Newman, B. I.; Gross, B. L. (1991): Why we buy what we buy: A theory of consumption values. In: *Journal of Business Research* 22 (2), S. 159-170.

Siemoneit, O. (2009): Eine Wissenschaftstheorie der Betriebswirtschaftslehre. Wissensformen, Erkenntnismethoden und Forschungskonzeptionen einer verwissenschaftlichten Techniklehre. Universität Stuttgart.

Sinha, I.; DeSarbo, W. S. (1998): An Integrated Approach toward the Spatial Modeling of Perceived Customer Value. In: *Journal of Marketing Research* 35 (2), S. 236-249.

Sirdeshmukh, D.; Singh, J.; Sabol, B. (2002): Consumer Trust, Value, and Loyalty in Relational Exchanges. In: *Journal of Marketing* 66 (1), S. 15-37.

Sirohi, N. (1998): A model of consumer perceptions and store loyalty intentions for a supermarket retailer. In: *Journal of Retailing* 74 (2), S. 223-245.

Smidt, W. (2001): Brennpunkt Kundenwert. Mit dem Customer Equity Kundenpotenziale erhellen, erweitern und ausschöpfen. Berlin: Springer.

Sontakki; Sontakki, C. N. (2010): Marketing research. 2., überarbeitete Auflage. Mumbai: Himalaya Pub. House.

Spiteri, J. M.; Dion, P. A. (2004): Customer value, overall satisfaction, end-user loyalty, and market performance in detail intensive industries. In: *Industrial Marketing Management* 33 (8), S. 675-687.

Srinivasan, S.; Pauwels, K.; Hanssens, D. M.; Dekimpe, M. G. (2004): Do Promotions Benefit Manufacturers, Retailers, or Both? In: *Management Science* 50 (5), S. 617-629.

Srivastava, R. K.; Shervani, T. A.; Fahey, L. (1998): Market-Based Assets and Shareholder Value: A Framework for Analysis. In: *The Journal of Marketing* 62 (1), S. 2-18.

Statistisches Bundesamt (Hg.) (2010): Trend zum spritsparenden Auto bremst Kraftstoffverbrauch. Online verfügbar unter http://www.destatis.de/jetspeed/portal/cms/Sites/destatis/Internet/DE/Content/Publikationen/STATmagazin/Umwelt/2010__01/PDF2010__01.psml, zuletzt geprüft am 08.08.2011.

Stauss, B. (2008): Kundenbindung durch Beschwerdemanagement. In: Manfred Bruhn und Christian Homburg (Hg.): Handbuch Kundenbindungsmanagement. Strategien und Instrumente für ein erfolgreiches CRM. 4., überarb. und erw. Wiesbaden: Gabler, S. 369-396.

Steenkamp, J.-B. E. M.; Nijs, V. R.; Hanssens, D. M.; Dekimpe, M. G. (2005): Competitive Reactions to Advertising and Promotion Attacks. In: *Marketing Science* 24 (1), S. 35-54.

Steiner, V. (2008): Modellierung des Kundenwertes. Ein branchenübergreifender Ansatz. 1. Aufl. Wiesbaden: Gabler.

Steinmann, H. (Hg.) (1978): Betriebswirtschaftslehre als normative Handlungswissenschaft. Zur Bedeutung der konstruktiven Wissenschaftstheorie für die Betriebswirtschaftslehre. Wiesbaden: Gabler.

Stiefl, J.; Westerholt, K. von (2007): Wertorientiertes Management. München: Oldenbourg Wissenschaftsverlag.

Sweeney, J. C.; Soutar, G. N.; Johnson, L. W. (1999): The role of perceived risk in the quality-value relationship: A study in a retail environment. In: *Journal of Retailing* 75 (1), S. 77-105.

Swift, R. (2001): How Leading Companies Achieve Profitability thorugh Accelerating Customer Relationship. In: Hans Ulrich Buhl (Hg.): Information age economy. 5. Internationale Tagung Wirtschaftsinformatik 2001. Heidelberg: Physica, S. 35-42.

Szczesny, A.; Kaiser, U. (2002): Logit- und Probit-Modelle für Kreditrisiken. In: Michael Schröder und Herbert S. Buscher (Hg.): Finanzmarkt-Ökonometrie. Basistechniken, fortgeschrittene Verfahren, Prognosemodelle. Stuttgart: Schäffer-Poeschel, S. 359-396.

Teas, R. K.; Agarwal, S. (2000): The Effects of Extrinsic Product Cues on Consumers' Perceptions of Quality, Sacrifice, and Value. In: *Journal of the Academy of Marketing Science* 28 (2), S. 278-290.

Terlutter, R. (2006): Verhaltenswissenschaftliche Beiträge zur Gestaltung von Kundenbeziehungen. In: Hajo Hippner und Klaus D. Wilde (Hg.): Grundlagen des CRM. 2., überarbeitete und erweiterte Auflage. Wiesbaden: Gabler, S. 270-290.

Tewes, M. (2003): Der Kundenwert im Marketing. Theoretische Hintergründe und Umsetzungsmöglichkeiten einer wert- und marktorientierten Unternehmensführung. 1. Aufl. Wiesbaden: Deutscher Universitätsverlag.

Thibaut, J.; Kelley, H. (1959): The social psychology of groups: John Wiley & Sons.

Thomas, J. S. (2001): A methodology for linking customer acquisition to customer retention. In: *Journal of Marketing Research* 33, S. 262-268.

Tirenni, G.; Labbi, A.; Berrospi, C.; Elisseeff, A.; Bhose, T.; Pauro, K.; Poyhonen, S. (2007): Customer Equity and Lifetime Management (CELM) Finnair Case Study. The 2005 ISMS Practice Prize Winner. In: *Marketing Science* 26 (4), S. 553-565.

Tomczak, T.; Rudolf-Sipötz, E. (2006): Bestimmungsfaktoren des Kundenwertes: Ergebnisse einer branchenübergreifenden Studie. In: Bernd Günter und Sabrina Helm (Hg.): Kundenwert. 3., überarbeitete und erweiterte Auflage. Wiesbaden: Gabler, S. 127-155.

Tomczak, T.; Reinecke, S.; Reinecke, S. (2004): Kundenpotentiale ausschöpfen – Gestaltungsansätze für Kundenbindung in verschiedenen Geschäftstypen. In: Hans Hinterhuber und Kurt Matzler (Hg.): Kundenorientierte Unternehmensführung. Kundenorientierung, Kundenzufriedenheit, Kundenbindung. 4., überarbeitete und erweiterte Auflage. Wiesbaden: Gabler, S. 107-132.

Treiblmaier, H. (2006): Datenqualität und individualisierte Kommunikation. Potenziale und Grenzen des Internets bei der Erhebung und Verwendung kundenbezogener Daten. 1. Aufl. Wiesbaden: Deutscher Universitätsverlag.

Trommsdorff, V. (2009): Konsumentenverhalten. 7., vollständig überarbeitete und erweiterte Auflage. Stuttgart: Kohlhammer.

Trommsdorff, V.; Bleicker, U.; Hildebrandt, L. (1980): Nutzen und Einstellung. In: *Wirtschaftswissenschaftliches Studium* 9 (6), S. 269-276.

Ulaga, W.; Chacour, S. (2001): Measuring Customer-Perceived Value in Business Markets: A Prerequisite for Marketing Strategy Development and Implementation. In: *Industrial Marketing Management* 30 (6), S. 525-540.

Ulaga, W.; Eggert, A. (2006): Value-Based Differentiation in Business Relationships: Gaining and Sustaining Key Supplier Status. In: *Journal of Marketing* 70 (1), S. 119-136.

Ulrich, H. (1970): Die Unternehmung als produktives soziales System Grundlagen der allgemeinen Unternehmungslehre. 2. Aufl. Bern: Paul Haupt.

van den Bulte, C.; Iyengar, R. (2011): Tricked by Truncation: Spurious Duration Dependence and Social Contagion in Hazard Models. In: *Marketing Science* 30 (2), S. 233-248.

van Doorn, J. (2004): Zufriedenheitsdynamik.: Eine Panelanalyse bei industriellen Dienstleistungen: Deutscher Universitätsverlag.

van Doorn, J.; Lemon, K. N.; Mittal, V.; Nass, S.; Pick, D.; Pirner, P.; Verhoef, P. C. (2010): Customer Engagement Behavior: Theoretical Foundations and Research Directions. In: *Journal of Service Research* 13 (3), S. 253-266.

Vargo, S. L.; Lusch, R. F. (2004): Evolving to a New Dominant Logic for Marketing o a New Domin for Marketing. In: Journal of Marketing 68 (1), S. 1-17

Venkatesan, M. (1971): An introduction to marketing experimentation: methods, applications, and problems. New York: Free Press.

Venkatesan, R.; Kumar, V. (2004): A Customer Lifetime Value Framework for Customer Selection and Resource Allocation Strategy. In: *The Journal of Marketing* 68 (4), S. 106-125.

Venkatesan, R.; Kumar, V.; Bohling, T. (2007): Optimal Customer Relationship Management Using Bayesian Decision Theory: An Application for Customer Selection. In: *Journal of Marketing Research* 44 (4), S. 579-594.

Verhoef, P. C.; Langerak, F.; Donkers, B. (2007): Understanding brand and dealer retention in the new car market: The moderating role of brand tier. In: *Journal of Retailing* 83 (1), S. 97-113.

Verhoef, P. C.; Reinartz, W. J.; Krafft, M. (2010): Customer Engagement as a New Perspective in Customer Management. In: *Journal of Service Research* 13 (3), S. 247-252.

Vesel, P.; Zabkar, V. (2010): Relationship quality evaluation in retailers' relationships with consumers. In: *European Journal of Marketing* 44 (9/10), S. 1334-1365.

Villanueva, J.; Yoo, S.; Hanssens, D. M. (2008): The Impact of Marketing-Induced Versus Word-of-Mouth Customer Acquisition on Customer Equity Growth. In: *Journal of Marketing Research* 45 (1), S. 48-59.

Voeth, M. (2000): Nutzenmessung in der Kaufverhaltensforschung. Die hierarchische individualisierte Limit-Conjoint-Analyse (HILCA). Wiesbaden: Deutscher Universitätsverlag.

Vogel, V. (2006): Kundenbindung und Kundenwert. Der Einfluss von Einstellungen auf das Kaufverhalten. 1. Aufl. Wiesbaden: Deutscher Universitätsverlag.

Vogel, V.; Evanschitzky, H.; Ramaseshan, B. (2008): Customer Equity Drivers and Future Sales. In: *Journal of Marketing* 72 (6), S. 98-108.

Wachter, N. (2006): Kundenwert aus Kundensicht. Eine empirische Analyse des Kundennutzens aus Sicht der Privat- und Geschäftskunden in der Automobilindustrie. Wiesbaden: Deutscher Universitätsverlag.

Wagner, T. (2007): Shopping motivation revised: a means-end chain analytical perspective. In: *International Journal of Retail & Distribution Management* 35 (7), S. 569-582.

Wagner, U.; Hoppe, D. (2008): Erratum on the MBG/NBD-Model. In: *International Journal of Research in Marketing* 25 (3), S. 225-226.

Waibel, N. (2008): Segmentieren, um zu verstehen - Strategische Kundensegmentierung als Basis einer optimierten Marktausrichtung. In: Ernst Hoffmann (Hg.): Wertorientiertes Marketing. Unternehmensressourcen richtig nutzen. Frankfurt am Main: Frankfurter Allg. Buch, S. 47-56.

Walsh, G.; Klee, A.; Kilian, T. (2009): Marketing. Eine Einführung auf der Grundlage von Case Studies. 1. Aufl. Berlin: Springer.

Wang, Y.; Lo, H. P.; Chi, R.; Yang, Y. (2004): An integrated framework for customer value and customer-relationship-management performance: a customer-based perspective from China. In: *Managing Service Quality* 14 (2/3), S. 169-182.

Wangenheim, F. v. (2003): Situational Characteristics as Moderators of the Satisfaction-Loyalty Link: An Investigation in a Business-to-Business Context. In: *Journal of Consumer Satisfaction, Dissatisfaction and Complaining Behavior* 16, S. 145-156.

Weißenberger, B. E. (2009): Shareholder Value und finanzielle Zielvorgaben im Unternehmen.

Welge, M. K.; Al-Laham, A. (2003): Strategisches Management. Grundlagen - Prozess - Implementierung. 4., aktualisierte Aufl. Wiesbaden: Gabler.

Wiesel, T.; Skiera, B.; Villanueva, J. (2008): Customer Equity: An Integral Part of Financial Reporting. In: *Journal of Marketing* 72 (2), S. 1-14.

Williamson, O. E. (1979): Transaction-Cost Economics: The Governance of Contractual Relations. In: *The Journal of Law and Economics* 22 (2), S. 233.

Winker, P. (2002): Vektor Autoregressive Modelle. In: Michael Schröder und Herbert S. Buscher (Hg.): Finanzmarkt-Ökonometrie. Basistechniken, fortgeschrittene Verfahren, Prognosemodelle. Stuttgart: Schäffer-Poeschel, S. 213-262.

Witte, E. (1981): Nutzungsanspruch und Nutzungsvielfalt. In: Eberhard Witte (Hg.): Der Praktische Nutzen empirischer Forschung. Tübingen: J.C.B. Mohr, S. 13-40.

Woll, A. (2007): Volkswirtschaftslehre. 15., vollständig überarbeitete Auflage. München: Vahlen.

Woodruff, R. (1997): Customer value: The next source for competitive advantage. In: *Journal of the Academy of Marketing Science* 25 (2), S. 139-153.

Wübben, M. (2009): Analytical CRM. Developing and maintaining profitable customer relationships in non-contractual settings. Wiesbaden: Gabler.

Wübben, M.; Wangenheim, F. v. (2008): Instant Customer Base Analysis: Managerial Heuristics Often "Get It Right". In: *Journal of Marketing* 72 (3), S. 82-93.

Wyner, G. A. (2007): Accountability on a Budget. In: *Marketing Management* 16 (6), S. 8-10.

Yang, Z.; Peterson, R. T. (2004): Customer perceived value, satisfaction, and loyalty: The role of switching costs. In: *Psychol. Mark* 21 (10), S. 799-822.

Zeithaml, V. A. (1988): Consumer perceptions of price, quality, and value: A means-end model and synthesis of evidence. In: *Journal of Marketing* 52 (3), S. 2-22.

Anhang

<u>Anhangsübersicht</u>

Anhang A: Online-Fragebogen

Anhang B: Demographische Daten der Befragten

Anhang C: Detaillierte Ergebnisse des PLS-Modells

Anhang D: Auswertungen des CLV-Modells für die Testgruppen

Anhang E: Variablen, Parameter und Gleichungen des MBG/NBD-Modells

Anhang A – Online-Fragebogen

Funktionaler Nutzen	Quelle
Wenn ich X insgesamt betrachte, ist es die richtige Entscheidung dort zu tanken	Sirdeshmukh et al. (2002)
Wenn ich X insgesamt betrachte, ist es die richtige Entscheidung dort einzukaufen	Sirdeshmukh et al. (2002)
Insgesamt bekomme ich bei X äußerst viel für mein Geld	Sirdeshmukh et al. (2002)

Preis	Quelle
Die Kraftstoffpreise bei X sind jederzeit fair	Verhoef et al. (2007)
Die Shop-Preise bei X sind sehr attraktiv	Verhoef et al. (2007)
Das Preis-Leistungs-Verhältnis bei X ist sehr gut	Verhoef et al. (2007)

Qualität	Quelle
Bei X ist die Qualität des Treibstoffes sehr hochwertig	Babakus et al. (2004)
Bei X ist die Qualität der Shop-Artikel sehr hochwertig	Babakus et al. (2004)
Bei X gibt es eine große Auswahl an Shop-Artikeln	Babakus et al. (2004)

Service	Quelle
Der Bezahlvorgang bei X Tankstellen verläuft schnell und unkompliziert	-
Bei X sind die Mitarbeiter freundlich	Baker et al. (2002)
X bietet mir einen sehr guten Service (z. B. Auskunft, Know-how)	Baker et al. (1994)

Tangibles Umfeld	Quelle
Die X-Tankstellen sind äußerst angenehme Orte zum Tanken und Einkaufen	Baker et al. (1994)
An den X-Tankstellen ist die Atmosphäre stets angenehm	Baker et al. (1994)
Die X-Tankstellen sind immer ordentlich und sauber	Baker et al. (1994)

Markennutzen	Quelle
X ist eine sehr starke Marke	Verhoef et al. (2007)
X ist eine einzigartige Marke	Verhoef et al. (2007)
Ich finde X sympathisch	Köster (2006)
X ist meinen Freunden und Bekannten als Tankstellenmarke bekannt	-
Meinen Freunden und Bekannten ist X sympathisch	-

Beziehungsnutzen	Quelle
Ich habe eine sehr gute Beziehung zu X entwickelt	Hennig-Thurau et al. (2002)
Ich vertraue X sehr	Verhoef et al. (2007)

Sozialer Kontakt	Quelle
Mir sind die Mitarbeiter von X vertraut	Hennig-Thurau et al. (2002)
Bei X werde ich von Mitarbeitern wieder erkannt	Hennig-Thurau et al. (2002)
Bei X pflege ich einen persönlichen Kontakt zum Personal an der Tankstelle	Hennig-Thurau et al. (2002)

Bonusprogramm	Quelle
Ich bevorzuge andere Tankstellen mit einem attraktiven Bonusprogramm	-
Ich bevorzuge andere Tankstellen, bei denen ich Punkte in attraktive Prämien tauschen kann	-

Aufwand	Quelle
Tanken bei X bereitet mir einen großen Aufwand	Baker et al. (2002)
Einkaufen bei X bereitet mir einen großen Aufwand	Baker et al. (2002)
Ich müsste zu lange nach einer X-Tankstelle suchen, um dort zu tanken	Baker et al. (2002)
Falls ich bei X etwas kaufen wollte, müsste ich zu lange danach suchen	Baker et al. (2002)
Ich müsste viel Zeit opfern, um bei X zu tanken	Baker et al. (2002)
Ich müsste viel Zeit opfern, um bei X etwas einzukaufen	Baker et al. (2002)

Zufriedenheit	Quelle
Ich bin mit den Erfahrung, die ich mit X gemacht habe, sehr zufrieden	Bettencourt (1997)
Meine Einkäufe bei X waren immer angenehm	Bettencourt (1997)
Verglichen mit anderen Tankstellen bin ich mit X sehr zufrieden	Bettencourt (1997)
Nachdem ich bei X war, kann ich zufrieden weiterfahren	-

Wechselkosten	Quelle
Eine andere Tankstelle als X aufzusuchen, würde mich mehr Zeit kosten	Ping (1993) in Bruner (2009)
Eine andere Tankstelle als X aufzusuchen, würde mich mehr Geld kosten	Ping (1993) in Bruner (2009)
Ich gehe oft zu X, weil ich dort schon immer hingehe	-
Die X-Tankstelle ist nah an meinem Zuhause	-
Die X-Tankstelle liegt auf meinem Weg	-

Konative Loyalität	Quelle
Ich würde wieder bei X kaufen	Zeithaml (1996) in Bruner (2009)
Ich habe vor, in Zukunft öfter eine X Tankstelle zu besuchen	Zeithaml (1996) in Bruner (2009)
Ich würde X meinen Freunden und Bekannten weiterempfehlen	Zeithaml (1996) in Bruner (2009)

Aktionale Loyalität	Quelle
Wie oft waren Sie in den letzten sechs Monaten bei X tanken?	-
Wie oft haben Sie in den letzten sechs Monaten etwas bei X im Shop gekauft?	-
Wie viele verschiedene X-Tankstellen haben Sie in den letzten sechs Monaten besucht?	-

Generelles Tankverhalten	Quelle
Wie oft haben Sie in den letzten sechs Monaten getankt?	-
Wie oft haben Sie in den letzten sechs Monaten etwas in einem Tankstellenshop eingekauft?	-
Bei welcher Tankstelle waren Sie in den letzten sechs Monaten am häufigsten?	-

Anhang B - Demographische Daten der Befragten

Wie alt sind Sie?	Anzahl	Anteil
18-29	77	17 %
30-39	88	20 %
40-49	210	47 %
59-74	73	16 %
75 und älter	3	1 %
Total	**451**	100 %

Welches Geschlecht haben Sie?	Anzahl	Anteil
Männlich	350	78 %
Weiblich	101	22 %
Total	**451**	100 %

Wie viele Personen leben in Ihrem Haushalt?	Anzahl	Anteil
1	66	15 %
2	163	36 %
3	101	22 %
4	75	17 %
5 und mehr	28	6 %
keine Angaben	18	4 %
Total	**451**	100 %

Was ist Ihr höchster Bildungsabschluss?	Anzahl	Anteil
Keine Angabe	40	9 %
Volks-/Hauptschule	58	13 %
Real-/Fach-/Handelsschule	154	34 %
Oberschule/Gymnasium	67	15 %
Universität/Hochschule/Fachhochschule	132	29 %
Total	**451**	100 %

Postleitzahl	Anteil Tankstellen	Anteil Befragte*
0	6 %	8 %
1	10 %	5 %
2	30 %	20 %
3	17 %	13 %
4	22 %	35 %
5	14 %	17 %
6	1 %	2 %
9	1 %	1 %
Total	100 %	100 %

* In welchem Postleitzahlengebiet wohnen Sie?

Anhang C – Detaillierte Ergebnisse PLS-Modell

"Kraftstoff"-Kunden: Cross-Loadings (1/2)

	Aktionale Loyalität	Bonus Programm	Marken-nutzen	Konative Loyalität	Aufwand	Funktionaler Nutzen	Preis
Akt_Loy_1	0,88	-0,13	0,25	0,29	-0,26	0,23	0,21
Akt_Loy_2	0,67	-0,15	0,26	0,28	-0,19	0,26	0,23
SOW_1	0,88	-0,23	0,25	0,30	-0,35	0,16	0,13
SOW_2	0,65	-0,19	0,26	0,27	-0,19	0,24	0,19
Bon_1	-0,25	0,96	-0,20	-0,24	0,40	-0,17	-0,12
Bon_2	-0,15	0,90	-0,12	-0,13	0,43	-0,11	0,01
Markenn_1	0,28	-0,23	0,89	0,53	-0,33	0,57	0,50
Markenn_2	0,31	-0,14	0,81	0,46	-0,18	0,49	0,48
Markenn_3	0,28	-0,16	0,90	0,56	-0,26	0,60	0,57
Markenn_4	0,19	-0,09	0,81	0,46	-0,30	0,45	0,41
Markenn_5	0,28	-0,15	0,89	0,51	-0,28	0,56	0,51
Kon_Loy_1	0,28	-0,15	0,42	0,79	-0,13	0,44	0,35
Kon_Loy_2	0,30	-0,09	0,48	0,84	-0,13	0,49	0,44
Kon_Loy_3	0,31	-0,27	0,56	0,88	-0,35	0,58	0,45
Aufwand_F_1	-0,20	0,32	-0,23	-0,26	0,71	-0,13	-0,04
Aufwand_F_2	-0,26	0,36	-0,19	-0,12	0,72	-0,17	-0,13
Aufwand_F_3	-0,28	0,38	-0,29	-0,27	0,85	-0,19	-0,12
Aufwand_S_1	-0,31	0,35	-0,29	-0,25	0,75	-0,12	-0,02
Aufwand_S_2	-0,20	0,27	-0,17	-0,09	0,71	-0,08	-0,07
Aufwand_S_3	-0,31	0,34	-0,27	-0,19	0,85	-0,19	-0,13
Funk_Nutz__1	0,22	-0,24	0,57	0,57	-0,28	0,81	0,45
Funk_Nutz__2	0,24	-0,05	0,30	0,30	-0,06	0,63	0,49
Funk_Nutz__3	0,14	-0,05	0,54	0,49	-0,09	0,87	0,69
Preis_1	0,18	-0,14	0,56	0,46	-0,17	0,61	0,83
Preis_2	0,19	-0,00	0,36	0,33	-0,00	0,51	0,81
Preis_3	0,17	-0,03	0,54	0,45	-0,11	0,65	0,91
Qual_1	0,20	-0,16	0,63	0,57	-0,22	0,67	0,53
Qual_2	0,22	-0,12	0,47	0,38	-0,14	0,49	0,53
Qual_3	0,23	-0,07	0,51	0,41	-0,06	0,51	0,56
Bez_1	0,36	-0,17	0,79	0,56	-0,25	0,57	0,52
Bez_2	0,30	-0,16	0,80	0,53	-0,24	0,59	0,55
Zufried_1	0,17	-0,26	0,68	0,55	-0,28	0,59	0,49
Zufried_2	0,28	-0,14	0,58	0,49	-0,22	0,51	0,48
Zufried_3	0,32	-0,25	0,76	0,52	-0,35	0,60	0,52
Zufried_4	0,24	-0,20	0,74	0,60	-0,38	0,59	0,53
Serv_1	0,12	-0,20	0,56	0,39	-0,29	0,53	0,40
Serv_2	0,10	-0,23	0,55	0,43	-0,27	0,50	0,35
Serv_3	0,20	-0,23	0,65	0,46	-0,28	0,53	0,47
Soz_1	0,31	-0,06	0,56	0,44	-0,22	0,42	0,32
Soz_2	0,34	-0,04	0,46	0,37	-0,21	0,39	0,26
Soz_3	0,31	0,09	0,33	0,30	-0,08	0,28	0,25
Wechslkst_1	0,21	0,00	0,19	0,19	-0,01	0,19	0,13
Wechslkst_2	0,32	-0,09	0,19	0,38	-0,09	0,21	0,11
Wechslkst_3	0,39	-0,06	0,50	0,52	-0,12	0,35	0,34
Wechslkst_4	0,30	-0,14	0,49	0,37	-0,39	0,43	0,33
Wechslkst_5	0,17	-0,13	0,40	0,37	-0,31	0,37	0,21
Tang_1	0,22	-0,16	0,71	0,47	-0,28	0,56	0,52
Tang_2	0,17	-0,16	0,72	0,48	-0,25	0,54	0,52
Tang_3	0,09	-0,19	0,66	0,43	-0,30	0,50	0,41
Tang_4	0,20	-0,01	0,54	0,41	-0,18	0,48	0,44
Tang_5	0,12	-0,26	0,57	0,38	-0,32	0,44	0,36

"Kraftstoff"-Kunden: Cross-Loadings (2/2)

	Qualität	Beziehungs-nutzen	Zufriedenheit	Service	Sozialer Kontakt	Wechsel-kosten	Tangibles Umfeld
Akt_Loy_1	0,23	0,30	0,27	0,17	0,31	0,39	0,17
Akt_Loy_2	0,26	0,28	0,21	0,12	0,23	0,23	0,17
SOW_1	0,19	0,27	0,23	0,11	0,31	0,41	0,14
SOW_2	0,26	0,28	0,20	0,13	0,21	0,23	0,17
Bon_1	-0,18	-0,18	-0,26	-0,24	-0,07	-0,16	-0,17
Bon_2	-0,09	-0,12	-0,19	-0,22	0,06	-0,08	-0,18
Markenn_1	0,61	0,74	0,70	0,62	0,44	0,47	0,71
Markenn_2	0,54	0,68	0,59	0,45	0,48	0,47	0,55
Markenn_3	0,66	0,77	0,76	0,66	0,45	0,51	0,74
Markenn_4	0,50	0,64	0,66	0,55	0,37	0,50	0,62
Markenn_5	0,62	0,71	0,70	0,60	0,47	0,52	0,72
Kon_Loy_1	0,52	0,41	0,47	0,29	0,28	0,38	0,40
Kon_Loy_2	0,46	0,45	0,46	0,35	0,38	0,47	0,39
Kon_Loy_3	0,50	0,55	0,62	0,55	0,38	0,59	0,53
Aufwand_F_1	-0,15	-0,16	-0,22	-0,17	-0,12	-0,28	-0,22
Aufwand_F_2	-0,15	-0,16	-0,26	-0,25	-0,10	-0,19	-0,23
Aufwand_F_3	-0,20	-0,24	-0,35	-0,30	-0,21	-0,32	-0,35
Aufwand_S_1	-0,15	-0,24	-0,26	-0,23	-0,19	-0,26	-0,20
Aufwand_S_2	-0,05	-0,16	-0,24	-0,20	-0,09	-0,08	-0,20
Aufwand_S_3	-0,15	-0,21	-0,30	-0,29	-0,19	-0,27	-0,26
Funk_Nutz__1	0,58	0,51	0,63	0,64	0,31	0,50	0,56
Funk_Nutz__2	0,51	0,36	0,37	0,21	0,30	0,24	0,34
Funk_Nutz__3	0,58	0,51	0,51	0,45	0,35	0,36	0,50
Preis_1	0,58	0,50	0,58	0,52	0,24	0,40	0,53
Preis_2	0,54	0,38	0,36	0,21	0,23	0,20	0,36
Preis_3	0,60	0,52	0,53	0,43	0,30	0,33	0,49
Qual_1	0,79	0,55	0,62	0,60	0,28	0,44	0,61
Qual_2	0,79	0,45	0,44	0,31	0,21	0,24	0,46
Qual_3	0,80	0,45	0,48	0,32	0,26	0,32	0,49
Bez_1	0,58	0,96	0,78	0,57	0,60	0,52	0,67
Bez_2	0,61	0,96	0,80	0,61	0,57	0,46	0,72
Zufried_1	0,59	0,73	0,88	0,69	0,46	0,45	0,71
Zufried_2	0,58	0,64	0,79	0,52	0,53	0,40	0,65
Zufried_3	0,56	0,75	0,90	0,69	0,47	0,48	0,74
Zufried_4	0,56	0,74	0,90	0,73	0,48	0,52	0,70
Serv_1	0,45	0,49	0,64	0,86	0,25	0,40	0,56
Serv_2	0,44	0,51	0,66	0,90	0,37	0,39	0,65
Serv_3	0,54	0,60	0,70	0,86	0,48	0,43	0,78
Soz_1	0,37	0,68	0,61	0,46	0,92	0,52	0,53
Soz_2	0,28	0,53	0,51	0,40	0,95	0,49	0,43
Soz_3	0,19	0,40	0,35	0,23	0,88	0,37	0,31
Wechslkst_1	0,12	0,11	0,10	0,08	0,20	0,56	0,16
Wechslkst_2	0,09	0,14	0,19	0,16	0,22	0,63	0,11
Wechslkst_3	0,45	0,48	0,42	0,26	0,43	0,72	0,35
Wechslkst_4	0,35	0,43	0,52	0,48	0,44	0,77	0,46
Wechslkst_5	0,29	0,35	0,37	0,45	0,30	0,63	0,41
Tang_1	0,59	0,64	0,72	0,67	0,45	0,47	0,90
Tang_2	0,60	0,69	0,74	0,69	0,45	0,43	0,91
Tang_3	0,52	0,60	0,70	0,73	0,41	0,40	0,85
Tang_4	0,60	0,50	0,58	0,46	0,34	0,40	0,70
Tang_5	0,42	0,49	0,56	0,56	0,33	0,26	0,73

"Kraftstoff"-Kunden: Faktorreliabilität

Konstrukt	Faktorreliabilität	Cronbachs Alpha
Aktionale Loyalität		
Aufwand	0,90	0,86
Beziehungsnutzen	0,96	0,92
Bonusprogramm	0,92	0,84
Funktionaler Nutzen	0,81	0,66
Konative Loyalität	0,88	0,79
Markennutzen	0,93	0,91
Preis	0,88	0,80
Qualität	0,84	0,71
Service	0,91	0,85
Sozialer Kontakt	0,94	0,91
Tangibles Umfeld	0,91	0,88
Wechselkosten	0,80	0,70
Zufriedenheit	0,92	0,89

"Kraftstoff"-Kunden: Quadrierte Latent-Variable-Korrelationen und DEV

	Aktionale Loyalität	Bonus-programm	Marken-nutzen	Konative Loyalität	Aufwand	Funktionaler Nutzen	Preis	Qualität	Beziehungs-nutzen	Zufrieden-heit
DEV		0,859	0,740	0,704	0,592	0,598	0,718	0,630	0,929	0,755
Aktionale Loyalität		0,052	0,097	0,125	0,116	0,065	0,046	0,073	0,117	0,084
Bonusprogramm	0,052		0,032	0,044	0,192	0,025	0,005	0,024	0,028	0,061
Markennutzen	0,097	0,032		0,345	0,100	0,392	0,335	0,470	0,681	0,639
Konative Loyalität	0,125	0,044	0,345		0,066	0,365	0,244	0,343	0,319	0,391
Aufwand	0,116	0,192	0,100	0,066		0,039	0,013	0,035	0,066	0,128
Funktionaler Nutze	0,065	0,025	0,392	0,365	0,039		0,490	0,511	0,361	0,437
Preis	0,046	0,005	0,335	0,244	0,013	0,490		0,463	0,310	0,340
Qualität	0,073	0,024	0,470	0,343	0,035	0,511	0,463		0,382	0,435
Beziehungsnutzen	0,117	0,028	0,681	0,319	0,066	0,361	0,310	0,382		0,677
Zufriedenheit	0,084	0,061	0,639	0,391	0,128	0,437	0,340	0,435	0,677	
Service	0,025	0,062	0,452	0,237	0,102	0,351	0,216	0,294	0,374	0,577
Sozialer Kontakt	0,121	0,000	0,260	0,175	0,040	0,167	0,094	0,102	0,372	0,311
Wechselkosten	0,188	0,018	0,331	0,335	0,097	0,243	0,139	0,189	0,261	0,285
Tangibles Umfeld	0,038	0,035	0,611	0,281	0,104	0,377	0,301	0,443	0,513	0,649

"Kraftstoff + Shop"-Kunden: Cross-Loadings (1/2)

	Aktionale Loyalität	Bonus Programm	Marken-nutzen	Konative Loyalität	Aufwand	Funktionaler Nutzen	Preis
Akt_Loy_1	0,95	-0,17	0,32	0,34	-0,22	0,39	0,35
Akt_Loy_2	0,92	-0,11	0,33	0,35	-0,23	0,38	0,35
SOW_1	0,67	-0,13	0,20	0,21	-0,21	0,21	0,27
SOW_2	0,57	-0,17	0,19	0,26	-0,12	0,18	0,18
Bon_1	-0,18	0,97	-0,26	-0,23	0,29	-0,22	-0,18
Bon_2	-0,15	0,96	-0,20	-0,23	0,25	-0,19	-0,14
Markenn_1	0,34	-0,30	0,88	0,57	-0,34	0,77	0,67
Markenn_2	0,28	-0,21	0,84	0,57	-0,29	0,67	0,62
Markenn_3	0,26	-0,20	0,91	0,64	-0,20	0,70	0,64
Markenn_4	0,34	-0,20	0,86	0,53	-0,33	0,56	0,49
Markenn_5	0,30	-0,15	0,92	0,59	-0,30	0,68	0,61
Kon_Loy_1	0,31	-0,19	0,59	0,88	-0,26	0,55	0,48
Kon_Loy_2	0,34	-0,25	0,44	0,81	-0,28	0,49	0,45
Kon_Loy_3	0,34	-0,20	0,67	0,93	-0,36	0,62	0,55
Aufwand_F_1	-0,13	0,25	-0,27	-0,28	0,91	-0,19	-0,11
Aufwand_F_2	-0,28	0,26	-0,30	-0,28	0,83	-0,21	-0,16
Aufwand_F_3	-0,21	0,20	-0,27	-0,31	0,93	-0,25	-0,25
Aufwand_S_1	-0,13	0,25	-0,26	-0,31	0,91	-0,21	-0,10
Aufwand_S_2	-0,30	0,31	-0,37	-0,34	0,88	-0,34	-0,29
Aufwand_S_3	-0,23	0,23	-0,27	-0,33	0,92	-0,28	-0,26
Funk_Nutz__1	0,39	-0,27	0,74	0,63	-0,25	0,88	0,63
Funk_Nutz__2	0,32	-0,10	0,63	0,50	-0,26	0,87	0,63
Funk_Nutz__3	0,33	-0,18	0,64	0,53	-0,22	0,88	0,79
Preis_1	0,35	-0,17	0,61	0,51	-0,17	0,66	0,87
Preis_2	0,30	-0,11	0,58	0,46	-0,26	0,68	0,88
Preis_3	0,33	-0,16	0,65	0,56	-0,18	0,74	0,92
Qual_1	0,38	-0,25	0,79	0,63	-0,31	0,73	0,70
Qual_2	0,33	-0,18	0,69	0,49	-0,31	0,75	0,73
Qual_3	0,39	-0,24	0,60	0,45	-0,30	0,65	0,65
Bez_1	0,42	-0,27	0,78	0,63	-0,37	0,74	0,66
Bez_2	0,42	-0,28	0,82	0,67	-0,36	0,79	0,73
Zufried_1	0,38	-0,29	0,81	0,66	-0,31	0,68	0,59
Zufried_2	0,34	-0,21	0,76	0,62	-0,40	0,70	0,64
Zufried_3	0,46	-0,31	0,78	0,69	-0,34	0,73	0,64
Zufried_4	0,44	-0,23	0,80	0,66	-0,29	0,70	0,64
Serv_1	0,25	-0,28	0,67	0,51	-0,39	0,63	0,51
Serv_2	0,28	-0,18	0,68	0,52	-0,38	0,64	0,56
Serv_3	0,29	-0,19	0,70	0,57	-0,38	0,68	0,61
Soz_1	0,49	-0,17	0,57	0,47	-0,44	0,56	0,49
Soz_2	0,51	-0,16	0,46	0,39	-0,37	0,42	0,40
Soz_3	0,47	-0,09	0,44	0,38	-0,26	0,42	0,40
Wechslkst_1	0,12	-0,20	0,17	0,22	-0,07	0,24	0,20
Wechslkst_2	0,18	-0,18	0,33	0,35	-0,14	0,34	0,30
Wechslkst_3	0,44	-0,29	0,42	0,48	-0,40	0,42	0,40
Wechslkst_4	0,33	-0,17	0,49	0,40	-0,57	0,41	0,31
Wechslkst_5	0,33	-0,14	0,38	0,38	-0,50	0,34	0,27
Tang_1	0,30	-0,21	0,74	0,57	-0,36	0,75	0,66
Tang_2	0,37	-0,15	0,72	0,55	-0,36	0,72	0,66
Tang_3	0,32	-0,17	0,67	0,49	-0,30	0,66	0,58
Tang_4	0,34	-0,22	0,71	0,56	-0,38	0,67	0,56
Tang_5	0,30	-0,24	0,58	0,43	-0,34	0,58	0,45

"Kraftstoff + Shop"-Kunden: Cross-Loadings (2/2)

	Qualität	Beziehungs-nutzen	Zufriedenheit	Service	Sozialer Kontakt	Wechsel-kosten	Tangibles Umfeld
Akt_Loy_1	0,41	0,41	0,43	0,31	0,49	0,43	0,38
Akt_Loy_2	0,41	0,38	0,40	0,28	0,53	0,42	0,34
SOW_1	0,30	0,29	0,25	0,16	0,38	0,38	0,20
SOW_2	0,13	0,28	0,25	0,11	0,22	0,21	0,14
Bon_1	- 0,26	- 0,29	- 0,30	- 0,24	- 0,18	- 0,30	- 0,23
Bon_2	- 0,22	- 0,25	- 0,24	- 0,21	- 0,12	- 0,25	- 0,20
Markenn_1	0,75	0,77	0,79	0,76	0,47	0,51	0,77
Markenn_2	0,63	0,72	0,68	0,53	0,48	0,51	0,62
Markenn_3	0,71	0,78	0,82	0,69	0,47	0,44	0,74
Markenn_4	0,63	0,64	0,73	0,64	0,44	0,47	0,62
Markenn_5	0,73	0,69	0,73	0,63	0,49	0,49	0,68
Kon_Loy_1	0,55	0,53	0,61	0,49	0,32	0,45	0,51
Kon_Loy_2	0,44	0,51	0,53	0,41	0,37	0,45	0,42
Kon_Loy_3	0,57	0,68	0,72	0,60	0,47	0,55	0,61
Aufwand_F_1	- 0,28	- 0,29	- 0,32	- 0,35	- 0,33	- 0,47	- 0,32
Aufwand_F_2	- 0,28	- 0,29	- 0,27	- 0,29	- 0,31	- 0,54	- 0,30
Aufwand_F_3	- 0,29	- 0,33	- 0,31	- 0,38	- 0,36	- 0,50	- 0,35
Aufwand_S_1	- 0,26	- 0,29	- 0,31	- 0,37	- 0,31	- 0,45	- 0,33
Aufwand_S_2	- 0,41	- 0,41	- 0,39	- 0,44	- 0,39	- 0,48	- 0,45
Aufwand_S_3	- 0,31	- 0,35	- 0,32	- 0,39	- 0,36	- 0,50	- 0,36
Funk_Nutz__1	0,72	0,74	0,79	0,75	0,42	0,47	0,75
Funk_Nutz__2	0,71	0,61	0,58	0,51	0,43	0,41	0,61
Funk_Nutz__3	0,69	0,69	0,62	0,56	0,47	0,47	0,67
Preis_1	0,66	0,67	0,64	0,60	0,37	0,39	0,61
Preis_2	0,73	0,56	0,52	0,48	0,42	0,39	0,57
Preis_3	0,71	0,67	0,66	0,55	0,45	0,40	0,61
Qual_1	0,85	0,76	0,83	0,76	0,51	0,52	0,79
Qual_2	0,93	0,61	0,65	0,60	0,41	0,36	0,70
Qual_3	0,87	0,56	0,58	0,56	0,44	0,41	0,66
Bez_1	0,70	0,98	0,85	0,70	0,67	0,60	0,76
Bez_2	0,74	0,98	0,85	0,72	0,63	0,61	0,78
Zufried_1	0,67	0,83	0,93	0,75	0,57	0,51	0,75
Zufried_2	0,76	0,75	0,89	0,73	0,60	0,52	0,79
Zufried_3	0,74	0,80	0,93	0,74	0,57	0,55	0,76
Zufried_4	0,69	0,82	0,93	0,75	0,54	0,51	0,75
Serv_1	0,65	0,62	0,73	0,89	0,35	0,43	0,74
Serv_2	0,67	0,66	0,74	0,95	0,45	0,50	0,85
Serv_3	0,70	0,72	0,76	0,93	0,53	0,55	0,87
Soz_1	0,56	0,70	0,66	0,56	0,94	0,60	0,64
Soz_2	0,42	0,58	0,55	0,45	0,96	0,57	0,52
Soz_3	0,43	0,55	0,50	0,31	0,90	0,49	0,45
Wechslkst_1	0,13	0,27	0,21	0,12	0,18	0,54	0,15
Wechslkst_2	0,29	0,42	0,37	0,25	0,33	0,55	0,32
Wechslkst_3	0,39	0,47	0,43	0,34	0,50	0,76	0,40
Wechslkst_4	0,43	0,50	0,49	0,55	0,49	0,79	0,56
Wechslkst_5	0,34	0,41	0,38	0,44	0,42	0,74	0,44
Tang_1	0,74	0,74	0,77	0,81	0,49	0,50	0,90
Tang_2	0,74	0,76	0,77	0,81	0,54	0,55	0,93
Tang_3	0,69	0,70	0,73	0,82	0,47	0,47	0,90
Tang_4	0,76	0,66	0,72	0,74	0,55	0,55	0,86
Tang_5	0,64	0,56	0,63	0,72	0,49	0,47	0,78

"Kraftstoff + Shop"-Kunden: Faktorreliabilität

Konstrukt	Faktorreliabilität	Cronbachs Alpha
Aktionale Loyalität		
Aufwand	0,96	0,95
Beziehungsnutzen	0,98	0,96
Bonus Programm	0,96	0,92
Funktionaler Nutzen	0,91	0,85
Konative Loyalität	0,91	0,84
Markennutzen	0,95	0,93
Preis	0,92	0,87
Qualität	0,91	0,86
Service	0,95	0,91
Sozialer Kontakt	0,95	0,93
Tangibles Umfeld	0,94	0,92
Wechsel-kosten	0,81	0,72
Zufriedenheit	0,96	0,94

"Kraftstoff + Shop"-Kunden: Quadrierte Latent-Variable-Korrelationen und DEV

	Aktionale Loyalität	Bonus-programm	Marken-nutzen	Konative Loyalität	Aufwand	Funktionaler Nutzen	Preis	Qualität	Beziehungs-nutzen	Zufrieden-heit
DEV		0,929	0,778	0,762	0,799	0,767	0,792	0,779	0,959	0,843
Aktionale Loyalität		0,028	0,118	0,142	0,057	0,161	0,135	0,173	0,183	0,195
Bonusprogramm	0,028		0,059	0,058	0,080	0,047	0,028	0,063	0,080	0,079
Markennutzen	0,118	0,059		0,431	0,108	0,587	0,472	0,615	0,665	0,733
Konative Loyalität	0,142	0,058	0,431		0,121	0,403	0,325	0,357	0,440	0,509
Aufwand	0,057	0,080	0,108	0,121		0,078	0,051	0,120	0,138	0,132
Funktionaler Nutzen	0,161	0,047	0,587	0,403	0,078		0,610	0,650	0,611	0,587
Preis	0,135	0,028	0,472	0,325	0,051	0,610		0,619	0,506	0,462
Qualität	0,173	0,063	0,615	0,357	0,120	0,650	0,619		0,537	0,605
Beziehungsnutzen	0,183	0,080	0,665	0,440	0,138	0,611	0,506	0,537		0,760
Zufriedenheit	0,195	0,079	0,733	0,509	0,132	0,587	0,462	0,605	0,760	
Service	0,089	0,054	0,548	0,333	0,174	0,493	0,373	0,533	0,522	0,650
Sozialer Kontakt	0,278	0,024	0,284	0,200	0,150	0,255	0,217	0,261	0,437	0,384
Wechselkosten	0,195	0,081	0,301	0,308	0,300	0,268	0,198	0,238	0,384	0,324
Tangibles Umfeld	0,137	0,051	0,611	0,355	0,158	0,603	0,448	0,664	0,616	0,689

Anhang D: Auswertungen des CLV-Modells für die Testgruppen

Testgruppe LED-Mast

MBG/NBD-Modellparameter	
r	0,27
α	3,21
a	0,49
b	8,85
LL	- 47.707
LL/n	- 6,67

Ergebnis MBG/NBD-Modell

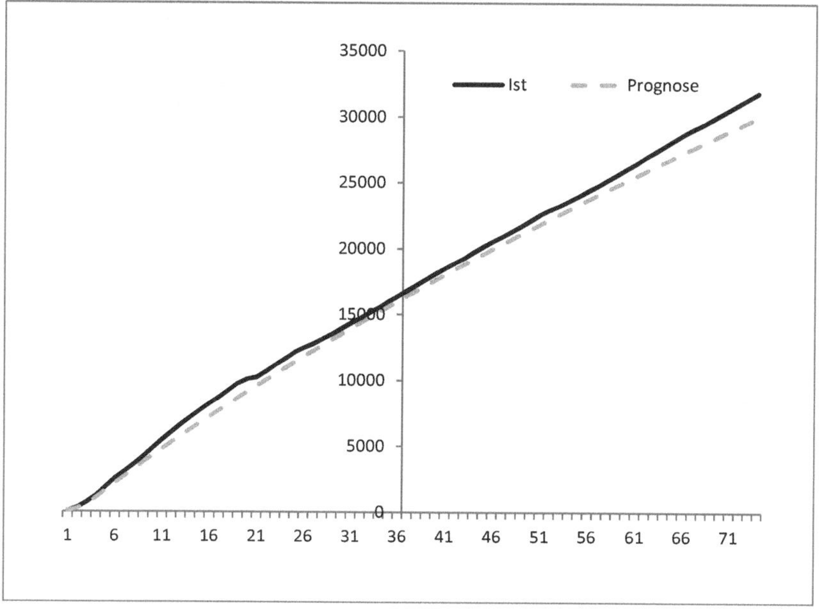

Testgruppe Rebranding

MBG/NBD-Modellparameter	
r	0,21
α	4,56
a	0,43
b	9,73
LL	- 12.862
LL/n	- 3,78

Ergebnis MBG/NBD-Modell

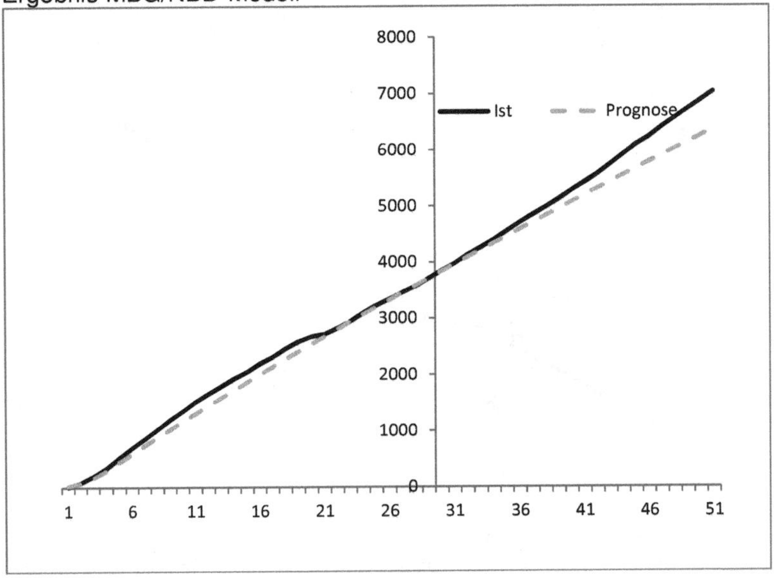

Anhang E: Variablen, Parameter und Gleichungen des MBG/NBD-Modells

Variablen

x	Anzahl Wiederholungskäufe (Freuqency)
t_x	Zeitpunkt des letzten Einkaufs (Recency)
T	Zeitraum seit dem ersten Einkauf

Parameter

λ	Transaktionsrate des NBD-Modells
r	NBD-Parameter Transaktionsraten-Verteilung
α	NBD-Parameter Transaktionsraten-Verteilung
a	MBG-Parameter Exit-Raten-Verteilung
b	MBG-Parameter Exit-Raten-Verteilung

Gleichungen

$CV_P = \frac{1}{\sqrt{r}}$	Heterogenität der Transaktionsrate
$E(\lambda) = \frac{r}{\alpha}$	Erwartungswert für die Transaktionsrate
$L\ (r, \alpha, a, b \mid x, t_x, T)$	Likelihood-Schätzfunktion abhängigkeit von den Modell-Paramtern
$E(X(t) / r, \alpha, a, b)$	Erwartungswert für die Anzahl der Transaktionen für ein zufällig ausgewähltes Individuum
$E(X(t) / r, \alpha, a, b, x, t_{x,}, T)$	Erwartungswert für die Anzahl der Transaktionen für ein Individuum mit Transaktionshistorie (x, $t_{x,}$, T)

Funktionen

$\Gamma(x) = \int_0^\infty t^{x-1} e^{-t}\, dt$	Gamma-Funktion
$B(a, b) = \frac{\Gamma(a)\Gamma(b)}{\Gamma(a+b)}$	Beta-Funktion
${}_pF_q(a_1, \ldots, a_p; b_1, \ldots, b_q; z)$	Hypergeometrische Funktion

$$= \sum_{k=o}^{\infty} \prod_{i=1}^{p} \frac{\Gamma(k+a_i)}{\Gamma(a_i)} \prod_{j=1}^{q} \frac{\Gamma(b_j)}{\Gamma(k+b_j)} \frac{z^k}{k!}$$